星火相传

刘庆峰◎主编

电子工业出版社
Publishing House of Electronics Industry
北京·BEIJING

推荐序 / Foreword

高校科研成果转化的关键是"人"

在王仁华教授 80 周岁生日暨科大讯飞创业 25 周年之际，科大讯飞策划并编写《星火相传》。我非常高兴受科大讯飞董事长刘庆峰的邀请为本书作序，回忆闸门也再次被打开。

《星火相传》是一本将科大讯飞企业成长史和王仁华教授传记相结合的书。通过本书，大家既可以了解科大讯飞艰辛的创业历史，了解王仁华教授慧眼识才、精心育人的高尚品德和他对我国智能语音发展做出的贡献，又可以探究在中国科学技术大学这块基础研究丰厚的沃土上，他们是如何把科研成果转化成现代高新技术产业的。

20 世纪 80 年代，王仁华教授从高校实验室出发，打破体制局限，在中国科学技术大学一边教学，一边创立了智能语音实验室；20 世纪 90 年代，他鼓励学生刘庆峰牵头创立科大讯飞。通过研发，实验室由基础科学的突破，转向技术创新和产品创新的突破，成为中国科技创新方面的一个重要案例，也是中国高校科研成果产业化的一面旗帜。

科大讯飞迅猛发展的关键因素有三点。

第一，改革开放以来，我国科技事业蓬勃发展。根据国家经济建设和战略发展的需要，基础研究扎实开展，取得了良好成绩，高新技术产业受到政府和社会大力支持。正是在"科技强国"的背景下，科大讯飞在安徽合肥这块肥沃的科技土壤中迅速成长。

第二，我国高校和科研院所的发展为科大讯飞提供了大批优秀人才和科技成果。吸纳人才和尊重人才是科大讯飞的根基，科大讯飞的发展更得益于"人"，得益于一大批青年人才，特别是得益于王仁华教授这位资深专家和教育家。

第三，科大讯飞董事长刘庆峰既是一位年轻的科学家和企业家，又是一位杰出的团队带头人。他见多识广，勇于创新，精于企业策划，一步一步带领企业走向成功。

我与王仁华教授相识多年，他给我留下了深刻的印象：志存高远、脚踏实地。王仁华教授曾访问美国、日本的著名实验室，回国后，他决定努力建立中国的贝尔实验室，立志让中文语音技术掌握在中国人自己手里。他专注于核心研究，辛勤耕耘数年，创立智能语言实验室，后又升级为语音及语言信息处理国家工程研究中心，后来科大讯飞又在此基础上发展建立了认知智能全国重点实验室。

王仁华教授慧眼识才，鼓励年轻在读优秀博士刘庆峰创办企业，由此，我国第一家智能语音领域的高新技术企业成功创立。科大讯飞成立当天，我受邀为其揭牌，《人民日报》《安徽日报》等争相报道，开启了王仁华教授和年轻博士刘庆峰创业的新篇章。如今，科大讯飞已经成为人工智能领域的"国家队"，这与王仁华教授传承下来的高瞻远瞩的格局和坚定不移的品质是分不开的。

《星火相传》这本书记录了真实的科研故事和创业故事，也记录了动人的爱国情怀和师生情谊。希望更多的教育从业者、科研从业者和科技企业从业者能够从本书中获得启发，从而影响更多的年轻人，为中国科技的薪火相传、生生不息而努力！

汤洪高
中国科学技术大学原党委书记

自序 / Foreword

星火何以相传

本书是为我们敬爱的王仁华老师的 80 华诞而出版的。希望通过对王仁华老师教书育人过程和科大讯飞创业历程的真实记录，给关注人工智能创业创新和致力于推动高校产学研合作的朋友们带来启发。

我于 1990 年进入中国科学技术大学，1992 年进入人机语音通信实验室，在那里得遇一生良师王仁华。王老师的人生之路、科研之路、育人之道和心胸气度，令我终身受益。在遭遇困难之时，王老师就像温暖的港湾，他点点滴滴的言传身教总能让我们内心充满踏实前行的力量。

因此，在编写本书时，我们找到 56 位亲历者回忆那些点滴，并特意保留了那些扎实和细密的历史细节，力求通过原汁原味的记录，努力还原王老师的科研历程、教书育人历程，以及脱胎于中国科学技术大学语音实验室的科大讯飞的创业历程。

这种记录本身意义重大。

首先，这本书既写给王老师，也写给我们自己——包括 20 世纪末从王老师的语音实验室走出的初创团队和不断加盟的科大讯飞年轻人。它提醒我们：我们是从何处出发的，我们的使命、愿景和价值观是如何形成的，以及我们仍要从历史中汲取精神力量，"不忘初心，方得始终"。

其次，本书希望为有意进行科技成果转化，正在探索产学研合作道路的老师和同学带来启发。

科大讯飞是个"幸存者"。1999 年，在科大讯飞创业时，中国多所顶尖名校的教授都在进行智能语音方面的研究和创业，而科大讯飞是迄今唯一实现研究成果产业化并成功上市的公司。当时，《挑战盖茨神话》一书出版，书中列举了20个中国高校顶尖创业团队，科大讯飞是其中之一。但到2008年科大讯飞上市之时，20个创业团队中，还活着的仅剩3个，科大讯飞也成为中国在校大学生创业的首家上市公司。

科大讯飞的一个宝贵经验是：在高校科技成果产业化进程中，掌握核心技术和知识产权的高校导师的定位，一定程度上决定着项目的成败——如果个人精力和能力特质适合做首席科学家的教授执意做首席执行官，往往就会让公司陷入泥潭；如果学生对老师在源头技术创新上积累的成果缺乏尊重和感恩，最终也会分道扬镳；只有当"有企业家精神的科学家"和"有科学家精神的企业家"相互默契配合，科技成果产业化才会有广阔的未来。

本书试图从公司制度层面破解密码。"王仁华—刘庆峰"的"师生配"模式涵盖师生定位、股权分配和互信建立，以及如何在公司和实验室中分工合作及背后的组织管理逻辑。如今，回看创业历程，与同时代的创业伙伴进行比较，我更能深刻感受到何谓"千里马常有，而伯乐不常有"，也为王老师的远见卓识和胸襟所折服。

20多年前，王老师所做的顶层设计至今仍具现实意义。目前，中国顶尖高校科技成果转化率仍然远低于美国。差距在哪？利弊在何处？亟需我们总结经验，因为这将关乎未来30年的科技竞争。

最后，在科技博弈日益激烈，科技创新成为国家重要发展战略的当下，本书可供各地的科创制度设计者和推动者借鉴参考。

科大讯飞的发展史，是一部应时而变、在博弈中不断前行的历史。25年前科大讯飞创立之时，科技企业知识产权在注册资本中占比不能超过20%，如今已经完全不受限制；当年高校科研人员利用科技成果的收益不能超过全部收益的30%，如今这一占比变为不低于80%。

科大讯飞亲历了中国科创制度的这一演进过程。1999年，科大讯飞成立时，知识产权作价占比达到44%，远超当年20%的最高限额，若没有政策制定部门的开明包容与实事求是，科大讯飞可能连上市审核都无法通过；科大讯飞曾数次陷入困境，连续亏损 5 年后才达到盈亏平衡，如果没有政策制定者的坚定出手和耐心守望，并营造一个开放体系和宽松环境，科大讯飞根本无法坚持下去。

基于科大讯飞和政府部门长期的良性互动，才在内陆合肥"无中生有"，催生一个高新技术产业集群。这是一段值得记录的历史。它既是一个奇迹，又体现出制度杠杆的力量。

只有高度重视知识产权和科研人员的价值，让科创制度与时俱进，才能持续推动创新型国家建设的进程。

科大讯飞当年"死磕"语音，只因语音是文化的基础和民族的象征。1997 年，IBM 推出的语音识别软件 Viavoice 风靡全球；比尔·盖茨在《未来时速》中指出，未来 10 年将是语音的时代，微软中国研究院首任院长就是语音技术专家李开复博士。当年，中国的有识之士惊呼"中国被人掐住了咽喉"，不仅中国的语音技术和市场由跨国巨头掌控，就连该领域的优秀毕业生也几乎全部出国或进入外企。当年，我们在王老师的引导和激励下提出"中文语音技术要由中国人做到最好，中文语音产业要掌握在我们自己手中"的时候，几乎没有人相信我们这个由学生搭建的"草台班子"。但是，科大讯飞彻底扭转了中文语音产业的竞争格局，并在多语种领域取得全球领先成果。

如今，伴随 ChatGPT 的推出，以认知大模型为代表的通用人工智能在全球掀起热潮，赋能千行百业，颠覆产业形态和竞争格局。2022 年 10 月 7 日和 2023 年 10 月 17 日，美国两次宣布对中国进行高性能半导体出口管制。有些人非常焦虑，认为中国在人工智能重要领域中将被美国远远甩在身后，这和 25 年前的语音产业状况何其相似！

以讯飞星火为代表的一批中国大模型技术正奋起直追，华为昇腾芯片已经开始提供大模型训练所需的算力，并和科大讯飞联合推出软硬件一体化的"星火一体机"；曙光、寒武纪等众多智能硬件厂商也在快速跟进。在这个关键时刻，我们既要看到差距，又要努力追赶、实现超越，同时更需要科学理性的精神和长期主义的奋斗哲学。

我仍然相信，起决定作用的是人！有多少愿意对学生们倾囊相助的师长，就有多少优秀的年轻人成长起来。一代一代优秀的年轻人成长起来，中国的科技创新就有希望；中国的高校多一些"王仁华"们，中国的科技创新就有希望。薪火相传，后继有人，这才是真正的长期主义！

谨以本书，祝贺尊师王仁华教授 80 寿辰，回顾 25 年创业历程，感谢从实验室一路走来指导、陪伴、帮助我们的伙伴和师长。

谨以本书，献给对语音和人工智能技术、高校科研成果转化、中国科技创新之路感兴趣的朋友，希望能让大家有所启发。

谨以本书，为身处通用人工智能时代的大家提振信心，找寻前行力量，在全球科技竞争中实现更高水平的自强自立。

刘庆峰

科大讯飞董事长、语音及语言信息处理国家工程研究中心主任

引言 / Introduction

王仁华的预言

"实体清单"之下,中国部分技术被"卡住了脖子",但智能语音产业却"呼吸自在"。境况为何迥异?

高校产学研之路探索不辍,科大讯飞的"师生配"成了中国高校企业科技创新的重要模式创新。密钥是什么?

在读大学生在合肥创办科大讯飞,二十年内迅速成为我国人工智能产业的一面重要旗帜。旗帜如何树立?

科大讯飞并不追逐风口,但仿佛从不错失机遇,且次次抢得先手。"好运"为何降临?

以上问题的答案,都有王仁华。

1

2023年5月13日上午,上海静安区的大宁郁金香公园一座三面环湖的会议中心内,白鹭划过窗前,十二个小圆桌和凳子呈圆环形分布,距离和弧度早在前一天下午就调整精确,十二支笔和话筒都一丝不苟地指向圆心。

九点整,已经有十一个人提前到达会场,但无一人落座。他们站着聊天,踱步,翘首以盼,等待着心中最重要的人物登场。

十一人系出同门,在二十世纪九十年代最后的二十年里,他们都曾先后在坐落于合肥黄山路南侧的中国科学技术大学(简称中科大)内的同一间实验室里并肩"战斗"过。后来，他们中的大多数又携手创立了中国人工智能领域的领军企业——科大讯飞。

十一人中，领头的正是科大讯飞董事长刘庆峰。

他在前一天晚上九点刚刚抵达上海，四十分钟后就出现在阳曲路的一个美食广场内。十点前后，他的师兄弟们纷纷从全国各地抵达上海，全部按照约定赶往阳曲路一家龙虾馆碰头，大家聚在一起仔细敲定了第二天见面的若干细节，包括时间、流程衔接、接送事宜和统一着装风格。

他们等待的重要人物是在九点三十分准时到达会场的。

这是一位儒雅而又潇洒的长者，白衣黑裤，瘦削而挺拔，头发花白但精神矍铄。他显然对这次上海公园的会面充满惊喜，见到每个人，他都用带着上海口音的普通话亲切叫着他们的名字。而站在他的面前，所有人都毕恭毕敬，喊上一声"王老师"。

这一声，仿佛回到了王仁华创业伊始的中科大语音实验室。

80岁的王仁华，是中国语音合成领域的泰斗，是中国语音识别测评的缔造者之一，更是中国语音技术领域的奠基人之一。

三十九年以前，王仁华一手缔造中科大语音实验室，使其成为中国智能语音领域的重要"革命根据地"。四十年星火燎原，这座实验室在不同历史时期与全球巨头分庭抗礼。从这座实验室走出的人才，占据中国智能语音领域半壁江山，也在全球人工智能领域留下深刻印记。

二十五年以前，以王仁华为技术奠基人，科大讯飞成立。这是中科大语音实验室的产业化延伸，也是王仁华在中国建立贝尔实验室梦想的实践。

十九年以前，王仁华担任首任讯飞研究院院长。讯飞研究院专注于中长期核心技术研发，后来成长为语音及语言技术领域国内一流、国际知名的研究机构。

2

多年以来，科大讯飞的一举一动都被行业用放大镜观察，圈外的学者、记者、作家和形形色色的观察家常常会对科大讯飞做出各种各样的论断。

但这得看你用多长的时间尺度去观察它。

1999年，互联网创业潮再一次爆发，11家互联网公司与科大讯飞几乎同时诞生。"乱花渐欲迷人眼"，在此后二十多年的中国创业史上，充满着野蛮生长和商业模式创新，中国科技互联网也始终占据着C位，吸引资本和眼球。

但在过去的二十年里，偏居一隅的科大讯飞对于风暴中心甚至有些疏离。科大讯飞历史上那些最核心的创始人在公开场合讲述商业逻辑时，常常缺乏感性表达，但一谈及技术趋势，却如入无人之境。与此同时，科大讯飞身上拥有一种硬核气质，总是拥有一种本能的冲动"想要掌控核心技术，追逐源头创新"。

二十多年来，科大讯飞正以一种笨拙的方式潜移默化地改变中国。没有多少轰轰烈烈的故事，却常常让人"于无声处听惊雷"。

二十多年来，科大讯飞也一直笃信资本是工具，而非目的。科大讯飞也追逐资本，其和产业资本的"联姻"，以长期主义著称。创新背后的资本逻辑，不光在于为企业筹集资金，更在于为企业创新布局和实施战略性激励。

刘庆峰曾在科大讯飞18周年庆上追问："真正伟大公司的价值根本在什么地方？是收入吗？是利润吗？是市值吗？我觉得都不是，这些都是成为伟大公司之后自然而然的结果，本末不能倒置。"

因此，科大讯飞是一家1999年成立的公司，却不是一家典型的1999年成立的公司。

想要深入理解这些，需要"逆流而上"，把视角拨至二十世纪七十年代，以一个纵横五十年的尺度来观察。当历史从中国崛起的转折点展开时，视野大不一样。尽管那时候科大讯飞还没有诞生，但是它的心脏已经开始在南迁的中科大一隅搏动。

1985年，王仁华创建中科大语音实验室。那同样也不是一家典型的1985年建立的实验室。

了解科大讯飞的"密钥"隐匿在王仁华和他一手创建的中科大语音实验室里。在那里，一位科学家的瞭望，透过高校的围墙，穿越时代，连接起科大讯飞的历史和未来。

在中文互联网上，关于王仁华的信息十分有限。但如果追根溯源，科大讯飞的逻辑、思维和打法，与王仁华紧密相连。任何人想要了解科大讯飞或全面研究中国人工智能的历史，都无法绕过王仁华。

而中科大语音实验室更是一群人的精神"图腾"。不了解这间实验室，就不会懂科大讯飞，不会懂"顶天立地"，不会懂"弯曲的直线"。年轻人从那里出发，走向未来，而当他们身处未来之时，也需要回首，看看自己当初出发的地方，在这个波诡云谲的时代背后找寻自己被潜藏的某种内在力量。

回头看，科大讯飞的成功来之不易。

在21世纪初，中国高校科技成果的商业化，尤其是大学生创业，成功率很低。据统计，截至2010年，全国大学生创业成功率最高的浙江省，成功率也不过4%，广东省只有1%，河北省仅有0.3%。

在读大学生在合肥创办一家信息技术公司，却在20年内迅速成长为中国高校科技产业的一面旗帜、"A股第一家以人工智能为主业上市的公司"、人工智能"国家队"。2010年至2020年的10年间，科大讯飞是中国A股上市公司中唯一连续10年每年增长超过25%的企业。这是如何做到的？

科大讯飞"师生配"模式（"王仁华—刘庆峰"模式）是中国高校企业科技创新的一次成功的路径探索。这是如何形成的？

科大讯飞似乎从不追逐风口。刘庆峰在2014年正和岛岛邻大会"风口论坛"上说："猪遇到风口是会飞，可是，风一停下来它肯定摔死。"科大讯飞的一贯战法是坚守，而且是"源于热爱的初心坚守"，却常常是守着守着，风口不期而至。这是必然还是偶然？

以上问题的答案里都有王仁华。

3

2023年5月13日上午，王仁华又和学生们交流了三个小时。依然是中科大语音实验室开"组会"的传统——所有人自由发言。

一周以前，科大讯飞刚刚对外发布"星火认知大模型"。2022年底，搭载了

GPT 3.5 的 ChatGPT 横空出世，凭借逼真的自然语言交互与多场景内容生成功能，在全球掀起新热潮，被视为绝对不能错过的历史机遇。

引用微软创始人比尔·盖茨在《人工智能时代已经开启》中的表述：自 1980 年首次看到图形用户界面（Graphical User Interface）以来，OpenAI 的 GPT 人工智能模型是他所见过的最具革命性的技术进步。

盖茨所提到的图形用户界面曾为微软打下江山，图形用户界面是众多现代操作系统的先驱，包括 Windows 系统。当年，查尔斯·西蒙尼向盖茨演示了这项技术后，盖茨将其用于 Windows 操作系统。"这是第一次令其印象深刻的革命性技术演示。"

第二次让盖茨印象深刻的革命性技术演示就是 2022 年的 GPT 模型测试。他向 OpenAI 团队提出了挑战，让他们训练人工智能，以通过大学预修生物学考试，使其能够回答未经专门设计的问题。结果 OpenAI 的 GPT 模型答对了 60 道多项选择题中的 59 道，并在开放式问题中取得了最高分 5 分的成绩。如果放在大学课堂中，它的成绩可以达到 A+。

对于盖茨提出的"你会对一个孩子生病了的父亲说什么？"这一问题，GPT 模型给出了一个经过深思熟虑的答案，盖茨认为"这比房间中大多数人给出的答案都要好"。

盖茨认为，他看到了自图形用户界面以来最重要的技术进步，"人工智能的发展将改变人们工作、学习、旅行、获得医疗服务及沟通交流的方式。整个行业都将围绕它重新定义。"

在"星火认知大模型"发布当天，刘庆峰登台足足讲满两个小时，讯飞研究院院长刘聪负责演示。网友们向大模型抛出各类稀奇古怪的问题。刘庆峰说："如果我们要让认知智能真正解决社会刚需问题，而不是停留在宣传层面，就要建立一套实实在在的、科学系统的评测体系。"

他很自信地承诺：星火认知大模型要在 6 月 9 日突破开放式问答，实现对话能力和数学能力的再升级；8 月 15 日前代码能力会上大台阶，多模态交互能力再升级；10 月 24 日，七大维度能力全面提升，再度升级大模型代码能力，将实现中英文全面对标 ChatGPT。

有媒体评论刘庆峰"在画一张有时间线的饼"。但在国内，几乎没有哪家公司敢对大模型做如此清晰的时间线规划。之后，星火认知大模型各版本如约而至，并相继在新华社中国企业发展研究中心、《麻省理工科技评论》等发布的大模型评测中获得第一。

5月13日，王仁华和学生们说的第一件事就是大模型。他在一周之前刚刚看了科大讯飞的星火认知大模型发布会。他给刘庆峰发短信说："为你和科大讯飞感到自豪，也为自己能在有生之年见证人工智能浪潮感到欣慰！"刘庆峰则回复："您的关心与帮助，一直是我们奋斗前行重要而温暖的精神力量！"

王仁华接着说了一段话，借ChatGPT回顾了自己一路走来所为之奋斗的事业。

庆峰讲的这个话，我很感动。

ChatGPT出来的时候，我就跟庆峰讲：这是科大讯飞的一个新机遇。真正到了一个需要突破的地方，一个需要赶上新时代的时候。

我虽然一开始搞的是语音技术，但是我很清楚，语音技术走到最后就是人工智能，这条路是非常清晰的。

但那时觉得这个事情太遥远，特别是科大讯飞刚成立的时候，要先解决语音合成、语音识别，再慢慢过渡到人机自然语言对话和理解。

我一辈子做这个其实就一个目的——让机器可以跟人一样相互交流，它也可以听我们的话，帮我们做事、分析问题、写文章等。

很多年前建立科大讯飞的时候，大家就建立信念，也清楚路径。虽然新事物出来以后引起全球热潮，很多人都往上面涌，但我倒是不太担心科大讯飞，因为它从来没有停止过做技术储备。

5月3日，刘一飞（王仁华的学生）到上海看我。他讲的一句话引起我的思考。他说："科大讯飞真是运气好啊，什么都赶上了。"科大讯飞做到今天，纯粹靠"运气好"吗？我有时候也会说，运气还算不错，但是深层次原因不是靠运气。

因为我们早就在做，一直没有停止，现在还要继续开拓下去。能够赶上人工智能的新浪潮，不是偶然，而是我们这些年来共同追求的目标。科大讯飞在这条路上走了很长时间，也已经奠定了很好的基础，所以我们比别人有优势。

（王仁华）

讲完这段话，王仁华又回想起十五年前的一段往事。

2008年，科大讯飞刚刚上市。王仁华获得安徽省重大科技成就奖，在答辩时，评委们特地问王仁华："真正的人工智能，什么时候才能成为现实？"

王仁华当时回答："十五年。"

他的学生们称之为"王仁华的预言"。

十五年后，他回忆起这件事，认为自己的"预言"正变成现实："我当时胆子蛮大的。后来移动互联网、云计算、大数据一来，语音技术发展很快。再朝前走一步，就走到人工智能，'讯飞超脑'就是在做认知智能。今年是2023年，正好十五年，你们看，正好赶上通用大模型了。"

时光荏苒，时代在前进，奋斗的人们也在历史中露出头角。

1985年，中科大东区的"语言通信实验室SPEECH COMMUNICATION LABORATORY"挂牌的时候，王仁华可能都没想到，这座六十平方米的办公室日后将构建出中国语音产业在世界的话语权和影响力。

5月13日中午12点半，座谈会结束。学生们簇拥在王仁华的周围，慢慢向公园外走去。他的学生们依然保持着牛仔裤、运动鞋和双肩包的理工科着装传统。王仁华威严依旧，刘庆峰走在他的左边，陈涛和吴晓如走在他的右边，王政、胡国平、凌震华、赵志伟紧紧跟在身后，刘庆升搂住刘聪，王智国和魏思勾肩搭背……5月的上海依然温润如春，郁金香散落四周。他们走了很久，也聊了很久，前路似乎走不到尽头。明媚的阳光落在一群人身上，就像回到了曾经的中科大校园。

目录 / Contents

第一部分　转折：时代的选择（1943 至 1982 年）

第一章
往何处去 / 005

第一节　起点 / 006
第二节　足球前锋 / 007
第三节　科学的召唤 / 017
第四节　中科大南迁 / 023

第二章
睁眼看世界 / 033

第一节　美国往事 / 034
第二节　学不饱 / 037
第三节　改换门庭 / 039

第二部分　基石：智者的远见（1982 至 1999 年）

第三章
东京攻略 / 047

第一节　"冒天下之大不韪" / 048

第二节　114 查号台是如何炼成的 / 052

第三节　藤崎的伏笔 / 057

第四节　东京大学的"Morning call" / 061

第五节　学术交流能力是第二生产力 / 065

第六节　大师风范 / 069

第七节　学术会议 / 074

第四章
语音数据库 / 079

第一节　王仁华的远见 / 080

第二节　中科大的第一台 386 / 083

第三节　不能光搞后勤工作 / 086

第四节　863 评测 / 093

第五节　关键一跃 / 101

第五章
实验室风云 / 107

第一节　王仁华道歉 / 108

第二节　教练的艺术 / 113

第三节　实验室领导力法则 / 120

第四节　功夫在诗外 / 125

第六章
横空出世 / 131

第一节　高文的"先斩后奏" / 132

第二节　无知无畏的年轻人 / 133

第三节　学霸刘庆峰 / 137

第四节　让年轻人挂帅 / 141

第五节　产业化的起点 / 145

第六节　"吴—王工程" / 148

第七节　挑战时代 / 154

第三部分　燎原：不熄灭的火把（1999 至 2023 年）

第七章
科大讯飞 / 163

第一节　王仁华、刘庆峰的共同梦想 / 164

第二节　自己开公司 / 170

第三节　梅影里：星星工作室 / 174

第四节　王仁华的"开公司四原则" / 176

第五节　合肥出手 / 180

第六节　股权之争 / 185

第七节　中科大西区最成功招聘会 / 189

第八章
弯曲的直线 / 197

第一节　革命乐观主义 / 198

第二节　华为之战 / 202

第三节　半汤会议 / 207

第四节　战略投资者 / 211

第五节　弯曲的直线 / 215

第六节　魏思和刘庆升的博士论文 / 221

第七节　告别 Nuance / 227

第八节　科大讯飞上市 / 233

第九章
讯飞研究院 / 239

第一节　从实验室到研究院 / 240

第二节　三箭齐发 / 246

第三节　移动互联网时代的船票 / 255

第四节　中国移动入股 / 261

第五节　邓力的合肥之行 / 268

第六节　欲戴王冠 必承其重 / 275

第七节　人工智能宣言 / 281

第八节　超脑计划 / 285

第九节　刘庆峰的英语成绩 / 294

第十节　实体清单的考验 / 300

第十章
大模型时代 / 307

第一节　魏思和刘聪的赌局 / 308
第二节　三个约定 / 312

第四部分　灯塔：万海归宗

第十一章
春华秋实 / 323

第一节　中国的贝尔实验室 / 324
第二节　种桃种李种春风 / 327
第三节　桃李不言，下自成蹊 / 335

第十二章
薪火相传 / 345

第一节　前辈的身影 / 346
第二节　如何穿越巨大的偶然 / 349
第三节　两个战场 / 353
第四节　王仁华的新预言 / 357

附录
人物索引 / 363

Part 1

| 第一部分 |

转折：时代的选择
（1943 至 1982 年）

中国有那么多企业做 AI，为何只有科大讯飞二十多年如一日，从未偏离主航道？

科大讯飞专注一件事，不论风口与否，一直坚守，这背后的初心是什么？

AI 的发展之路并非一帆风顺，这份初心随着时代沉浮，如何历久弥坚？

回答这些问题，我们要找到科大讯飞成长的独特动力源——"源于热爱的初心坚守"。

这种热爱的源头，要追溯到二十世纪五六十年代，那个百废待兴的时期。

无私的科学家们放弃国外优渥的条件应召而回，在艰苦的条件下，用"两弹一星"的成功研制，为国家安全筑起了坚强盾牌，也让中国人的精神面貌为之大振。

即使在"吸铁石吸碎铁屑"已是"科学实验"的匮乏时代，"向科学进军"的号召还是在每个孩子的心中埋下种子。

科大讯飞技术奠基人王仁华正是在这样的环境里长大。

1958 年，王仁华因为喜欢街球而成为一名体校足球前锋，这差点让他成为足球专业运动员；但他更是一个有才华的书生，读书报国是其夙愿。

1967 年，他是大时代波涛中的一叶小舟。作为中科大教师，他的第一个任务是"烧锅炉"。即便如此，一个月 46 元的工资，除了吃饭，剩下的他全部用于购买晶体管之类的电子元器件。

1972 年，中科大南迁，王仁华躲进合肥新校址的宿舍，用捡来的英语书自学英语。他是在那个年代中最先"觉悟"的人——在坚固的堡垒中，他照样可以推开一扇窗，瞭望窗外陌生的世界。

1980 年，大地回春，王仁华有幸登上开往美国的班机，成为中科大六系首批赴美交流的访问学者，此行使他坚定了"中文语音技术要掌握在中国人自己手里"的信念。

若干年后，王仁华被描述为一个先驱者。

他在语音领域深耕四十年，倾己之力创办了一间后来世界闻名的实验室，在人工智能领域留下中国创业者的足迹；他鼓励学生在一套租来的民居里创办了科大讯飞，开启了科研成果产业化的实践探索，并最终使其成为中国高科技领域极具影响力的标杆企业。

　　一个人的成长之路,是时代和自我的双向选择。在特定的历史背景下,几乎没有人一开始就能确定目标,大张旗鼓、顺风顺水地到达彼岸;成功背后的注脚永远是始于初心,源于热爱,成于坚守。

第一章
Chapter 1

往何处去

> 一个人即使在绝境中，也不要放弃，一定要努力。一个人的成功，除了天赋，机遇也是非常重要的，可遇不可求。但是如果机遇到了，你没做好准备，机会也不会与你有缘。
>
> （王仁华）

第一节　起点

1943年，王仁华出生在上海。

这是特殊的一年，当时，日本在太平洋战争中已显颓势。为挽救战场不利的局面，推行所谓的亲善政策，日本授意汪伪政权实行"新政"。于是，汪伪政权下令收回了所有上海租界，历时近百年（1845年—1943年）的上海租界宣告结束。然而，原来租界内的众多势力犹存，各国商人、满洲遗族、日本浪人、国民党特务、青帮洪门等民间帮派，以及梨园戏子等，贩夫走卒充斥其间。繁华的背后是暗流涌动，空气中都弥漫着看不见的硝烟。

我生于1943年8月4日，对解放前的这段历史，我记忆不是很清晰。只记得我们一家和爷爷奶奶住在成都北路503弄的修德新邨，父亲王谋祥毕业于沪江大学，做财务工作；母亲江毓君是小学教员。父母忙，外面乱，母亲经常警告我，不准乱跑。记得离我家不远处有个警察公寓，有8层高，警察公寓对面是旧时的巡捕房，经常可以听到哨声和警笛声。

1949年5月27日，上海迎来了解放，翻开了崭新的一页。父母积极投身于社会主义建设的热潮，平时都很忙，加上我下面还有3个弟弟要照顾，他们基本不太管我。我在小学成绩还好，也积极参加学校组织的各类活动，是积极分子。我生性调皮，放学以后，常与小伙伴一起，三三两两，打弹珠、跳房子、抽陀螺、踢毽子等，样样精通。

在我快要小学毕业时，父亲工作调动去杭州，所以我也就到杭州考初中。那次我考得蛮好。本以为能上杭州第三中学，结果最后却被录取到杭州第十二中学。

在我印象里，杭州第十二中学不是现在所谓的"重点中学"。后来，母亲去问原因，得到的答复是"考得确实好，但口试时问到他父亲的工作和工资时，学校招生老师觉得，这个小孩的家境不错，收入不低，就把他从杭州三中调剂到了私立性质的杭州第十二中学"。

其实,他们不知道我家有兄弟四人,还有老人要赡养,经济压力也不小。

在初一寒假时,我跟弟弟打乒乓球,一不小心摔一跤,摔断了脚,在医院里躺在床上给脚做牵引。祖母还专门从上海赶到杭州来陪我,我住院近两个月才被允许出院。我因为住院,学业耽搁了半个学期,没法跟上学习进度,干脆选择了留级。中间空余的半年时间,我就瞎玩。钓虾是我最喜欢的事情,我用钢丝做了个很小的钩子,穿上蚯蚓,然后将钓钩放在湖里。"虾是水世界的呆子",这是鲁迅先生的原话,我深以为然。那时候,西湖里鱼虾很多,我总是满载而归。有时候,我还一个人去爬保俶山,爬到保俶塔向南瞭望,西湖美景尽收眼底。

停了一年学,本来觉得很可惜,毕竟荒废了一年,但现在想想,这一年我也算是因祸得福吧。

原因很简单。我念书时年龄比较小,在班里比别人矮一截,就像小弟弟,什么都不懂。停了一年学以后,我能跟同学"平起平坐"了,整个人变得自信起来。好像也开窍了,以前考试成绩总是差一点,被人压着,到新班级后,我开始"冒了出来",觉得学业都很简单,也很轻松。

所以,我觉得这一跤摔得很值,不过也有一点害怕,因为当时大人说搞不好要瘸。刚下地时,他们都说我走路好像有点不一样,眼神带着不安,这让我心里有了阴影。但后来渐渐好了,我奔跑自如,心中悬着的石头才算落了地。

(王仁华)

1957年暑期,王仁华因为父亲工作调动,回到了上海,在家附近的成都中学插班读初三。

第二节　足球前锋

在成都中学,王仁华喜欢上了足球。两年之后,他成为上海市青少年体育学校(上海市体育运动学校的前身,以下简称"上海市少体")足球队的前锋和副队长。

新中国成立前，中国体育一直受到外国列强的诟病，"东亚病夫"的帽子像一座大山，压在中国人的头顶。1932年，刘长春单枪匹马赴洛杉矶参加第十届奥运会铩羽而归，那是中国体育一个悲壮的缩影。

新中国成立后，为使中国人民有一个强健的体魄，让中国体育走向世界，毛泽东主席先后对开展体育运动作了一系列指示。1952年6月，中华全国体育总会成立，毛泽东主席欣然题词："发展体育运动，增强人民体质"。群众体育轰轰烈烈地开展起来。

在新中国竞技体育的最初阶段，有两件事影响深远。

第一件事发生在1956年6月7日，中国举重运动员陈镜开以133公斤的成绩，打破美国运动员温奇保特的56公斤级挺举世界纪录，成为中国第一个打破世界纪录的运动员。

第二件事发生在1957年11月17日，在北京先农坛体育场举办的北京田径运动会中，中国运动员郑凤荣成功跃过1.77米高杆，打破了由美国运动员麦克·丹尼尔保持的1.76米的世界纪录，成为新中国第一位打破世界纪录的女运动员。

新成区少体校同学合影

在当时国力较弱，训练条件简陋，缺少与国际体坛交流的背景下，两位中国运动员打破世界纪录，这是石破天惊的重大喜讯。在此背景下，学校体育蓬勃开展，业余体校全面开花。至1958年，上海各区县普遍开设业余体校，体育运动风靡一时。王仁华因为热爱踢球，被选入新成区少体校。

那时，文化学习虽然有升学考试，但没有现在这么受重视。我们这帮小孩，在弄堂两边，把衣服一放，做个门，就踢起小皮球来。那时候，每家一楼都有一个小花园，外面用围墙挡住。有时我们不小心把球踢到了花园里，就爬进去捡，也不管有没有打扰人家。

后来,在弄堂里踢不过瘾了,我们就寻找更大的场地。成都中学旁边的人民广场是一个开放式的广场,那可是全市人民集会的场所,虽然不是草地,但是地方大没人管。我们这些孩子就跑到那里去踢,开始踢正规一点的足球。

讲到为什么喜欢足球,我觉得街球的经历是一个原因,很纯粹,和小伙伴们玩是最开心的事。在这种游戏中,我们有分工配合、团队合作,我们有荣誉感,如果你踢得好,就会得到格外尊重。另外,足球本身的影响力太大了,记得1955年,奥运足球冠军苏联队来上海,那可真是万人空巷,人人热议。在那时,我就对足球心有所仪。

一开始,父母并不知道我对足球的痴迷,直到有一次,我妈突然问:"老大,这球鞋只穿了俩月不到,怎么破了那么大的窟窿?"我只好从实招来。那时都是煤渣路,不适合踢球,费鞋也就不足为奇了。

由于我总在踢街球,最终被学校老师看到了,老师就把我叫到校队里踢,我踢得还不错。高一时,我被选入新成区少体校(今静安区少体校)。新成区少体校有足球、田径、男女篮球、排球、游泳等项目,对于调皮爱玩的人来说,那是一个天堂。上午上文化课,下午训练,我如鱼得水。

当然,进入新成区少体校也遇到了阻力。我妈妈是老师,她觉得读书和踢球是矛盾的,踢球或多或少地会影响学习。但我有些瘦弱,她觉得踢球可以强健体魄,就放我一马,同意了。不过,她有言在先,学习不能放松。

新成区少体校校址在南京西路580号(近成都北路),在新成游泳馆内。体校最大的优势是有自己的运动场,而且与上海体育学院竞技指导科只隔一条马路。上海体育学院竞技指导科其实就是上海市体工队,上海队的运动员大多在那里训练,里面有比较标准的足球场、田径跑道、篮球场等设施,还有浴室。那时,新成区少体校跟上海体育学院竞技指导科关系密切,所以我们足球队、田径队也常到那边去训练。一方面,我们可以观摩高水平训练;另一方面,我们可以在正规的球场上踢分队比赛,那种感觉真是一级棒。

我的教练叫林耀清,是江苏无锡人,人称"无锡李惠堂",也是1950年左右上海足球"华东五虎将"之一。我们那时候是住宿制,宿舍是一个超大的房间,一排地铺。林指导跟我们睡一起，也是打地铺，他睡在门口，我们挨着睡一排。这样安排的目的是，谁晚上没回来他都能知道，也方便喊我们训练。

进了新成区少体校之后，我才知道什么是足球运动。这项运动需要强健的体魄、熟练的技术，更需要拼搏精神和团队合作的理念。那时训练和比赛都很辛苦，每次回家，我基本上就是躺在床上睡觉，太累了！

踢了一段时间之后，林指导看我脑子灵活，脚下有活儿，就让我做了队长。我待了一年，还是很充实的，训练很正规，也经常与各区交流比赛，成绩不错。后来成为著名国脚的王后军就是虹口区的，我们在比赛中认识，后来都成了上海市少体足球队的第一批学生。

足球影响了我的一生，现在想来，我遇到了良师。林指导是专业足球运动员出身，球技好，人品也好，名师出高徒，所以我们新成体校足球队还是出了一批人才。譬如，上海足球名将徐根宝。我念高一时，根宝还在读初二，是我的师弟。对林指导，我总是心怀感恩，退休回上海后，我每年都会去看望我的启蒙恩师和他夫人。林指导见到我，总是很高兴，讲的第一句话是"我们的计算机专家来了"。2010年林指导80岁大寿，我和根宝等当年的队友也都一起参加了。

足球是一项团队运动，在这个团队中，我们彼此成为很好的朋友。我大学毕业后到北京工作，经常去国家队找徐根宝，以及上海市少体的同学王后军、胡之刚玩，我们保持了很好的友谊。

我从一个踢街球的孩子，逐渐成长为一个少年足球运动员。新成区少体校的文化课抓得也很紧，文化课老师是区里其他中学的优秀老师兼任的，责任心强，教学水平高，所以我跟在普通中学学习差别不大，并没有因踢球影响学业。我那时在高中一班，已经不是一个孩子了，正处在身体发育、世界观初步形成的重要阶段。我上文化课很认真，特别是语文课。老师的讲解令我印象深刻，我现在还记得《沁园春·雪》那首千古绝唱的情形。

老师的普通话并不标准，带着一点方言，但他的朗诵声情并茂，令人回味无穷。那时，我心里默默念叨：我一定要不负韶华，努力学习，成为一名科学家，为建设新中国作出一份贡献。

我觉得，我们这一代人是有使命感的。后来，我无论读大学，还是在中科大任教，即便赴美和回国创业，都有一种时不我待、只争朝夕的紧迫感，我总是想着为国家的发展和强盛做一点实实在在的事。

我在新成区少体校还有一个收获，就是认识了田径队的夏德瑜。她原来是育才中学的，在田径队练五项全能，上文化课和我在一个班。不过，我们那时候都专注于学习和训练，就是普通同学。她性格开朗，非常乐观，大大咧咧，喜欢笑，有同学送她绰号"哈德"，也就是哈哈笑的意思，我由此记住了她。我们交流不多，我只知道她的强项是跳高、跨栏。我们曾一起出过一两期黑板报，她的粉笔字写得特别漂亮。上了高二后，我去了上海市少体，她还是留在新成区少体校，一直到高中毕业。其间，我们没有联系过，直到读大学时在运动会上遇见，这是后话。

（王仁华）

1959年7月中旬的一个傍晚，王仁华接到一个电话，甚感诧异，急匆匆地从楼上冲到楼下胭脂店接听。原来，这是上海市少体赵承敏老师打来的，告知他已被学校录取，希望他尽早报到。

突然而来的喜讯让王仁华犯愁：一是这所学校是新办的，是否值得去？二是教练没有打过招呼，他不明白自己怎么就被上海市少体录取了？三是妈妈是否支持？王仁华来到了人生的十字路口。

家里像炸开了锅，三个弟弟很开心，希望哥哥以后成为球星，那多了不起。父亲沉默不语，不置可否。母亲埋怨起来："去新成区少体校是让你锻炼身体，现在倒好，要去市一级的体育学校从事半专业的足球训练，文化课学习怎么办？本来在新成区少体校，你的文化课成绩名列前茅，训练学习可以兼顾，以后考大学不成问题，若是进了上海市少体，你能确定体育这条路走得通？"

经过商量，母亲要王仁华去问问林指导再作抉择。

第二天，一宿没睡好的王仁华去找林指导。林指导笑着向王仁华说明原委。林指导说，上海市少体唐文厚指导是他原上海足球队的队友。一个月前，唐指导看过新成区少体校的一场比赛，说想招几个人。没想到，直接就给几个人发了通知。林指导进一步鼓励王仁华："上海市少体肯定比新成区少体校强，进入上海市少体,也就意味着一只脚踏进了专业队,机会难得。另外,上海市少体有伙食补贴,每月30元,相当于一个普通工人一个月的工资啊,有多少人想挤进去!"

回到家,王仁华把情况告诉母亲,还特意安慰母亲:"妈,上海市少体和新成区少体校一样,上午学习文化课,下午训练,学习和训练我完全可以兼顾,而且每月有30元的伙食补贴,可以缓解您的经济压力!"

当时,正值三年困难时期,母亲觉得孩子有书读、有球踢,还管吃管住,也是不错的选择,就同意了。

有意思的是,王仁华还是这所新成立的体育学校的001号学生。六十年后,在上海市体育运动学校成立六十周年庆典时,他作为特邀嘉宾和杰出校友代表在大会上发言。之后,他还把自己的001号学生证捐献给了母校,这张珍贵的证件又被上海体育博物馆征收并展出。

记得去报到的那一天,我特地穿了一件白衬衣。上海市少体那时位置比较偏,要倒两辆公交车才能到。一到学校,我没有直接去报到,而是先到校园里兜了兜。好家伙,学校好大啊,有排球馆、篮球馆、体操房、乒乓球房、宿舍、食堂,光大小足球场就有好几个,占地面积有300多亩!

报到地点在学校教学楼。这是一幢新建的三层仿苏建筑,中间高起,左右呈中轴对称,气势雄伟。报到处的赵承敏老师接待了我,她向我简要介绍了学校的情况。令我始料未及的是,由于上海市少体是第一年招生,文化班只有小学五年级至高中一年级,共5个班级。我是高二学生,如果要留在学校的文化班,只能留一级;如果不想留级,学校就需要马上联系就近的52中学借读。

我是优等生,留级是不可接受的,于是选择了借读。好在52中学离上海市少体不远,走路只需要10分钟,所以问题不大。

(王仁华)

上海市少体是一所为上海培养优秀体育后备人才的体育学校,当时市政府非常重视,1956年就开始规划设计,1959年秋正式开学。学校开设了足球、篮球、排球、游泳、田径、乒乓球和体操七个项目，招收学生147名。为了办好这所学校，市体委征调了上海市最优秀的教练和运动员，如足球项目的教练是何家统、唐文厚。何家统是原国家队运动员，入选过1952年奥运会中国队名单，先后担任过华东足球队和上海足球队教练；唐文厚则是上海足球队队长，退役后到上海市少体做教练。为了加强体校的文化教学，市体委得到了市教育卫生工作委员会和市高教局的大力支持，选调一批优秀文化教师，还从上海师范学院要来了5名优秀毕业生。

少年王仁华在操场踢球

当时，市政府对这所新办的体校寄予厚望，教练和文化课老师都非常负责，关心我们运动员的成长。对我们这批在外校学习的借读生，苏健校长亲自过问，听取学生的意见，加强与借读学校的联系。到了第二年暑假，为保证我们借读生的学习质量，除了赵文豹同学借读复兴中学，其他6位同学被安排到当时的重点中学58中（现澄衷中学），有足球队的我和胡之刚，排球队的张为堤，篮球队的丁永龙和郑揆文，以及乒乓队的于贻泽。后来，丁永龙、于贻泽、胡之刚、张为堤去了上海体院竞技指导科做专业运动员，其他3人考入大学。其中，郑揆文考取了复旦大学，赵文豹被西安交通大学录取，我则被华东师范大学录取。

学校为我们想得很周到，因58中距离学校比较远，需要坐公交车往返，学校就为我们买了公交车月票。

上海市少体采用半军事化管理，每天的学习训练非常紧张。

5:50铃声大作，我们条件反射地掀开被子，拿上洗漱用品往卫生间冲。刷牙洗脸，换衣换鞋，归置物品，必须在10分钟内完成。10分钟后，在宿舍楼前整队，队长带领全队小跑到训练场，与其他运动队汇合。接受完值班领导的训话，再分队训练。

早训时间是1个小时，但允许我们借读生提前20分钟结束训练。这20分钟非常宝贵，我们先是奔向食堂，正好优先吃早餐。有一种水果粥非常好吃，我们有心得，用勺子沉底一捞，水果都打捞上来，满满的一碗；如果等到大队人马进来，粥里早已见不到水果的影子了。

7:00我们必须背上书包上路。宿舍到公交车站台有一段路，得紧走慢跑。有时看到公交车来了，就必须冲刺，有同学不愿意跑，就等下一班。但我每次都会奔跑，因为我不愿意迟到。

三年困难时期，国家艰难，青少年全国比赛大多被取消了。我记得唯一一次去外地比赛是在1960年8月，我们坐火车去江西南昌，坐的还是卧铺。全体队员都非常亢奋，每到了一个车站，就下到站台去溜达，后来领队见我们调皮，怕我们出事，不准我们乱走。

在南昌，我们与江西省少年足球队进行了一场友谊赛。那场比赛，打得很激烈，前80分钟打成了2∶2。临近比赛结束，右边锋王后军从边线沉底传出好球，我正好在中路接应，由于球速快，胸部停球动作施展不开，我只能用胸部顶球，将球硬生生撞进了对方大门。结果，我们拿下了这场比赛，那种兴奋劲儿就别提了。

足球对我的影响很大，让我一直都觉得团队协作比单打独斗重要。球队需要前锋，但中场、后卫同样不可或缺，当然队伍更需要教练的运筹帷幄。总之，一支队伍只有齐心协力，每个人都做到最好，才能赢得比赛。

在上海市少体待的两年，很大程度上也影响了我的人生走向。那两年我不仅接受了更为正规的足球专业训练，而且因担任副队长（场上队长），再加上成绩比较优秀，和教练的配合互动也多些，所以得到了方方面面的锻炼，成长是全方位的。足球运动让我收获良多。比如那时我们经常代表上海少年队或上海青年二队，参加上海市的各种比赛，赛前的准备会和赛后的总结会是必定要开的。准备会上，教练布置战术等会讲得多些，但总结会上就不同，每个队员都要讲自己的比赛心得，点名评价其他队员的表现，包括技术战术和比赛态度等。有时会争论得很激烈，一点面子也不给。我也挨过炮轰，作为前锋不犯错误几乎是不可能的。总结会的最后环节是教练总结点评，教练往往从队员纷杂的思维中拨云见日，提纲挈领讲要害。这种对比赛的"复盘"给队员们带来很大的帮助，让每个人清晰感知场上表现的好坏，就像是文化考试后对试卷的订正。正是通过不断总结，我们的位置意识和大局观不断得到提高，团队精神不断提升，场上配合更默契。可以说，在潜移默化中，足球运动不仅让我们学到了技术战术，更打开了我们的思想格局。

后来，我在中科大组织科研团队，建立实验室时，就倡导足球的团队精神。比如，实验室的星期六例会是雷打不动的，会上每个人都要报告自己最新的研究进展，鼓励学生辩论等，收到了很好的效果。

（王仁华）

在上海市少体训练两年后，王仁华再一次面临人生的选择。

1961年4月，上海足球队到学校挑人，队友王后军（1970年左右中国国家队队长，后任上海申花队第一任教练）和胡之刚（1970年左右中国国家队的守门员，后任国家队教练）被挑中，这意味着他们将走上专业足球运动员的道路。

王仁华没有被选上，虽然有些遗憾，但他已不是三年前踢街球的男孩。如今作为一名半专业的足球队员，他已变得非常理智。他遵从母亲的教诲，从不放松学习，无论在52中学还是58中学，他都是班中的尖子生。临近高考，他的高考模拟成绩进入年级前三名，班主任和任课老师对这个体育生关爱有加。他们都清楚，如果王仁华不参加体育训练，学习时间再多一些，他的成绩起码会再上一个台阶。高三上学期结束时，58中学的班主任问王仁华的报考志愿，王仁华说想报上海交大。班主任鼓励他："第一志愿不妨报北大吧，第二志愿再报上海交大。"

高考前，王仁华又遇到让他两难的事，上海市少体足球对口的两所高校之一的华东师范大学（以下简称"华师大"）因为要成立足球队，想要特招他。对于一般人而言，这是求之不得的大好事，但对王仁华而言，却是左右为难，因为他想上更好的大学。

华师大为了招到王仁华，事先向上海市少体教练和相关领导打了招呼。华师大体育教研室主任黄震了解到，王仁华学业特别优秀但不愿报考华师大的情况后，就亲自登门找到王仁华做思想工作。王仁华的说辞是，做老师不是他的职业选择，他以后想搞科研。黄震主任听了不动声色，特地邀请他去华师大参观，希望他参观后再作决定。

几天后，王仁华应邀来到华师大，黄震主任亲自带他参观了校园和实验室，耐心向他介绍。华师大除了师范类专业，也同样有在全国领先的理工类学科，只要王仁华愿意，专业可以任意选。

之后，黄主任又带他去见足球队教练苏明仁。苏明仁教练曾是上海队门将，也是林耀清和唐文厚的上海队队友，故见到王仁华特别亲切，带他参观了训练场地、学生宿舍和运动员专用小食堂。

参观完，王仁华想："华师大虽非自己预想中的最佳选择，但也是全国重点大学，学科不局限于师范教育，可选择的面比较大，而且还是上海有足球队的两所高校之一（另一所是华东纺织工学院，现东华大学），在这里，自己的足球才能可以继续得到发挥。"

其实，除了上述原因，还有两个原因是不能不考虑的。第一，在那个特殊时期，每个家庭都不容易，我有三个弟弟，都在读书，如果我选择华师大，就可以享受伙食补贴，这对家庭有很大帮助。第二，每个人都必须服从于体制，上海市少体的领导和教练都希望我留在体育圈子内，为上海足球作贡献。后来，我代表上海高校参赛，和队友一起，连续四届，为上海高校足球联队夺得全国大学生比赛的冠军。

（王仁华）

大约过了一周，58中学组织高三学生填报志愿。当班主任将表格发到王仁华手里时，虽然早已选择华东师范大学特招，但填写表格时，他还是难以下笔。犹豫之后，他决然填写了如下志愿。

第一志愿：华东师范大学

第二志愿：上海交通大学

第三志愿：上海交通大学

第四志愿：上海交通大学

当时有多矛盾，多挣扎，只有王仁华自己知道。

六十年后，再次回忆高考前的志愿填报时，他的表达令人动容。

虽然在那个时候，我很不情愿去了华师大，甚至在刚开学时，内心还很抵触。但如果跳出那个年代的小我，我觉得自己何其幸运。华师大给了我非常好的学习和训练环境，是我人生成长的最重要的平台之一。如果没有华师大，我的人生走向可能完全不一样。

（王仁华）

第三节　科学的召唤

1961年7月，王仁华参加了高考。最终，他以数学满分的成绩被华师大物理系录取。

1961年9月，王仁华跨入了大学校门。在丽娃河畔，他常常独自徘徊，没去心仪的大学，让他有些闷闷不乐。作为一个不服输的人，他曾无数次默默对自己说："你必须振作起来，重新找回自我。"他内心有一个想法："大学毕业后，我要考北大或上海交大的研究生！"

之后与高中同学夏德瑜的意外重逢，让他了解到，人生原来还可以有"另一种选择"。

那是1962年初夏的一个星期天下午，我照例返校，走过田径场，发现那里正在举行上海市高校田径运动会。我就走过去看热闹，碰到了新成区少体校的金迪恩同学，她也来参加比赛。她告诉我，哈德（夏德瑜）也来了，刚才跨栏还摔了一跤。于是，她带我去找哈德。哈德那时已换了衣服，正坐在田径跑道边上，我向她问候，问她是否受伤了。她依旧大大咧咧，笑着说没事。我带她到校园转转，谈起别后的情境。她说，她们田径队的大部分同学，都听从班主任的要求，报考了田径项目对口的上海师范学院，但她就是没有听班主任的，愣是报了复旦大学。当时班主任有些生气，提醒道："夏德瑜，如果你考不上怎么办？！"哈德说："考不上我就去新疆！"

就这样，哈德最终考上了复旦大学，并成为复旦大学女子篮球队的成员，也是田径队的队员。哈德的果敢让我刮目相看，原来人生可以有"自己的选项"。

那次见面后，我们开始相互通信，我在心中埋下了爱情的种子。只要哈德有比赛，我总会抽时间去看。哈德很优秀，是跨栏好手，她曾拿到80米低栏上海市第一名，成绩突破13秒，被评为复旦大学优秀运动员，并获国家田径二级运动员称号。

我觉得，那时哈德对我精神上的支持很重要，她认为我不应该气馁，相信我能够学有所成，也肯定我以后报考研究生的想法，鼓励我在事业上做出一番成就。

那时，我也反思自己，调整自己，对自己说："今后无论面对什么样的因素，都要坚定地跟着内心走。争一争，搏一搏，就会是另一片天地。"

（王仁华）

经过最初的失落和思想波动，王仁华的规划开始围绕课堂和球场展开，他在华师大的生活也变得充实饱满起来。

王仁华树立了两个目标：一是努力学习，将来考研，力争成为国家的科技人才；二是认真踢球，为华师大争光，为上海高校争光。

校园环境变了，但原有的节奏一点也没有变：上午学习文化课，下午训练，晚上自习。他是体育班的另类，是物理专业唯一的体育生。他争取到了"特权"，早上球队晨练可以不参加，用这宝贵的时间学习外语（俄语）。由于高中时没有学过俄语，他被编入特别班，半年后他就跳到了俄语一班。在物理系，大家都知道他是华师大的球星；在体育班，他是不折不扣的学霸。王仁华虽然在足球上时间花得少，但因为他之前是上海市少体足球队的前锋，球艺出众，所以他的威信很高，成为学校足球队队长。

1967 年，王仁华在华师大留影

王仁华对科学的追求和热爱，与其个人天赋和志向有关，也与华师大给他宽松的学习环境有关，更与当时整个国家重视科学技术的大政方针有关。

在这样的大背景下，华师大加快了发展教学、科研的步伐。1958 年起，学校陆续建立了教育科学研究室和电子学、原子物理、固体物理、光学等一大批理科实验室及一些专业实验室，深入开展学术研究活动。1960 年起，学校本科教学由四年制改成五年制，一直到 1966 年终止。

华师大重视学生的全面成长，把体育作为育人的重要手段。党委书记常溪萍非常喜欢体育，特别喜欢篮球，就搞了运动队，集中住在一栋楼里面，早上集中训练，下午各个运动队分开训练，晚上自学。这一套对我来讲太熟悉了，也没觉得大学有什么不一样。

（王仁华）

　　王仁华知道自己的学习时间比别人少，所以就加倍努力。在老师眼里，王仁华是上课最认真的一个。吃完晚饭后，他就去图书馆抢位置。如果周六有比赛，耽误了学习，那么周日吃完午饭后，他就必定去图书馆复习和预习。由于他的聪颖和勤奋，他在华师大的前两年，有一半以上的课程成绩是5分，到第三年全部是5分。

　　大学二年级念完了基础课，王仁华面临着分专业——理论物理或无线电物理，他选了无线电物理。由于成绩优异，辅导员私下找到他，建议他选理论物理。但王仁华觉得，无线电物理听起来接地气，与装收音机和电话等密切相关，比较实用。于是这一次，他坚持了自己的选择。

　　"我就是喜欢无线电。"辅导员听我这样说，就让我去了。我一直喜欢动手的学科，学得比较起劲儿，有一种痴迷。

　　在无线电物理班，我把同学们组织起来，央求老师带我们去实验室。老师有点出乎意料，看了我一眼，问："你们要去干吗？"我央求说："老师，我们就是喜欢，想摆弄摆弄收音机。"负责实验课的老师大概觉得我们的要求不过分，后来真的给我们安排了装收音机的实践课。那时还是电子管收音机，老师给每人发一套材料，我们就兴致勃勃地装那个玩意，开心极了。

　　我还喜欢装万用表，就自己去搞一些零件来弄。上海有两个地方卖零件，一个在浙江路附近，一个在虬江路。我们买来材料，自己安装做实验。我印象最深的是安装时遇到一个难题，就是有一个指针靠螺旋的弹簧直接弹回来，这个结点很难焊，点很小。我焊坏了好多材料才焊好。这些实操训练让我得到了锻炼。

（王仁华）

　　如果说王仁华在学业上收获更多的，是内心的充实和喜悦，那么他在足球场上收获的，则是酣畅淋漓的快乐、充斥胸间的荣誉感和无比珍贵的友谊。

华师大足球队留影

足球是华师大的重点项目。那时候,每年夏天都要举办全国高校大学生足球比赛,上海市高校组建大学生联队参赛。由于华东纺织工学院足球队实力较强,故上海高校联队以其为班底。王仁华代表华师大每年都被征调,去参加为期一个月的集训,然后参加全国比赛。上海高校联队是全国高校中的佼佼者,在王仁华参加的比赛中,上海高校联队连续四年都是第一名。由于球技出挑,在其中两届比赛中王仁华还担任了队长。

在西安举行的全国高校足球比赛中,我遇到了上海市少体的同学赵文豹,他代表陕西省高校足球队参赛。我们场上是对手,场下相谈甚欢,留下了难忘的回忆。

那次分手后,我与赵文豹没有联系过。但有一次碰到他的弟弟赵文杰,是交大教授,也在市少体踢过球。他说,他的哥哥后来改名赵阳,就职于一家大型国企,是高管,是享受国务院政府特殊津贴专家,也曾获得过国家级科技进步奖。我觉得,现在有人简单地把体育与读书对立起来,这是不科学的,两者应该相辅相成,互为促进。

(王仁华)

由于在上海青少年足球圈小有名气,王仁华还被委任过一项重要任务:到上海队"招生"。上海市少体每年都有学生到上海队试训，如果试训后不能留队，上海队就会给他们安排工作，但是，其中的一些少年运动员还想继续读书。华师大为了增强足球队的实力，有意在华师大附中搞一个"预备班"，想把那些试训的足球运动员吸引过来。王仁华就去做这项动员工作，结果招来了6个学生。这些学生一来，华师大足球队的整体实力大大加强。当年，华师大足球队参加全国乙级足球联赛，获得上海赛区第二名。也因为这个成绩，王仁华获得了足球二级运动员的证书。第二年，这6人中，有2人放弃高考，2人考入华东纺织工学院，2人被华师大录取。

在华师大的五年，我觉得很充实，不仅学到了专业知识，也踢了热爱的足球，还锻炼了其他能力。对华师大，我非常感恩。

（王仁华）

这段从少年时代延续到青年时代的踢球经历，对王仁华的影响很深。后来，无论在中科大当老师，还是去美国做访问学者，王仁华始终"以球会友"；无论当教授培养学生还是在科大讯飞管理团队，他始终以足球思维实行"足球式管理"。在实践中，王仁华形成了自己朴素的"足球哲学"。

你是前锋，就必须想办法进球，进球是前锋的职责。能进球，你厉害，但团队是一个整体，有前锋、前卫、后卫、门将，每个环节都很重要，所以你还必须有团队意识和团队精神。

什么叫赢？别人没打进，你打进了，这才叫赢。

足球影响我一生，让我认识到三点：第一，要刻苦锻炼，这是基础；第二，要力争第一，这是精神；第三，要相信团队、依靠团队，这是大局。

无论在学校，还是在科大讯飞，我都把自己放在"教练"的位置上。什么是教练？第一，教练要训练队员、培养队员；第二，比赛时，他是指挥者、布局者，不是运动员。

无论学生还是员工，我都希望他们能组成一个团队，相互配合，完成一个共同的目标。我的任务就是把队员训练好，给队员机会，让队员去冲锋陷阵。有什么事情，我从来不会觉得是我说了算，不会说我是研究生的导师，就要听我的。

（王仁华）

第四节　中科大南迁

1966年5月到1976年10月，是特殊时期，在王仁华的人生刻度中，是23岁到33岁。

特殊时期开始时，王仁华正处于大学毕业前夕。时代的浪潮席卷着每个青年，王仁华非常迷茫，不知道该往何处去。这个时期对他最直接的冲击就是无法报考研究生，分配工作也被延期。从1966年夏开始，王仁华一直处于待业状态，直到1967年底，才收到分配工作的消息。王仁华觉得自己还是幸运的，更幸运的是，华师大这一届的分配方案是在特殊时期开始前制定的。王仁华所学的物理专业比较热门，分配去向是上海仪表局、无线电厂，或者到中学当老师。

有点意外的是，全年级有一个名额是分配到位于北京的中国科学技术大学。现在看来这很稀罕，但在当时并非如此，主要是上海生源的学生毕业后希望留在本地就业，不愿跑到外地。为此，辅导员和同学们一致推荐王仁华："他学习成绩好，他去最合适！"

当时大学停招，前途不明，但王仁华有自己的"小九九"。中国科学技术大学，又是科学又是技术，这个校名深深吸引了他。而且大学毕竟有优势，要学点东西方便。另外，夏德瑜已和他确定了恋爱关系，而夏德瑜工作去向最大可能是北京。于是，王仁华当机立断，申请分配去了中科大。最终夏德瑜分配到了中国农科院下属的养蜂研究所。

由此，王仁华迎来了命运的转折点。

1967年12月底，我去中科大报到。接待我的是无线电系的主任，他可能没看过我的档案，问我是学什么专业的，我说是线路专业。他一听，说："那行，你就到线路专业吧。"其实我当时分配的是微波专业，但我不太喜欢搞理论，分到线路专业那是最好不过了。

到了之后我才知道，中科大是新中国成立后创办的一所新型理工科大学，依托中国科学院，全院办校，所系结合，校长是郭沫若，各系的系主任都是重量级的科学家，像竺可桢、钱学森、钱伟长、郭永怀等，他们也是各研究所的所长。

科大校训是"红专并进，理实交融"。前者是中科大人科教报国的为人为师之要，后者指教学与科研结合，是中科大的传统办学特色。中科大是一所研究型的大学，学生素质高，学习刻苦。坊间戏谑："穷清华，富北大，不要命的上中科大"。

老一辈科学家治学严谨，以身垂范，对青年教师思想上的鼓励，学术上的扶持，处处体现着大家风范。在这样的环境下，年轻教员得到许多锻炼机会，成长很快。

尽管受特殊时期和南迁安徽的影响，但从1967年到1977年短短的十年，我身上就已深深烙下了中科大的印记。我决心要向前辈学习，当一名合格的科学家，报效祖国。

（王仁华）

报到没多久，军宣队就进驻学校。王仁华初来乍到，对学校情况也不了解，就被"闲置"起来。有一天，一名军代表找到他说："王仁华，明天开始，你去锅炉房烧锅炉，白天休息，晚上上班。"

这份工作看似没有任何含金量，但天性乐观的王仁华马上发现了它的好处：能避开各种纷争；白天休息，正好可以出去玩。与他一起的还有沈炳林老师，年龄比较大。沈老师跟他合计，合买一张月票，晚上烧锅炉，白天轮流出去玩。

沈老师出这个主意我特高兴。当时我年轻，白天没人管，就去北京的电子元器件市场。这个市场有规模，很热闹，晶体管刚出，我就买回来，一个人在宿舍里捣鼓，装半导体收音机，装好了特别开心。那时候，我的工资是每月46块钱，除了吃饭，差不多都花在这上面了。

（王仁华）

除了烧锅炉，王仁华偶尔也会被抽调去监督老教授劳动，或者跟随老教师外调，也踢过两三场球……这就是王仁华在中科大一年多时光的全部。

青春寂寞无声，岁月就在一日日的重复中流逝，未来不知会以何种方式展开。

1969年10月26日，中共中央发出《关于高等院校下放问题的通知》，决定将中国科学技术大学等工科院校迁出北京，外迁至河北、陕西、山东、安徽、湖北等地，称"京校外迁"。

1970年年初，中科大六系被疏散到广西，王仁华也随六系去了南宁的无线电厂，在那里参加生产劳动。王仁华觉得这是很好的机会，可以发挥自己的专业优势。当时，无线电厂正好接到了一个任务，研制电视发射台，需要制造设备。部队派来了几个参谋，工厂里还有一个工程师，再加上王仁华，就组成了一个科研攻关团队。王仁华专业扎实，做事认真，动手能力强，很快得到了大家的认可。无线电厂的军代表很看重这个中科大的小伙子，也侧面了解了王仁华夫妻分居的情况，于是就找王仁华谈话，问他有没有兴趣留在厂里，如果愿意，厂里可以帮助他把妻子调过来，解决两地分居问题。

当时，我是有点心动的。为什么？主要是这个无线电厂对当地贡献很大，地位重要，职工收入较高，如果调过去，妻子工作就稳定下来。更重要的是，我可以从事本专业的研究，还能和妻子团聚，彻底解决了一系列问题。

（王仁华）

王仁华在广西南宁左右摇摆的时候，中科大经历命运的跌宕，峰回路转，迎来了机遇。

1969年10月，时任国务院科教组组长、国务院驻中国科学院联络员刘西尧主持拟订中科大《关于要求创办"五七教育革命实验基地"的报告》。基地既是学校，又是工厂、农场、科研单位，并迁离大都市到较远但交通较为方便的地方办学。报告经审批后，中科大派出四个小组分赴湖北、江西、安徽、河南四个省选新校址。湖北、江西、河南三地的负责同志都表示，只能提供建校土地，对人员的吃住及建校经费爱莫能助。考察了皖南宣城的安徽劳动大学后，安徽选址小组觉得宣城交通闭塞，不太适合办大学。时任安徽省革命委员会主任的李德生了解到中科大正在选址的消息后，伸出援手，表示愿意提供搬迁学校的一切便利。

为了能留住中科大，安徽省最终决定腾出合肥师范学院和合肥银行干校来安置中科大，并明确表示："安徽人民不吃不喝，也要把中国的科学苗子保住！"

史料记载，自1969年12月开始，至1970年10月结束，中科大不到一年就基本完成了搬迁工作，总计组织货运装车70余次，运货量865吨，装运仪器、器材、图书、档案等35000多箱；迁出家属470多户，组织职工、学生、家属客运20多批，约6000人次，用火车皮510多节，搬迁费达77万元。

1970年夏天，王仁华接到通知，中科大教职工也要随之迁往合肥。他这才看到了曙光，收拾东西辗转经淮南到合肥，总算安定了下来。

王仁华在中科大图书馆门口留影

搬家后的中科大有些萧条：仪器设备损失2/3，档案资料大量流失，最要紧的是教师流失50%以上。1972年，全校讲师以上职称的教师不足百人，教学、生活用房严重匮乏，校舍面积不到 6 万平方米。教职工的宿舍普遍是四人一间，最极端的是祖孙三代挤在一间不足 20 平方米的陋室里，厨房是四家共用的。

虽然条件艰苦，但即使最贫瘠的土地也会绽放光华，何况在这所高等学府。像王仁华一样的教职工们拥有着别样快乐。

1970 年，中科大组织了一个京剧团，选调一批主要是 64 级和 65 级中有才艺的学生，表演《红灯记》《沙家浜》《智取威虎山》等样板戏。京剧团了解到我会拉小提琴，就鼓励我加入。在进入新成区少体之前，我也是半个"文艺生"，父亲从小教我吹口琴，我还去著名口琴家石人望的培训班里学习过。记得初二时，班里组织大合唱，由我用口琴伴奏。后来，我也学过手风琴和二胡。在华师大学习期间，我专门学习了小提琴，属于"三脚猫"水平，可以应景。在京剧团，我们一般是早上练完嗓子后，就开始排练。接到演出任务，我们就出去巡回演出，我和五系的梁东山老师坐弦乐的第一排。

说到中科大京剧团，那段时光回味起来，欢笑中是带着苦涩的。为了宣传工作，我没有照顾好将要临产的妻子，这是我一生的亏欠。

我和德瑜 1968 年 8 月结婚，第二年，德瑜怀孕，9 月份回上海待产。我因为演出走不开，就没有回去照顾。京剧团的领导刘兢了解情况后还在大会上表扬我，但后来我觉得很后悔。德瑜诉苦说，临产时太难受了，晚上是她父亲送她去的医院，但因为羊水没破，生产不顺利，进医院两天后才生产。可以想象，她一个人在医院是多么无助，可我却不能守在她身边。

（王仁华）

从 1967 年底前往中科大报到，到 1970 年下半年随中科大到合肥落户，这 3 年的时间里，王仁华经历了许多事情，特别是和夏德瑜完婚与儿子王政出生，这两件大喜事给他带来巨大的幸福感。激荡的大时代下，个人的安稳难得。王仁华走南闯北，身份从老师到锅炉工，再到工厂技术员，再到京剧团小提琴手，这是大时代中知识分子经受历练的真实写照。同期的夏德瑜，也有相似的遭遇。她到中国农科院养蜂所报到后没多久，去了军农场；两年后回养蜂所，随即又被分配到江西省新建区。

自从结婚后，王仁华与妻子一直面临着两地分居的问题。儿子王政出生后，解决这个问题变得非常急迫。

当时，我抱着刚满月的儿子陪德瑜去江西，在新建区待了几天，又送她到下面的一个生产大队，才极不放心又依依不舍地回合肥。

刚回合肥没多久，德瑜来信说，晚上在草棚里睡觉，王政害怕，不开手电筒就哭，一个晚上下来，电池就没电了。白天德瑜必须参加生产劳动，没法照料孩子，实在没办法了，只能请假将王政又送回合肥。

当时，我们将王政寄养在中科大车队王师傅家。那时王师傅还没有孩子，加上王政小时喜欢笑，他们两口子很喜欢他，暂时稳定了一段时间。

德瑜回江西一个月左右，王政出荨麻疹，王师傅两口子没经验，我更没有了。系里宣雅静书记让我打急电叫德瑜回来。德瑜刚回去不久，大队干部不准她请假。她急坏了，骑个破自行车，赶到县里找有关领导，才获得批准回到合肥。她回来后，悉心照料，王政很快就痊愈了。

（王仁华）

就在王仁华夫妻两地分居，孩子难以悉心照料的时候，一件小事，悄悄改变了夏德瑜的命运。

有一天，德瑜抱着王政在校园溜达，碰到原新成区少体的同学、时任中科大体教系教师的严庆心。她们老同学相见，热聊了一会儿。分手时，小严说："哈德，晚上有场球，我们教工队缺人手，你来帮我们教工女篮打场比赛吧。"德瑜本来就是一个很开朗明亮的人，就答应了。不料，这对昔日体校同学联袂奉献了场精彩的比赛。德瑜速度快，体力好，还会跳投，能力出众。比赛中，小严和德瑜配合默契，小严后场一个长传，德瑜心领神会，在前场快攻得手。这场比赛很轰动，也把体教队的教练高兴坏了。那时军宣队的参谋们都喜欢篮球，我们六系的军代表王能平主任，更是热爱篮球。所以大家都出主意，想将德瑜留下来。最后，我们找到军管会的石副政委请求。石副政委同样喜欢篮球，对德瑜有很好的印象，得知德瑜又是复旦大学毕业的后，就拍板决定要人，发了调令。虽然后来办调动时碰到阻力，新建区不肯轻易放人，但学校派了专人去协调，最后还是圆满解决了。

那时，有中科大老师调侃：还是有一技之长好啊！

德瑜调来后，先是在中科大附中教书，后来调入物理系生物专业。从那时起，我的生活才算稳定下来。

（王仁华）

王仁华有个最大的特点，就是在纷杂的世界里能够静下心来。他有强烈的求知欲，即使在人生的低谷期，也一直保持着对学习的热情。

在去广西之前，王仁华捡到一本狄更斯名著《远大前程》(*Great Expectations*)，是英文版的。他的英文水平不行，看这本书很吃力。系里有两个教授从美国回来，也住在集体宿舍。他找到其中的向仁生教授，提出要跟向教授学英语。向教授颇感意外，反问："你找我学英语？"王仁华当时太年轻，没懂这句话的意思，后来他才想起来，自己曾监督向教授劳动过。

王仁华天性善良，没有城府，根本就没觉得向教授是"坏人"。令王仁华感动的是向教授对他也没有成见，乐意教他英文。向教授很认真，念一段，讲一段；王仁华跟着念，慢慢领会，渐渐就有了感觉。

1972年，中科大在合肥渐趋稳定，开始招收工农兵大学生，学制三年。这批学生里，有一部分人之前就上过大学或高中，有较好的文化基础。学校教研室在安排教学的同时，也安排教师参与学习，特别是无线电技术发展很快，几年一个迭代，做教师的必须不断学习。王仁华意识到，要想在专业领域取得成就，必须学习外国的先进经验，所以在完成本专业教学的同时，他把学好英语作为提升自己的突破口。

中科大的李佩教授，是"两弹一星"元勋郭永怀的妻子。1961年开始，李教授就在中科大教授英语，之后也跟着南迁合肥。1972年，中科大已逐渐恢复教学工作，王仁华迫切想学好英语，便和一个同事同去拜访李教授。

我和同事商量后就一块去找李老师。没想到，我的那位同事很不客气，居然很生硬地说："李佩，我们想跟你学习英语，你教我们，好吗？"我当时觉得，人家是大教授，怎么能跟人家这么说话。可李老师并没有责怪我们的无礼，微笑着点头答应了。

那时候，李老师的丈夫郭永怀先生已经不在了，她是一个人生活。李老师从未提起过她丈夫的事情，他们夫妇可是新中国享有盛名的人。我看到李老师，第一眼就觉得她是大家闺秀。后来到美国大学去学习，那些风俗习惯都是她教给我的。我早餐吃牛奶麦片，也是受她的影响。我去美国，也是李老师帮我写的推荐信。后来，中国科学院的人和我说，李老师写的推荐信，影响力很大。

1976年李老师调回了北京，她每次回合肥，我都会请她吃个饭，师生关系一直很好。

李老师的研究领域也是语言学方面，去北京时我也会去看望她。她每次都打扮得干干净净的，给我讲科学院的事情。她是一个非常有格局的人，言谈体现出中西文化的深厚修养，绝不是一般的老太太。我向她汇报我所做的教学和研究工作。她对科大讯飞的发展也非常关心，鼓励我说：科大讯飞是有前途的，你们一定要好好干！

李老师对我人格上的影响很大，无论做学问还是做人，让我懂得打开格局和视野是很重要的。我觉得我运气很好，能够认识她，成为她的学生；我甚至觉得，我始终以中科大为荣，是因为我能接触到像她这样高层次的人，他们在精神上引领我。

（王仁华）

王仁华对合肥的感情很深。合肥离上海近，有很多来合肥支援建设的上海老乡，他在中科大的学习和生活都很愉快。在他的心里，合肥很快就成为"第二故乡"，他把户口也迁到了合肥。

中科大走上正轨后，王仁华教学和科研的任务很重，但他依然没有放弃足球。他成为合肥市足球队的一员，参加了安徽省省运会，取得了第二名的佳绩。也因为足球这项团队运动，王仁华结交了许多朋友，在学校里也特别有人缘，受到学生的追捧。

那时，学生中有不少足球迷，球也踢得不错，像毕建发、陈秦生等。体教的张军老师也很积极，经常组织比赛。每次比赛，足球场挤满了观众，有学生也有老师。记得器材处就在操场边上，每有足球赛，他们倾巢出动；还有财务处的同事，球迷也不少。后来，我去财务处或器材处办事，大家都跟我打招呼，就像回家一样。

足球有较强的对抗性，有时也会发生一些意想不到的事情。

有一次，我们中科大和合工大比赛。那天上午，我和六系72届学生在工宣队带领下去包河公园挖河泥。这次劳动强度大，我原想留点力，但带队的工宣队员不吭声，我当然也不能消极怠工，只好拼命干。系里几个同学见我就说："王老师，你别干了，下午还要比赛呢。"结果下午比赛还真出了点事。比赛开始不久，我们先进了一个球，然后对方中线开球。合工大那个学生见我有些疲惫，一脚就往我身上踢，我猝不及防，感觉很疼。中科大的队友见对方是故意的，就冲过来将合工大的学生围起来讨说法，形势剑拔弩张。好在双方教练介入，大家没有动手，事情才算平息。

（王仁华）

1977年高考恢复，中科大依然是五年制。与工农兵大学生相比，这一批学生有阅历，文化素质也大大提升。学校全面恢复教学秩序，对专业课的教学要求更高。学校还专门招了一个班，让经历过1966年大学停课的学生"回炉重造"，给他们上课的都是学校最棒的教授。王仁华一边完成自己的课程教学，一边去"回炉"班听课，从概率论与数理统计、高等代数、算法语言等课程到实验室课程，全部都学。与此同时，他还帮助教研室的老师，组织大伙一起学习提高。也就是在这个时候，他开始系统学习数字信号处理，奠定了他到美国学习的基础。

第二章
Chapter 2

睁眼看世界

> 尽管去阿拉巴马大学是奔着数字信号处理去的,但我不满足于仅学习数字信号处理的理论,写些与此相关的论文。我有更大的目标,我想学习国家更需要的技术,并为国家做些开创性的贡献。我甚至在想如何建起中国的贝尔实验室!
>
> (王仁华)

第一节　美国往事

1978 年，改革开放的春风同样吹向了教育界和科技界。

1980 年，新中国的第一波留学潮，给 37 岁的王仁华带来新的命运转折。

为了让留学生回来之后能够真正服务中国的科技和经济发展，负责团队在听取了多方意见之后，将更多的留学名额分配给了高校教师，增加了"访问学者"（Visiting Scholar）。各个科研、教育单位想要派留学生，都可以去申请，只要通过了考试，申请到了学校，国家或者单位就会提供经费。

为了强化这项工作，中科大组织了外训班，紧急培训英语等科目。学校年轻人多，学习英语蔚然成风，大家都非常积极地申请出国。王仁华因为一直没有放弃英语学习，就一次性通过了英语选拔，成为中科大六系第一批被派出的访问学者。

> 我是我们专业第一个被派出去的，流程也很快。中科大的钱临照副校长曾留学英国，回来之后到中科大教学。有一天，我和另外两个老师被他叫到办公室，一进门，就听他说："王仁华，学校给你定好了。"我问是哪里，他说："阿拉巴马大学，在亨茨维尔。"这个学校我也听说过，但是不知道怎么样。钱校长说学校不错，有两个原因：第一，地方挺好的，旁边就是美国航空航天局（NASA），有很多的资源；第二，这个学校的信号处理也不错。那边有一个教授，跟我们这边的一个老师是亲戚关系，所以联系起来也很快。钱校长建议我不要延迟，直接过去。那时候沟通渠道少，效率不高，所以联系学校需要费很大周折。
>
> （王仁华）

阿拉巴马大学怎么样，王仁华心里也没底，不过很明确的是，他要去美国学习数字信号处理（Digital Signal Processing）。

1980 年去美国，王仁华是和学校另三位老师一起走的。为了省钱，他们曾想花半个月时间坐船横跨太平洋，但去北京向海事局询问，人家说根本没这样的海船班次。他们只能坐飞机，先到巴黎，再转机去华盛顿。这是王仁华第一次坐飞机，在巴黎转机时，看到机场商店鳞次栉比，商品琳琅满目，他差点迷路，戏称自己"真是乡下人进城"。到了华盛顿之后，见到中国大使馆的接机人员，他们才算放下心来。

第二天散步时，我发现在使馆里能看到华盛顿机场，就站在那里看着，约2分钟降落一架飞机。美国之发达，超出了我的想象，我心想，北京和上海机场与之相比，恐怕有很大差距。我感触很大，在心里琢磨：改革开放是正道，要赶超美国任重道远。

（王仁华）

王仁华到亨茨维尔后和中科大的郭宽良、胡有秋租住在学校附近的二层楼房，楼上有三个卧室，楼下是客厅和餐厅。

下班后，三个人轮流做晚饭。到了周末，他们去超市购物，各种商品琳琅满目，目不暇接。他们都没有见识过美国超市，就跟着人流，学着推着小车去挑食品，然后去收银台付款——这也是中科大老师去美国的必修课之一。为了省钱，他们去的都是大众超市，印象最深刻的是连锁超市凯马特（KMART），经常去挑打折商品买。

访问学者的生活费是每月400美元，要租房、买菜，还要买些学习用品。几个人省了又省，为了回国的时候买八大件（彩电、冰箱、洗衣机、录音机、电视机、空调、电话、立式风扇）。当时在国内，彩电都还没上市，电器类的都凭票购买。记得我回国时，买了一台滚式洗衣机和一台小冰箱，还是海运到上海的。

（王仁华）

放假时，王仁华也曾和同学一起出去旅游，去过迈阿密的海滩，迪士尼游乐园，还有纽约、华盛顿等城市。

王仁华游玩美国纽约，在自由女神像和双子塔前留影

我们曾去迪士尼玩，从来没见过这么大的游乐园，不仅孩子喜欢，大人也玩得不亦乐乎，真是大开眼界，只是没钱不敢放开玩。

纽约曼哈顿也让人眼花缭乱，特别是世贸中心让人印象深刻。我们坐电梯上到顶层游览区，如入云中，可鸟瞰整个曼哈顿。没想到后来发生恐怖袭击事件，再也见不到了。幸好那时我留下了照片，现在觉得太珍贵了。

我们还去了华盛顿特区，主要是去参观国会山、白宫和美国国家航空航天博物馆。

（王仁华）

这些地方，都是来自中国台湾的学生陈文韬开车带着他们去游览的。陈文韬在阿拉巴马大学学计算机，经常向王仁华请教相关问题。这些问题自然难不倒中科大的老师们，渐渐地，大家就熟络起来。

当时，中国台湾的留学生很多，他们到美国时间比较早，思想也比较自由，看到大陆来的学生、访问学者都十分客气。

陈文韬毕业之后回到台湾，后来又到大陆工作，在外企百威啤酒任职，还是华北地区的一个总经理。他在百威啤酒干了一段时间后，去了复旦大学当教授，讲授企业管理相关课程。我回国之后偶尔也和他联系。科大讯飞创立之后，一群学生并不知道公司要怎么弄。我专程把陈文韬请到合肥来给大家讲课，讲了两三次。我们那时候连报酬都没有给他。科大讯飞这些孩子很灵，学得很快。后来，中科大 60 周年校庆，我又专程把他请到合肥来，参观了科大讯飞，他很高兴。他说，当时也没想到，你王仁华可以把公司搞成这个样子，表示很钦佩，也很欣慰。

（王仁华）

第二节　学不饱

商品琳琅满目的大型商场、超市，热闹非凡的游乐场，林立的都市高楼，来自世界各地的商人、旅行者和学子……这是当时美国的"花花世界"。然而，对于中年负笈远游的王仁华来说，学习是第一位的。来自中国的三人组延续着中国的习惯和勤奋，每天骑着自行车去学校，从不迟到早退。

数字信号处理当时很热门。这个概念是二十世纪六七十年代被提出来的，是研究用数字方法对信号进行分析、变换、滤波、检测、调制、解调及快速算法的一门技术学科。认识到数字电路与系统技术及计算机技术的发展，数字信号处理技术也相应地得到发展，其应用领域十分广泛。

在出国前，王仁华所在的中科大无线电系教研组就组织大家学习过数字信号处理，当时的重点放在抽样定理、数字滤波技术、快速傅里叶变换和谱分析方法等上面，偏向于理论，很少涉及应用。

二十世纪八十年代，世界上第一台数字信号处理器在美国诞生，数字信号处理迅速发展。这种具有编程能力的数字信号处理芯片，自从问世之日起就获得了人们的推崇，在全世界范围内的语音通信、雷达、医疗和图像处理等领域中广泛应用。

王仁华来到美国，给自己定的第一个任务就是学习更多数字信号处理的知识。可是，阿拉巴马大学的学习不尽如人意。他在阿拉巴马大学的导师名叫 Polge，是法国人，在研究院大楼里有自己的办公室。

王仁华先学语言，再学计算机和专业课。好在这里计算机设备不错，使用也很方便。大半年时间过去了，他有点待不住了。

在阿拉巴马大学，王仁华找不到适合自己的学习节奏，每天待在研究院的楼里看书做研究；研究所"各自为政"，没有学术讨论会，也没有专业实验室，动手机会少，晚上也不能加班。王仁华也不和大学生一块上课，除了自己的教授 Polge，很少有机会接触学生，也没有机会接触其他的教授。虽然王仁华经常主动跑到 Polge 的办公室和他讨论，但还是觉得"学不饱"。

王仁华在阿拉巴马大学

Polge 主要偏理论研究，也许有明确的应用目标，但因 NASA 保密的关系，我们不能知道。在他指导下我设计了一个简单的基于微处理器的功率谱分析器，并发表了一篇论文：

R.J.Polge and R.H.Wang："Design of a simple microprocessor-based power spectrum analyzer"（《基于微处理器的功率谱分析仪的设计》）

另外，我还和研究院的另外一个教授合作研究发表了一篇论文：C.A.Halijak and R.H.Wang："A semi-nonsingular sampled data model of a delayor"（《半非奇异采样数据延迟模型》）

（王仁华）

值得一提的是，在阿拉巴马大学时，王仁华也踢足球。中科大三人组住的小区，住着几个阿拉巴马大学校学生足球队的队员，经常在小区练习。王仁华看见了憋不住上去踢两下，过过瘾。

第三节　改换门庭

尽管王仁华去阿拉巴马大学是奔着数字信号处理去的，但他不满足单纯学习数字信号处理，写一点相关的论文。

学校里讲的概念啊、道理啊，倒是蛮多，但是到底有什么用呢？难道我回去再教几十年书，只是把这套理论教给学生？

（王仁华）

转折点源于一本书。王仁华在学校图书馆看到一本 1978 年出的书《语音信号的数字处理》(*Digital Procession of Speech signals*)，作者是 L.R.Rabinar 和 R.W.Schafer。前者是贝尔实验室研究员，和麻省理工学院合作一直在开展语音信号处理的研究。后者是佐治亚理工学院的教授，是数字信号处理的权威，曾和 A.V.Oppenheim 合作写过一本书，书名是《数字信号处理》(*Digital Signal Processing*)，1975 年出版，是一本经典的教材。

这本《数字信号处理》我看过，后面两章涉及语音信号处理和图像处理，好歹有一些应用层面的知识。等到美国，看到《语音信号的数字处理》，我完全被吸引了。刚看完前言，就意识到我找到了"圣经"——那就是语音技术。我立马请台湾学生帮我买这本书（台湾出的影印本），认真学了差不多近 2 个月，重要的理论和公式都认真地作了推导，也加上自己的注解。我特别感兴趣的是书中提到的一些语音通信应用：数字传输和存储、语音合成、说话人识别和验证、语音识别、帮助残疾人、信号质量提高等。为了说明这些应用，最后一章讨论了人机语音通信的几个应用例子：语声响应系统、说话人识别系统、语音识别系统、甚至声控打字机、人机对话系统等都提及了。

虽然不知道这些应用多少年后才能成为现实，但我深信语音技术会改变世界，对国家、民族都有重大的意义。我也认识到技术层面，中美有很大差距，必须立刻行动起来。

我不再犹豫，决定转学并寻找导师。

（王仁华）

王仁华首先想到的是《语音信号的数字处理》的作者之一 L.R.Rabinar，可是他所在的麻省理工学院和贝尔实验室都比较远，联络不方便，于是考虑了另一个作者 R.W.Schafer。他所在的佐治亚理工学院在亚特兰大市，离阿拉巴马大学比较近。王仁华直接坐长途车去拜访他，好不容易找到他的办公室，经由秘书介绍，等了 2 个小时，终于见到了 R.W.Schafer。可令王仁华沮丧的是，R.W.Schafer 听了他的访美学者背景介绍之后，拒绝了。

王仁华的亲叔叔王谑诠，1942 年上海交大化学系毕业后，1948 年去美国密苏里州立大学读研究生，1949 年解放前夕回国，后任上海化工厂总工程师。王仁华赴美前，王谑诠交代，自己有个好朋友叫施政伟，在美国一个大学里当教授，研究图像处理，如有困难可去找他。

王仁华很快联系到施政伟，没多久施政伟回复：圣母大学（University of Notre Dame）的 Melsa 教授愿意接收他。

王仁华很高兴，还立马查了一下，知道 Melsa 是电气工程系的系主任，在通信方面有很高的知名度，那时候也在研究语音压缩编码。圣母大学的条件也不错，有专门的实验室，所以王仁华立即就定了下来，并急不可待地联系了学校和大使馆，准备转学。

转学的过程中，王仁华也遇到了一些阻力。

当时，我向阿拉巴马大学的老师和同学打听，有人说，这个学校不咋地，除了足球（美式足球）好，其他都不如阿拉巴马大学。可是我呢，主意已定，很快就转到那边去了。我跟着 Melsa，在实验室里学习和工作，很快就觉得找对了方向。

后来我才知道，圣母大学创立于1842年，历年来稳居全美20所顶尖学府之列，并被许多人认为是美国最美丽的大学之一。

（王仁华）

王仁华终于从偏重理论课的教室转向了以科研为主的实验室，他抓住所有时间学习，尤其在语音压缩编码方面，下了很大的功夫。要用尽可能低的数码率获得尽可能好的合成语音质量，还要让编码过程的计算代价尽可能小，王仁华天天泡在实验室，尝试各种方法来实现。

我在那里主要是跟着Melsa学习语音压缩编码，研究课题是高压缩比数字语音插空系统；负责算法设计和计算机模拟；完成了两篇论文。

（1）R.H.Wang and J.L.Melsa："A192-to-24 channel digital speech interpolation system usingTDHS/ARC"（《基于TDHS/ARC的数字语音插值系统》）

（2）R.H.Wang and J.L.Melsa："Anovel approach to speech digitization combining TDHS and ARC with splitb and coding"（《结合TDHS和ARC与分带编码的语音数字化新方法》）

（王仁华）

在圣母大学，王仁华像研究生一样生活和学习。因为有访问学者的头衔，他可以去本科生的教室听课，可以和博士生学习讨论，也可以参与教授们的讨论。那时，学校还有一名来自以色列的副教授，经常和Melsa教授及其他来访学者在办公室开会讨论，各抒己见。王仁华只要有时间就去参加。Melsa教授非常开放地将相关知识和研究与王仁华共享，还给他改英文论文。学校有专业实验室，有专人管理，还有音响设备、工作站、计算机终端等，Melsa教授给了王仁华钥匙，让他可以研究到深夜。

王仁华在美国圣母大学实验室

王仁华在 Melsa 教授办公室

后来回国，我在中科大建实验室、组织团队、培养研究生等，基本上是从 Melsa 那里学来的。

从阿拉巴马大学转到圣母大学是我人生中最重要和最正确的决定。

（王仁华）

王仁华也不放过任何一个开阔眼界的机会。在 Melsa 的实验室，王仁华萌生"要建中国的贝尔实验室"的梦想。

贝尔实验室是 20 世纪人类最伟大的实验室之一。从那里走出过 15 位诺贝尔奖获得者，7 位图灵奖获得者，以及其他各种奖项的得主。据粗略统计，自

1925 年以来，贝尔实验室一共获得 3 万多项专利。1876 年，亚历山大·格雷厄姆·贝尔获批电话专利。紧接着第二年，贝尔就创办了贝尔电话公司。1947 年，威廉·肖克利、约翰·巴顿和沃特·布拉顿在这里成功制造出第一个晶体管，改变了人类历史。1969 年，贝尔实验室的研究人员发明了 UNIX 操作系统，改变了整个计算机技术的发展轨迹。

贝尔实验室整体的机构设置，就很令人振奋：基础研究、系统工程和应用开发。这更加坚定了我的想法：做大学老师不能只做理论研究，更要注意产学研一体化。我在美国的时候，贝尔实验室发布系统单芯片型的数字信号处理器（SoCDSP，用于调制解调器、无线电话等）不久，这也让我看到了专业领域的曙光。那时候，我就有了"野心"，我回国后要建中国自己的贝尔实验室。

（王仁华）

王仁华给 Melsa 教授留下了深刻印象。两人有时还在一起打篮球，结下了深厚的情谊。

两年的学习期限很快到了，Melsa 教授想留王仁华念博士，但王仁华是访问学者，不是去读学位的。不过在旁听博士生课程期间，王仁华对美国的博士培养方式很感兴趣，早产生了读博士的想法，也想就此了却自己读博士研究生的梦想。当时，留守中科大的夏德瑜，帮助王仁华向中科大提交了申请，并获得了学校的批准。但经过反复权衡，王仁华还是选择了回国。

当时选择回国，我是这样想的。

第一，岁月不饶人，我 39 岁了，年龄偏大，家里孩子又小，拿个洋博士回去也只是图个虚名，代价太大了。

第二，这个时候回去，也正好能干点事情，能早日为国家发展做些贡献。

第三，中科大把我作为访问学者派出来，我也必须为中科大做点什么，算是对中科大的报答吧。

于是，完成访问学者任务后我就回国了。现在回想起来，当时的这个决定，我觉得是正确的。最主要的是我在美国已经想好了自己的奋斗目标，也有了路径，只差下决心放手去干了。

（王仁华）

两年的留学经历，奠定了王仁华之后做教授、做研究的基础。作为中科大的教授，他深感只有坚持改革开放，才能在其专业领域始终保持领先，才能培养出更多的优秀人才，才能为国家作出更大的贡献。

此后的岁月里，王仁华保持着和东京大学、香港大学的联系，借此来展望前沿研究、先进技术。他也多次赴美国访问，将更先进的语音技术带回来。他还抓住一切时机，将一批又一批的学生送往日本、美国、英国学习，让他们去开眼界、拓思路。

Part 2
|第二部分|

基石：智者的远见
（1982至1999年）

近几年，美国在芯片等领域对中国进行封锁。

但在过去五年内，中国在智能语音领域不仅没被卡住脖子，核心技术反而继续在国际比赛中拔得头筹，科大讯飞五年内在比赛中陆续拿下66项全球第一。在大模型浪潮火热的当下，科大讯飞也能迅速推出国内首个对标ChatGPT的讯飞星火。

企业的基因不是表面上所做的业务，而是内在的价值观和行事逻辑。

这一切的起点，都要上溯至二十世纪八十年代中科大语音实验室的创立。这间实验室起步时，连牌子都没有，名不见经传，谁也没想到从实验室里能孕育出一家中国AI领军企业。

全国有那么多语音实验室，为什么这间实验室后来居上？

全国有那么多实验室，为什么这间实验室能孕育出企业？

全国有那么多实验室孵化出企业，为什么这间实验室的精神力量一直赓续至今，成为企业精神的基石？

二十世纪八九十年代，王仁华的大部分时间都在实验室中度过。和创业一样艰辛，他用10年时间才让实验室有一点名堂，厚积薄发，在之后的20年里培养了非常多的优秀学生，他们为中国人工智能的发展做出重要贡献；并生发出中国在校大学生创业的首家上市公司科大讯飞；实验室也成为国家级重点实验室。

王仁华为实验室注入耐力、远见和永争第一的内核，出类拔萃的人们也将自己沉浸其中，奉献才华。

但在1985年，王仁华第一次进入"实验室"时——学校教研室的一间办公室，空空荡荡，什么都没有。他所能依靠的，只有决心和远见。

第三章
Chapter 3

东京攻略

> 在中国去东京大学的一批人中，不是瞎说，我是里面"最努力的一个"。我在东京真的是拼了命在干，感觉自己又当了一次学生。
>
> （王仁华）

第一节 "冒天下之大不韪"

1982年，在王仁华离开美国回中科大之际，他的导师Melsa教授挽留未果，特地写一封信给当时的中科大校长严济慈，介绍了王仁华在美国的工作。信中对王仁华评价：

Mr.Wang is a highly motivated professional with a well developed intellectual capability and creative research sense .It has been a real pleasure to work with him. I am only sorry that he must leave at this time.

I hope that his experience here will be beneficial to your university.

（University of Notre Dame.Melsa.1982）

这封信直到今天还在王仁华的手上，他并没有把这封信交给严济慈。王仁华出国的初衷是"学习"，回国的初衷是"做事"。在美国，尽管他的身份是访问学者，但他从来没有把自己定位成一个可以和美国教授们坐在一起研讨学术的"学者"，而只是一个"学习者"。他后来说："我在美国就是扎进去学，有一点技术或者理论提高，就回来自己做点事情。Melsa写信我很开心，但我觉得自己还达不到（信中描述的程度）。"

其实，不管王仁华交不交这封信，他回国的事业都离不开这位中国校长，而他恰逢其时，赶上了一个好时代。

1980年4月，严济慈接替郭沫若任中科大校长，开始全面掌舵中科大。

严济慈是中国现代物理学研究的开创者之一，光学仪器工业奠基者之一，研究水晶压电效应第一人。他上任后在学校干部教师大会上自问："我对中科大的感情为什么这样深？"随后给出答案：首先是中科大的学生素质好，高考成绩全国名列前茅，很有雄心壮志，男生要做爱因斯坦，女生要做居里夫人；其次是中科大的青年教师无论在教学或者研究方面成绩都很突出，很多人都说中科大老师的工作做得好。殷切期望之情溢于言表。

后来，中科大进入国家"七五"期间重点建设高校行列，还创建了我国高校中第一个大科学工程——国家同步辐射实验室，开启了大型实验室进驻高校的新纪元，并为新校区建设争取到安徽省和合肥市的支持。

严济慈提出要办一个国际上没有的"00班"，入学不分专业，鼓励学生重视基础课学习，打牢数理基础。后来他又创办了我国第一个"少年班"，并建立起授予学士、硕士、博士学位的完整学位体系。他提倡教学和科研要结合起来，实现教学相长。后来，少年班、科技英才班和百分百自由选专业等，成为中科大人才培养的名片。

在没有托福、GRE的时代，严济慈和李政道共同发起中美联合招考赴美物理研究生计划（CUSPEA），推开了改革开放后中国学子赴美留学的那扇门。

严济慈鼓励学生参与科研，并积极支持学校与日本东京大学等国外机构的合作交流。

严济慈的一系列改革影响深远，中科大在国内外声名鹊起，被誉为"科大现象"。学校大刀阔斧的改革令师生精神一振。39岁的王仁华终于得以真正开始自己的事业，他则将改革聚焦在实验室层面。

日后，鼎鼎大名的中科大语音实验室的很多做法都是在这时候奠定的。

当年，中科大科研活动并不以实验室为单位，而主要由教研室（教研组）组长主导。

王仁华回忆，当年科研项目的分派方式颇有"生产队"架势。组长只知道自己能做什么，但并不知道教研室其他老师的强项，起不到统筹协调作用；任务分配靠论资排辈，老师们也完全调动不起积极性。

教书之余，王仁华想搞点科研项目，项目接回来组长也不管。王仁华认为这套分配制绝对行不通。他的想法是每位老师都应有自己的研究方向，在这个方向上去实现自己的想法；在整体结构上应该有一个"组"（Group）；而每个组的"头儿"要去接任务、申请基金、带研究生，有了这个带头人，整个实验室才能向前发展。

回国后的前两年，王仁华一直给学生上课，他教授的数字信号处理是整个六系最受欢迎的课之一。当年中科大从美国回来的老师不多,很多 78 级学生都上过那门数字信号处理,几位 78 级本科生甚至直接申请跟随王仁华做本科毕业论文。其中,令王仁华印象最深的有两个学生,一个叫梅昕,一个叫何良。

何良当时主攻语音识别,非常用功,非常努力。王仁华给他俩出一个题目,他们很快做完,根本不需要手把手教。中科大本科生的天赋令王仁华大为惊讶。这让他突然领悟到一件事:中科大有这么多优秀的学生,本科念五年,三年级可以学完基础课。这时候让他们进入实验室里,做很好的题目,一定会有好结果。

后来,中科大本科生大三进语音实验室的传统就是这样来的。

带完 78 级学生之后,我就正式提出要成立语音实验室,或者说成立一个"组",这个"组"要有实验室,实验室的"头儿"要负责找钱,买仪器,定研究方向。说是找钱,其实就是争取国家项目。这样实验室才会发展起来。

这样的一种机制,也是从美国搬过来的。美国的一个组,只有一个教授、一个副教授,再加上一个管实验的人。当时中国还做不到这样分工,但我决心往这个方向做。

(王仁华)

美国实验室一般包括实验室主任、教授、副教授、博士生等成员,以一个有梯度的研究团队开展相关科研工作。教授是实验室的核心人物,招收学生,制订研究计划,把控研究方向;博士生是得力助手、骨干力量;学生有硕士研究生,也有本科生,一起承担实验室的研究工作;主任负责实验室的管理。这套成建制的打法,还涉及经费、场地、设备、文化氛围建设等多个方面。

在 20 世纪 80 年代的中国,王仁华说自己的做法是"冒天下之大不韪",在六系乃至中科大历史上从来没有过。

教研室有老师闻之色变:"王老师,你这样搞,把最厉害的人都招过去了,我们怎么办?"王仁华的态度是不为所动。四十多年后,他回顾那段经历时说:"大环境在变,世界在变,中国在变,学校也在变。如果不适应这种变化,绝对不会有出息。"

又过了一年,中科大留学回来的人慢慢多了,"实验室模式"渐渐成为主流,议论的声音终于偃旗息鼓。

1985年,中国科学技术大学语音实验室(当年名为"语言通信实验室")正式成立。实验室位于中科大东区图书馆对面的一栋楼内,楼是早先合肥师范学院留下的,总共约六十平方米。王仁华走进实验室,里面空空荡荡,他既高兴又发愁。高兴的是他终于有了一块"根据地",可以按照自己的想法做语音研究了;忧愁的则是白手起家,实验室路在何方,并不清晰。

> 实验室成立时没有牌子,没有文件,什么都没有。学校只给了一块地方。我那时总共只有三个学生。教研室有几个房间,分配给我们一个。任务是什么?设备怎么办?钱在哪?做什么研究?一概不知道。
>
> (王仁华)

中科大语言通信实验室最早的牌子

后来,实验室正式挂牌——一个小小的白底银框的牌子孤零零地挂在办公室门口,"语言通信实验室"是红色,"SPEECH COMMUNICATION LABORATORY"则是黑色。

王仁华慢慢走进东区的老实验室,白色的墙壁配着淡蓝色墙裙,尽管空空如也,但这里是理想开始的地方。

第二节　114查号台是如何炼成的

中科大语音实验室开张的时候，王仁华手上只有一些单板机（又称"单板电脑"，将计算机的各个部分都组装在一块印制电路板上，包括微处理器/存储器/输入输出接口），还有简单的七段发光二极管（显示器、小键盘、插座等其他外部设备）和从美国带回来的几个DSP芯片。

王仁华决定先靠这些设备，加上在美国学的技术，先做一些东西出来，这样大家也才有兴趣做下去。

与此同时，王仁华也清醒地认识到：语音实验室在中科大是个新生事物，不管面临什么样的困难，必须真正做成几件事情，才能站稳脚跟，才可能谈到将来。"否则没等长大，我们就死掉了。"

实验室实景

王仁华所在教研组为"线路教研组"。原教研组的徐金树和刘必成两位老师加入了实验室。1978年招的研究生里有一位叫周勇的学生，1965年进入中科大读本科，比王仁华小四岁。王仁华在美国做访问学者时，周勇在美国读博士，两人前后脚回国。周勇是中科大六系第一个留美博士。王仁华找到周勇，和他谈了一起搞语音实验室的想法。周勇一口答应。

周勇加入语音实验室让王仁华有了左膀右臂。两人配合默契，王仁华在做研究的同时，可以抽出时间"跑项目"；周勇则将更多时间放在技术研究上。

中科大语音实验室建立之初，我和周勇合作了两年。周勇是六系第一个留美博士，水平很高。两年后他去了美国贝尔实验室。

我们一起做了几件事，结果都很不错，我总结为"四个成功"。

第一个成功叫"117报时系统"。这个系统为安徽省邮电局服务。用户只要拨打电话，电话就能自动播报时间，涵盖无线电自动校时和语音报时等功能。这个系统用LPC（线性预测编码）工具来做，在单片机上完成。

第二个成功是安徽电信的"微机市话查号系统——114查号台"（以下简称"114查号台"）项目，用语音合成的方式做号码自动播报。实际上就是做一个检索，用户打电话过去后，说出一个单位名称，系统要把这个单位检索出来，再语音合成播报出来。

语音合成，这个我很拿手；周勇在美国读博士一直搞检索，所以我说我捡到"宝"了。他的检索水平很高，在使用单板机和微机的情况下，能够使很大的、计算很落后的系统依旧检索得很快——你话还没讲完，（结果）立马就出来了。

第三个成功是在1989年，叫"语音口令系统"。这个做好以后，项目方告诉我，它填补了技术空白。

第四个成功是在1990年，叫"语声身份确认系统"。那个时候周勇已经去美国了。它跟语音设备还不一样，完全根据声音特征来判断身份，因此，要求非常高，要对比精度。

实际上第四个项目造成的轰动最大，当年好多媒体都报道过这个项目。

（王仁华）

当年，语音身份确认技术在国内是首创。1991年1月，"语声身份确认系统"通过安徽省科委技术成果鉴定，鉴定委员会一致认为：该系统是我国首次研制成功的语声身份确认系统。这个系统也填补了国内在该领域的空白，其正识别率等主要技术性能已接近20世纪80年代末期国际先进水平，在军用和民用领域都有广泛的应用前景。当年，中央人民广播电台、《中国科学报》《文汇报》等都对其做了深入报道，将其称为"芝麻开门"。

另外，四个项目都是从理论到实践，整个语音实验室为此都很有成就感，更坚信语音技术大有可为。"微机市话查号系统——114查号台"后来应用到了全国很多城市。有一次，王仁华的学生杨鉴（PB8106，现任云南大学教授）回昆明，偶然听到昆明114查号台的声音，越听越觉得熟悉，很快反应过来："这个声音，就是我们实验室合成的声音。"

语声身份确认系统研制成功 "芝麻开门"不再是天方夜谭

本报合肥专讯（特约通讯员朱光华）阿里巴巴说："芝麻开门"，藏着宝石窟的大门洞开了。纯属神话的这一传说，如今在此间成为事实。最近，中国科学技术大学研制成我国第一套语声身份确认系统。该系统使用说话人的语声来鉴别身份，使用者只要报一下自己的姓名，或者说几个数字，系统就能够对说话人的语声信号进行分析，自动确认说话人同它的语声登录是否一致，对真正的"阿里巴巴"开门相迎而将冒充者拒之门外。专家们认为，这套语声身份确认系统填补了国内该领域的空白，其正识别率等主要技术指标已接近20世纪80年代末国际先进水平。

（《文汇报》4版1991年3月11日）

万事开头难。这些项目凝聚着王仁华和实验室同仁的心血。实验室的工作特别辛苦，徐金树开发DSP芯片，疲劳异常，直接找王仁华哭诉："王老师，你不要再逼我了。"

王仁华的学生罗小强（PB8507，现任领英纽约办公室高级工程经理）当年在实验室搞语音压缩，至今仍记得实验室围绕"四个成功"进行的攻关，"连续四个周末都在加班"。

在实验室学到的不只硬知识，还有应对困难的方法。

我刚进实验室没多久就开始录音，50条录下来有几百k（一种计算单位，常用来衡量文件的大小或者存储硬件的可用存储空间）。现在几百 k 的录音，我们眼睛都不眨一下，但在当时的硬件条件下是个难题。

当年的办法是引入一块开发板来搞语音压缩。把板子插到微机上，然后写控制程序。问题来了：放头几条录音没问题，放到第四条、第五条的时候就彻底乱套了，全是噪声。

一开始以为程序有 bug，但是我反复查程序怎么都找不到 bug。这个事情前前后后持续了两个月都没有结果。我确定不是我的程序有问题，一定是硬件有问题，但硬件开机自检也没有问题。我束手无策，就把王老师拉进来了。那时候一周只休息一天。礼拜天王老师就放弃休息，跟我约在实验室见面。

王老师拎着一个包，八点钟进实验室，我们一起调试，这样调试了四个周末。

王老师解决问题的方法是，把系统分成一节一节，挨个去看。先看第一节有没有问题，这一节如果没问题，再往前走一小步，看看有没有问题。用这个方法，就把原因一点一点逼出来了。不是程序 bug，而是数据空间和程序空间是分开的，数据空间的地址超出了，读回的数据当然乱套了。

问题找到之后，解决就变得很简单了。

这事已经过去四十年了，王老师解决问题的方法我从未忘记，令我受益终身。现在我在工作中，也把这一套方法教给年轻人。

（罗小强）

杨鉴则认为：王仁华在语音实验室成立初期就显露出不同于其他大学老师的"产品思维"。

我进语音实验室时，刚好"114 查号台"系统要升级，王老师就交给我一个任务：把报号的声音弄得"更好听一点"。

怎么把它弄好听呢？总共有三个步骤。

第一步是录音，普通话要录得更标准。我当时跟郭老师去北京中央人民广播电台，找一位著名播音员重新录音。我们让他读一堆混乱的数字，7788442255776644，类似这样的。反反复复录各种数据。

第二步，在这些录音里面挑。挑一个 1，再挑一个 1，挑一个 3，再挑一个 4。标准是什么？要让这些数字连起来放在整个语言环境当中，听着像是一个人一次连续发出来的。

比如 5599，两个 5 发音是不一样的，就要存两个版本的 5。这样查号台读到 55 的时候，才会变调。

第三步，王老师要求把语音编码压缩，即把 12 比特用一个编码方式压缩到 8 比特。

后来我才发现，这实际上就是产品思维。因为语音编码压缩能节省储存空间，就可以少用一些存储器。"114 查号台"是要做到一个硬件上的。不仅在合肥卖，还要卖到全国。压缩前，要用两片存储器，压缩后，就省一片。如果存储器比别人少一片，产品在市场上成本就低一点，竞争力就大一些。

我们做研究、做开发，技术相近，算法相近，最后就比能不能把成本降下来。

但当时我并不懂这些，王老师让我做我就做。后来有一次我在昆明听到"114 查号台"的声音，觉得很熟悉，一听就是我们实验室合成的声音。我这才慢慢想通一些事情：原来当年这个东西是要卖到全国的，我做的工作语音编码压缩对一个产品来说非常有意义，就是压低成本。想明白这一点，我就很兴奋。

怎么搞这个语音编码压缩呢？这又能看出王老师的产品思维。用 8086（Intel 一款微处理器）成本太高，只能用 Z80（单板机）汇编语言。但是用 Z80 要解压缩，运算量又上去了，不能实时处理。

后来王老师给我出一个点子，他说可以用"查表"的方法。我就用计算机做一张表格，压缩过程和解压缩过程，调用那张表就可以了。因为表格的存储量比数据本身的存储量小得多。

当年实验室的工作，大多从计算机底层开始。最底层到底怎么运转，我们搞得非常清楚。好处是，不管什么新的技术出现，我们理解起来都会非常深入——我们马上就会联想，这个新东西到底是怎样运作的。

（杨鉴）

王仁华自 1980 年出国，1982 年回国，1985 年创建中科大语音实验室，他自我总结做对了三件事。第一件事，选择了学习语音信号处理；第二件事，没有读博士而是直接回国；第三件事，着手建立新的实验室机制，思考如何筹划资金、引进实验室设备、争取项目、构建团队。

通过这些项目，王仁华的实验室开始有了经费，添置了一些设备，但还远远不够。"四个成功"让语音实验室有了更大的影响力，让大家知道语音技术用处颇多。但是在硬件上，真正令实验室提档升级的标志性事件发生在1986年，那就是和藤崎教授的相遇。

第三节　藤崎的伏笔

二十世纪八十年代，王仁华在中科大建立语音实验室，是以通信为切入口的。这和中国实验语音学注重的"本体研究"（如围绕汉语开展声韵调的声学特性分析）有所区分。虽然同为"语音"，后者偏重基础研究，强调掌握语音规律；前者则偏重应用，属于以语音合成和语音识别为代表的"言语工程"范畴，天然与人机交互等人工智能领域联系紧密。

尽管当年，中科大语音实验室在国内名不见经传，但在世界范围内，语音学正在迅速地计算机化，高效的新仪器和先进的言语处理方法正在冲击原有的语音学体系。一些杰出的语音学部门里，成批的工程人员成为助手，研究预算之大，是过去所没有的，不管它之前是属于语言学、心理学还是医学部门。

1977年，国家经委批准中国社会科学院语言研究所的语音研究室，花费8万美元进口了丹麦B.K仪器公司生产的Warrn 77计算机和实时声谱分析器（即3348分析器），后又得到国家专项经费支持，继续进口全数字化各类语音分析仪，如美国KAY公司的7800语图仪和4800分析仪等。中国的实验语音学研究逐渐走上了数字化道路。

在国家的大力支持下，中国的语音学事业蓬勃发展，中国社会科学院语言研究所语音研究室取得了一批重要成果，引起了国内外的关注，不少国外著名学者前来中国访问交流。1979年瑞典著名言语工程师兼语音学家方特教授首次来访，并在语音研究室度过了他的 60 岁生日。1982 年，赵元任来访，在实验室录制了国际音标。1983 年美国著名语音学家彼得·赖福吉（Peter Ladefoged），来语音研究室进行了为期一个月的访问研究，对普通话合成技术和语音室的研究工作表示了肯定，并且推荐相关研究成果在国际学术期刊 Journal of Phonetics 上发表。1985 年，世界知名学者、日本著名言语工程学家、东京大学教授藤崎博也首次来访，从此与中国的联系不断，交流切磋一直延续至其退休之后。

1986 年，王仁华在南京大学的一个报告会上遇到了藤崎博也。联合国开发计划署组织的这个报告会，主旨是邀请各行业日本专家在中国大学进行为期一个月的授课和讨论。南京大学的演讲内容其实就是藤崎博也在东京大学研究院的一部分讲座内容。

当年，王仁华 43 岁，藤崎博也 56 岁。

当报告会快要结束时，王仁华举手向藤崎博也提问，两人用英语讨论了一些语音专业问题。1986 年，能够用英语流利和外国人交流专业问题的中国人并不多，王仁华让藤崎博也印象深刻。在交流即将结束时，藤崎博也问王仁华："你是中国哪所大学的？"王仁华答："中国科学技术大学。"

藤崎博也意识到，这并不是一所南京的高校。

三十七年之后，藤崎博也在聊起他和王仁华的第一次见面时，仍然记得王仁华很认真地告诉他，为了听他的报告，自己特地花了五个小时从合肥坐车到南京。"那让我非常感激。"

两人跨越世纪的合作自此开始。1982 年，中国科学技术大学与东京大学工学部在北京签署"学术合作的规定"，内容包括以东京大学作为据点大学，承担帮助中科大建立和加强工科的任务，并确定在物理、化学等 5 个学科领域间开展合作研究项目。

王仁华和藤崎博也相遇的第二年（1987 年），在中国科学技术大学各级领导的支持及藤崎博也的积极合作下，"人机语音通信"开始列入中国科学技术大学与日本东京大学的第二个"五年计划"。藤崎博也和王仁华分别担任东京大学和中国科学技术大学的负责人。

王仁华认为，在那个年代，与东京大学的合作让中科大受益良多："东京大学在世界上是领先的，当然，藤崎博也本身也很厉害。"

藤崎博也教授 1930 年 10 月出生于日本千叶县。他于 1954 年、1956 年和 1962 年分别得到东京大学电机工程的学士、硕士和博士学位。1958 至 1961 年，他在富布赖特奖学金支持下，在美国麻省理工学院学习，在此期间，他还是斯德哥尔摩皇家理工学院的客座研究者。

1962 年，他进入东京大学工程学院，为助理教授，1973 年晋升为电机工程教授。在东京大学，他在文科研究生院语言学系获得了一个合作职务。1974 至 1977 年，他在医学部音声言语医学研究设施得到了言语科学教授头衔。他曾是得克萨斯大学奥斯汀分校、斯德哥尔摩皇家理工学院、哥廷根大学和南京大学的访问教授，也是中国科学技术大学的客座教授。

1991 年 3 月他从东京大学退休，任该校名誉教授。从 1991 年 4 月起，他为东京科学大学电子应用学系教授。

藤崎博也教授在语音和语言方面的研究领域很宽，包括声音的产生、感知、习得，听力损伤，声音的分析、合成、编码、识别等，发表了多篇学术论文和多部专著。

除此之外，他还在数字通信网络和道路交通控制领域开展研究。1987 至 1991 年，他是由日本文部省发起的"全日本先进的人—机口语通讯课题"的主要研究者和课题负责人。

（《日本语音学家藤崎博也》林茂灿）

王仁华则称藤崎博也为"人机语音处理的国际知名学者，口语语言处理这一科学领域的世界知名领导者和创始人"。相比于林茂灿翻译的那段介绍，这个评价更简洁，却更富意蕴。

"口语语言处理（spoken language processing）"是我第一次在世界上提出的。

在那之前，英语世界里用 speech processing（语音处理）和 language processing（自然语言处理）这两个词。其中，"language processing"是把文字用机器处理；

"speech processing"是把发出的声音信息用机器处理。language是抽象语言，speech则是声音上的、声学的。

但我认为这样是不行的。我们平时说的口语也是一种语言，而不仅仅是声音。口语也是语言的一种，它和书面语言是不同的语言。我应该是世界上第一个来追究"口头语言"的人。

我提出的"口语语言处理"，意思就是如果我们把口头语言记录下来，就必须同时在两个层面进行处理：一是声学层面，二是抽象语言层面。这就是所谓的"人机交互（man-machine communication）"的基础。

即便如此，英语圈的学者还是说"speech and language（语音和自然语言处理）"，因为很久以前，speech就是声学层面的，language就是抽象语言层面的，至今人们还被这样的概念束缚着。但是，实际上"speech and language"并不准确，speech本身就是一种language，我称为"spoken language"，它同时具有声学和语言两个层面的意义，这就是我的主张。

我在日本提出了"口语语言处理"的想法，中国的学者也表示赞同。与此相比，欧美注意到spoken language是很久以后了。当时，DARPA（Defense Advanced Research Projects Agency，国防高级研究计划局）一直在使用国防预算进行基础研究，DARPA就一直在说"speech and language"，我则认为这完全是两码事。所以说从那时候起，DARPA的想法已经跟不上时代了。

（藤崎博也）

将"口语"当成一种人机交互语言来研究，既追究它在抽象语言层面的含义，也追究它的发音中蕴含的含义，这在当时是一个开创性的思考。王仁华显然从很早就开始了类似的思考，这也为他后来和中国老一辈语言学家吴宗济的交往埋下了伏笔。

藤崎博也在中国埋下的另一处伏笔，日后也深深影响了王仁华和他的语音实验室，这可能是藤崎博也当年根本没有想到的。

藤崎先生是很有活动能力的。开始合作以后，他每年都到中科大讲学，帮我带研究生，还跟我们上课。五年时间他每年都来，这一点我是蛮佩服他的。

据说他在1987年访问北京期间，特地去拜访了胡启恒教授（1985年至1988年担任中国科学院副秘书长、秘书长；1988年至1996年担任中国科学院副院长；1994年当选中国工程院院士），并向她深入阐述了"人机语音通信"的重要性，世界范围内在该领域的建树，以及他所领导的日本国家项目。

藤崎博也很直接地说："中国应该搞'人机语音通信'，否则肯定要落后。"

这后来催生了中国"863计划"下由国家自然科学基金所资助的人机语声通讯类项目的研究，研究人员后来扩展到包括来自语言学和语音学的学者们。

所以我一直说（语音）这事不太容易，牵涉很多学科，一般人不敢在这上面瞎折腾。

（王仁华）

第四节　东京大学的"Morning call"

1987年9月到1988年2月，王仁华在日本度过。在那五个月里，王仁华住在日本千叶县西部船桥的一间出租屋里。

他早出晚归。早上六点醒来，搭一个小时地铁至东京大学；晚上工作到六七点，再返回宿舍；午饭在东京大学食堂解决，晚上自己做饭；饭后再研读论文，常常深夜入睡。

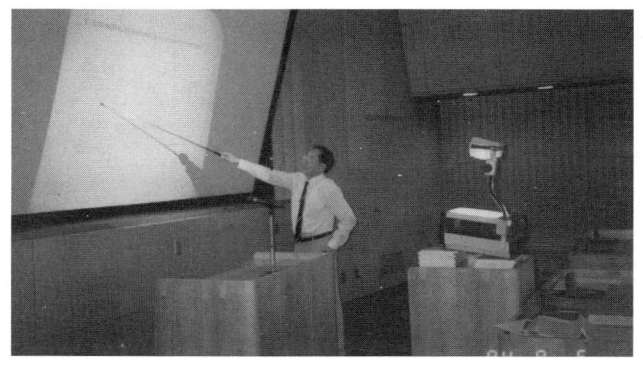

1994年，王仁华在东京大学作报告

彼时，日本经济已经进入了最繁盛的时期。20世纪80年代中期，日本"一夜暴富"，在科学领域，日本遥遥领先于中国。

整个20世纪80年代，日本科技战略和政策从"吸收型"向"自主研究和创造型"转换，取得了很大成果。根据《论80年代以来日本科技战略和政策的变革》记载：1990年，按照由科技研究能力、科技应用能力、科技贸易能力所组成的综合的"科技力"概念及其计算结果，在主要发达国家中，日本的科技指标的指数（以美国为100）增长最快。当时各国科技力指数的顺序是：美国100，日本52.7，德国39.1，法国20.6，英国19.7。日本的科技力在西方国家中仅次于美国，居第二位，其指数约为美国的1/2，德国的1.3倍，法国的2.6倍，英国的2.7倍。

王仁华在藤崎实验室

因此，尽管参与的是东京大学和中国科学技术大学的合作计划，但王仁华怀抱学习心态。东京大学也是王仁华最早开始着手语音合成相关工作的地方。在1987年的那三个月里，王仁华跟随藤崎博也研究一种"基于伽马（GARMA）模型的语音分析方法"。除了学习基本算法原理，王仁华还要熟悉东京大学的计算机编程和设备，利用上述分析方法去分析连续语音。

我是作为合作伙伴去东京大学的，费用由藤崎先生提供。那三个月我就跟着藤崎先生学习。他非常严格，但他后来对我非常好，因为我是去东京大学的这批中国人中，最努力的一个。

我们当时的津贴是十八万日元一个月。那时候为了省钱，地铁我只坐到东京大学附近，再绕道到实验室，要费不少时间。我总是早出晚归，早晨八点以前必到，晚上六七点离开，八点才回到船桥。

东京地铁我算是领教了，上下班的时候，车厢外面一群人，大家拢着手、喊口号一样挤进去。但是那几年我坐东京地铁，从来没见人吵过架，这点我印象很深。

我们同去东京大学的人中，不少人都是每天下午四点在实验室晃一下就走了。当时有个说法，研究生"晚上是神仙"。但我在东京没有任何空闲时间。"晚上是神仙"，怎么可能！我回宿舍就已经八点了，还要做饭。

因为我的勤奋，藤崎先生对我印象很好，一直很关照我。那是一个很好的科研环境，我做一点东西立刻就可以跟他讨论。他又会出一大堆主意，我又必须继续去做。

（王仁华）

王老师并不是我的学生，虽然在一起聊了很多，也讨论了很多。但是，我并没有向王老师建议必须做这个，或者应该做那个。我是很有礼貌的。王老师就做他想做的事情，并不是"我是老师，王老师是学生"这样的立场。我们平等地进行了讨论。当时是这样的心情，现在也是这样。

（藤崎博也）

此前，王仁华在美国和中科大的工作主要集中在语音编码，是要把这个世界上已经存在的声音"记录"成计算机里的一串数字，如果在这个过程中能利用人发声中存在的冗余度和人的听觉特性来降低编码率，那就更好了；反过来，现在他开始尝试用计算机里的一串数字来"合成"出人的声音。

在王仁华看来，东京大学的经历使他开始有机会深入研究"基于声门波模型的语音合成方法"，对语音合成有了新认识——这相当于让他在新领域"重新入了门"！

我在美国主要是搞语音编码的，而东京大学是我搞语音合成的起点。

藤崎先生当时在做一个语音合成器。语音合成器是语音合成中最基本的功能单元，它相当于"人工嘴巴"——接受控制参数，输出自然语音。藤崎先生当时做的语音合成器实际上是一个简单的算法：人类的发声过程被看作一个源（相当于"气流和声门"），去激励一个滤波器（代表"声道谐振特征"），简单讲就是这样。

理论上来说，只要正确输入源和滤波器参数，合成器就能合成出各种语句。

但是这个滤波器的各种参数怎么设计？激励源怎么设计最好？藤崎先生就搞了一个模型，叫伽马模型。他特别希望伽马模型用在汉语上也能比较成功。当时那个模型只能一个单词一个单词地合成语音，都是单音。

我去就学他这套东西，他当然很开心，因为这是他的发明。后来我们一块儿写文章都在用这个模型。我做的合成语音——汉语、日语听起来都比较自然，各方面都很好。他非常开心，对我的工作很满意。

我那三个月真的是拼了老命在干，感觉自己又当了一次学生。从1986年开始后的四五年，我几乎每年都要去东京大学做研究。刚刚从美国回来时，我曾经认为自己有两下子了。这会儿我又重新学，跟我后面的发展完全不一样，等于重新"入了门"。

（王仁华）

东京大学实验室有一个很有趣的事。

藤崎对我是很客气的。但他的学生看到他，就像老鼠见到猫一样，一个个都害怕得不得了。我后来才知道，他在实验室有一个绰号，叫作"藤崎 morning call"。

每天早晨八点，藤崎是不去实验室的，但是他的电话八点之前一定会打到实验室。看看实验室这几个研究生到了没有，有没有偷懒。那些学生被这个"morning call"弄得叫苦不迭。

但是，他打这个电话从来不会问王仁华在不在，他知道我一定会准时到。

（王仁华）

1989年11月，王仁华又受邀去东京大学做了三个月访问学者，相关成果也在日本全国数字信号处理学术会议上发表。在伽马模型的基础上，藤崎博也在二十世纪末又提出"藤崎模型"。这是一种韵律模型，主要面向工程应用，后来被用来更好地逼近汉语语音的基频轮廓（指基频随时间变化的曲线，刻画出声调和语调的变化趋势）。

第五节　学术交流能力是第二生产力

在 1987 年之后的几年内，王仁华每年都去东京大学做访问学者。中国科学技术大学语音实验室在人机语音通信领域与东京大学的合作，绵延二十年。在科研工作之外，王仁华认为有三件事令他受益颇多。这些经历也令他拥有了宝贵的国际视野。

第一件事情，藤崎先生在日本是绝对权威，他是 1987 至 1991 年日本国家项目高级人机语声接口的领导者和 1996 至 2001 年日本科学振兴会（ASJ）资助的项目人机语声对话系统的领导者。

两个国家项目都由他领导。因此他给我介绍的日本名流，都是这个圈子里最厉害的人物。

记得我总共是参加了两次日本声学学会和数字信号处理学术会议，很快就认识了那些日本学者。中国科学技术大学和东京大学的五年合作，后来扩展到中日两个国家大学群的合作。在两个大学群的合作中，我知道日本哪些人比较厉害，就会邀请他们来中国。这个关系很简单——因为他们认识我，我也认识他们。

第二件事情，我在东京开始参加一些国际学术会议。那个年代，国内的吸引力还差一点，要吸引国际上比较厉害的头面人物来中国开会还比较困难。但是日本和美国关系不错，所以在日本召开的国际学术会议，世界上知名的科学家都会来。

这样一来，那些国际上的专家教授我也开始认识几个了。因为藤崎先生跟他们比较熟，他会给我推荐。相对来说我就上到一个更高的台阶，跟这些学术圈里面的头面人物交流，我也认识了一些人，很多事就会比较方便。

第三件事情，日本有好几个非常有名的实验室，藤崎先生介绍我去参观，也算是打下了一个关系基础。那几个实验室都很厉害。记得我当时访问的都是日本顶级大学和研究所，如东京的 NTT 研发实验室，大阪的 ATR（先进通信研究研究室）、东京工业大学、早稻田大学、名古屋大学等。后来我们实验室就和他们有很多合作，我们语音实验室的学生可以很方便地去这些研究所。

（王仁华）

藤崎先生帮我联系好 ATR 让我去参观，他跟那边的负责人都讲好了。但是那一天是中国的大年三十，大使馆为我们组织了除夕夜活动。我就跟藤崎先生商量说："我今天实在有事去不了，能不能改个时间。"

但藤崎先生是不管这些的。他说："不行，你一定要去。"他希望我去参观。我只好大年三十前往神户参观 ATR。

（王仁华）

学术交流能力，是衡量一个科研工作者综合素质的重要指标之一。王仁华日后的纵横捭阖并非天生。他身上有一种直爽坦率的魅力，这大概源自他年轻时在体校的生活学习经历；他在上海长大，上海人的细心、开放、社交意识和理智决策在他身上也都能清楚地看到影子；辗转多地坎坷的经历让他极富生活经验，早已能把握人和人之间交往的微妙之处。

另外，王仁华又是一个一丝不苟、十分靠谱的科学工作者。他的学生霍强（PB8206，现任微软亚洲研究院全球合伙人研究员），形容他"答应别人的事就一定要做到"。这让王仁华在东京做访问学者时，广泛得到各界人士的青睐。他的学生常常惊讶于老师拥有的一种能力：在 20 世纪 90 年代世界人工智能的漫长低谷里，王老师总能找到机会把学生们送出国，让他们学习。这和王仁华在整个语音领域积累的广泛人脉不无关系，也是他苦心经营的结果。

一个科学家需要具备什么能力呢？科学研究的能力固然必不可少，但是如果重回 20 世纪 80 年代中科大语音实验室的历史环境，就会明白，科学家还必须拥有面对现实的能力。搞研究的经费、设备和人员到底从哪里来？肯定不会从天上掉下来。身处那个时代，百废俱兴，一个实验室的领头人必须是一个脚踏实地的创业者。

有一点可以肯定，王仁华在东京大学学习语音合成的时候，心系更广阔的天地。这也是王仁华和其他人不一样的地方。

> 从 1986 年起，通过国外合作研究及纵向和横向的科研经费渠道，我全力投入了"语音通信实验室"的建设。
>
> 通过与东京大学的合作，为实验室争取到了两百万日元以上的赠送设备，包括 NEC386 微机和 IBM-PS/2 微机各一台，DAT 数字记录设备两套，DAT 也是国内科研教学单位首次引进的一种高技术装备。
>
> 除了东京大学工学部赠送的装备，只要合作研究需要，藤崎先生都在可能的范围内给予经费支持，例如购买 DAT 磁带、ADPCM 集成电路芯片等。日方赠送的设备价值一般都超过了东京大学工学部的预算。
>
> 此外，我还通过与香港大学的合作研究为实验室争取到对方赠送的价值约十万港币的 COMPAQ 300MB 硬盘超级微机系统，当时是中科大唯一一台。
>
> 再加上从其他经费渠道添加的各种设备，语音通信实验室初步具备了进行高技术人机语声通信研究条件，成为培养信号处理领域优秀人才的基地，为我们后来争取国家 863 高技术项目、中国科学院"八五"重大应用项目和国家自然科学基金项目等奠定了基础。

（王仁华）

1995 年，藤崎博也参观语音实验室合影

1991年，藤崎博也从东京大学退休后，广濑启吉教授接替了他的位置。广濑启吉1988年第一次到中国时，就肩负着帮语音实验室置办电脑的重任。他和另一个同事硬是把在日本购买的一台新电脑托运到上海，再运到合肥。"行李特别大，如果不那样（把台式电脑当行李带到合肥）的话，好像要花几个月的时间才能到中科大。所以，他就是抱着协助研究人员的心情带着那些电脑去中国的。"

1993年，东京大学和中国科学技术大学的合作项目发展为"中日大学群合作交流项目"，拓展至中日近十所著名理工科大学。王仁华和广濑启吉分别担任中方和日方的电子信息领域首席教授，合作一直延续到21世纪。广濑启吉教授后来在采访中回忆起了早期的中科大语音实验室。

1990年，王仁华与广濑启吉在东京大学实验室合影

最开始那个时候，从东京去合肥是不能当天直接到的。要先去中国科学院所在的北京，或者先去上海也可以，再坐飞机飞到合肥。

那个飞机很厉害，是苏联制造的螺旋桨飞机。记得还有上飞机的人扛着蔬菜，我当时在想这个飞机真的能飞吗？这是让我感到害怕的地方。刚开始去中国，上午出发，就不能制订下午的计划，因为是到不了的。

然后去中国科学技术大学，住那里的宿舍。那时候学校里没有网络，如果想和日本联系，只能打国际电话。

宿舍里不能洗衣服，因为出来的是热水，如果用热水洗衣服的话，衣服都会变黄，因为有铁锈。

我被邀请去了王老师在大学里的宿舍，我去那里拜访的时候是冬天，很冷，当时宿舍里好像在烧炭，就是那样的时代。

当时实验室物资匮乏，投入研究是很辛苦的。那时候即使要研究也真的是没有器材。还有论文什么的也拿不到。虽然现在可以在网上找到，那时候因为还不是网络时代，必须去图书馆里找。文献也没有，机器也没有，是一个很艰难的时代。有的只有学生、椅子和桌子，一开始基本上都是这样。

（广濑启吉）

万丈高楼平地起。王仁华和他的实验室是在一无所有中成长起来的。根据王仁华的看法，到了"中日大学群合作交流项目"阶段，中国科学技术大学跟东京大学差距已经不大了。"不论是研究也好，应用也好，不敢说平起平坐，但已经比较接近了。"

藤崎博也认为，在2000年左右，中科大语音实验室就已经超过日本了。"日本从2000年左右开始就停滞不前了，也没有退步，发展是很慢的。"

第六节　大师风范

在二十世纪八十年代，主流语音学和言语工程学的合流趋势已无可避免。但这并不意味着，计算机技术就可以搞定一切。相反，语音学反而在言语工程的促进下得到了更大充实。

计算机在处理言语代码的技巧上并无困难，最困难的还是人们对语音规律的认识问题。到底语音中的有效参量是什么？哪些是变量？哪些是不变量？为什么人在环境干扰下，对语音的感知能力还能这样高？因此，语音学固然应该技术化，但言语工程学家也应该掌握语音、语言的知识，才能达到实用的程度。这两者是相辅相成的。

因此，美国著名语音学家彼得·赖福吉有一句名言："我们需要的是第五代的言语科学家，而不是第五代的计算机。"

王仁华深谙此理。中科大语音实验室，是从言语工程切入语音领域的。但他深知：再想向前走一步，就要回归到汉语的本体上，回归到这门伟大语言的历史传统上，寻找本质规律。

中国语音学研究始于1919年五四运动前后，但蓬勃兴起的势头因1937年抗日战争的全面爆发而被打断。

1924年，留学法国的刘半农，采用浪纹计等先进设备完成实验，写成博士论文《汉语字声实验录》（法文），随后改写为《四声实验录》在中国出版，这是中国人写的第一本实验语音学论著。

1925年秋，刘半农携仪器设备回国，在北京大学文科研究所建立"语音乐律实验室"。其后，北京大学由罗常培领导文科研究所与"语音乐律实验室"，提出用"实验以补听官之缺"的主张，致力于推进国语发音学向现代语音学转变，发表了诸如《音标的派别和国标音标的来源》（1937）、《语音学的功用》（1940）、《耶稣会士在音韵上的贡献》（1930）、《中国音韵学的外来影响》（1934）等系列文章。新中国成立以后，罗常培、王均编著的《普通语音学纲要》（1957），以中国语音事实阐明语音学原理，至今仍是语音学最有价值的读本之一。

同一时期，1927年，王力也在法国完成了实验语音学博士论文《博白方音实验录》。另外，1928年，赵元任以调查汉语方言和建立语音实验室为工作重点，把语音学的发展放在了重要地位。1930年，赵元任创制了五度标记法。

1935年，赵元任建立语音实验室，吴宗济任助理，跟随赵元任进行语音学研究，后因抗日战争爆发而停顿。

20世纪50年代中国科学院哲学社会科学部语言研究所的成立标志着中国现代语音学研究的创立。发展历程可以分为两个阶段：二十世纪五六十年代的草创阶段与二十世纪七八十年代的正式创立。

到1978年，历经沧桑的中国哲学社会科学事业迎来了繁荣发展的新时期，语音学研究从此开始了新进程。

1990年，日本召开的第一届口语处理国际会议（ICSLP1990），大会主席是藤崎博也，他同时邀请了中国现代汉语语音学界实验语音学的创始人、泰斗吴宗济先生。

王仁华参加了那次会议。经藤崎博也介绍，王仁华认识了吴宗济。不仅如此，藤崎博也还把王仁华和吴宗济安排在同一个酒店房间里。

藤崎博也的本意是希望王仁华能照顾一下吴先生。因为当时吴先生已经是81岁高龄，王仁华只有47岁。但是没有想到，吴宗济第一次见到王仁华，就喊王仁华"仁华兄"，毫不见外，着实让王仁华吓了一跳。

王仁华后来说："吴宗济是前辈、大师，他是一个睿智的学者，个子不高但非常精神，谈吐风趣，思维敏捷。他在语音学上的造诣，深不可测。然而他一点也没有大牌的架子。那是我们第一次见面。别说是第一次见面，就是后面我们建立了合作关系，关系很密切了，我也不认为我们是可以同辈之间一起做事情的关系。"

1990年，王仁华与吴宗济先生在日本东京大学合影

但是吴宗济却不这样认为。后来吴宗济跟王仁华通信，开头必以"仁华兄"称呼。"他从来没有那种好像很厉害，要教训人的样子。"

交往下去，王仁华才感受到吴宗济的独特风范：那是一种虚怀若谷的为人之道。

吴宗济很喜欢禅宗的诗句：菩提本无树，明镜亦非台；本来无一物，何处惹尘埃。20世纪90年代末，科大讯飞送了吴宗济一台PC，吴宗济在接近90岁高龄时开始学习使用电脑，后来，他关心时事，上网看新闻、收发邮件，应付自如。他写文章用汉语拼音打字，说是练"二指禅"。当吴宗济得知自己的名字在电脑上用拼音输入法打出来是"无踪迹"时，连呼"这好玩，这好玩"。

少年时代，他从书上读到了田单的火牛阵，牛尾巴上绑把刀，一冲，就赢了，有意思。他想试，可惜没火牛，但有猫。于是，他来了个吴氏"火猫阵"：在猫尾巴上系上一串鞭炮，一点着，猫就拼命地乱窜，钻到保姆的床底下，保姆吓得直哭，父亲则一顿棒喝。

小狗会不会游泳呢？一想到这种事情，吴宗济的方法就是先做实验，结果一缸水浪费了，小狗也被整得够呛。

"我喜欢玩，而且不是一般的玩，有自己独门的玩法。"

1928年，他考入清华大学，就读于市政工程系。一年后该系停办，全班都要转到上海交大，吴宗济不愿离京，因想学照相感光材料的研制，就转到了化学系。但吴宗济自幼读的是私塾，背诵四书五经，还是对古汉语有兴趣，最终转入中国文学系。当时的清华有文、理、法、工四学院。按规定，本科生读完一年级后，可申请转院转系，最多两次。在本系的应修学分修满后，还可选修其他系的课。吴宗济在清华转了两次系，待了六年，除了中文系必修学分，还上了物理、化学、数学等课程。

吴宗济后来盘点学术生涯，常自称"由理转文"，皆出于此。

1950年6月，中国科学院成立后不久，应周恩来总理的要求，由著名语言学家、北京大学文科研究所原所长罗常培负责组建语言研究所，并主持语言所的工作。他发来公函向上海市政府调吴宗济归队。吴宗济重新回到语言学研究领域。

吴宗济发现，和其他语言相比，汉语的声调尤为复杂，值得深究，因此他便开始专攻声调研究，在声学实验的基础上发表了一批论著，一方面着重从语言学角度来分析语音，揭示语音——特别是普通话语音的生理、物理特性，另一方面为言语工程提供了必要的数据和规则。在研究中，吴宗济提出了普通话语音变量的理论和规则，着力探索中国自己的实验语音学理论。

1975年底，语言研究所由原来临时蜷缩的国家文改会门厅搬到原地质学院主楼办公。语音实验室分配在四楼西侧，有办公室、仪器室，以及待建的录音室、审音室、计算机房。1977年，中国社会科学院成立，原中国科学院语言所三组分为语音研究室和应用语言学研究室，吴宗济任语音研究室主任。

吴宗济在语音学方面的研究，是随世界语音学的发展，以及实用上的需要而改变其航向的。

解放前,最初是以传统的语音学的知识和方言调查的练习为基础的。这一阶段,我有幸先后从业的四位导师:罗常培、王力、赵元任和李方桂先生,现在他们都已被公认为划时代的语言学和语音学的大师了。

随后到了解放,我在罗常培、吕叔湘先生的指导下,就集中于以实验语音学为手段,来分析普通话的语音特点,为全国推广普通话和语言学现代化提供科学基础。这一阶段,面临国际上语音学的新发展和国内的新形势,只有外出取经,才能赶上时代。于是差不多就得一切从头学起,边学边干。

最后根据国内言语工程("人—机对话"中的语音处理)的迫切需要与语音学界合作,就迅速转变航向,参加了院校的语音处理课题,这就还要再学习新的知识,才能配合工作,这又使我的研究进入一个语音学的新领域。

这三个阶段同一般治学的方法相似,可分为三个境界。正如王国维先生在《人间词话》中论治学境界所引的三句宋词。

最初是"昨夜西风凋碧树。独上高楼,望尽天涯路",东看西摸去"寻寻觅觅",选择的目标难以决定;然后是"衣带渐宽终不悔,为伊消得人憔悴",有了目标了,去求师访道,面向目标,自行探索,要做许多传统语音学中从未涉及的工作;最后到达了"众里寻他千百度,蓦然回首,那人却在,灯火阑珊处"的境界,如同俗话所说:"踏破铁鞋无觅处,得来全不费工夫",目标找到了,也就可以走上这条路了吧。但事情没有这样简单,何况我们这里所找的"那人"不是文章,而是千变万化的动态语音。

(吴宗济)

吴宗济和王仁华相遇,对王仁华而言是苦苦追索,"独上高楼,望尽天涯路",而吴宗济已经到了"众里寻他千百度,蓦然回首,那人却在,灯火阑珊处"的阶段。

20世纪80年代以来,由于"人—机对话"系统的研制与发展,言语工程和语音学的结合在国内已提到日程上来,而传统的语音学文献还无法跟上信息时代的需要，所以要按照言语工程所需的内容重新调整研究方向。吴宗济专心致力于普通话语音信息处理及语音合成自然度的实验研究，由于汉语的特征与印欧语系的不同，有许多规则不能照搬。在不断探索中，吴宗济正着力完成一系列的汉语语音音段和超音段的处理规则和模型，同时还对传统的中国音韵学中某些内容做出新的分析和继承。

1990年，吴宗济遇到王仁华已经81岁高龄，他自称"在学问上离自由王国还很远"，但是如果他潜心研究的成果，能被应用到真实的语音合成系统中，对一个学者而言，将是莫大的欣慰。

因此，两人相见恨晚。除了开会，两个人还住在一起。王仁华跟吴宗济说："中科大正在做汉语语音合成方面的工作，但是感觉到语音学方面的知识非常缺乏。"

吴宗济就把自己在汉语声调领域的研究讲给王仁华听。吴宗济很直率地说："只要你们觉得有用，我就会把我知道的所有知识都传授给你们。"

王仁华回忆，吴宗济说这些话的时候很高兴。"由此我非常荣幸，从20世纪90年代初起，和吴教授在汉语的声调和语调方面进行初步的接触。吴教授渊博的语音学知识，研究和实验一丝不苟的学风，对汉语语音事业发展的不懈追求，在后来都给了我和我的学生们深刻的影响。"

历史的轮盘正在转动，王仁华在美国学语音编码技术，在日本搞言语工程，又赓续中国现代语音学的血脉，逐渐被推到了一个交汇点。创新来自科学和人文的交流，而最有可能产生重大科学突破的地方，通常就在学科的交界处。

第七节　学术会议

1990年左右，王仁华非常忙碌，除了在日本学习，也在国内多方拜访同行，建立关系。他非常看重的一个途径是参加学术会议。

我们搞学术研究，搞项目开发，参加学术会议是很重要的。实验室要站稳脚

跟，闷着头做也不行，也要获得别人的认同。参加学术会议，多交朋友，既展示自己的研究成果，扩大影响力，又跟踪最新技术，互相交流。"

（王仁华）

最先参加的是中国仪器仪表学会信号处理分会主办的全国信号处理会议（CCSP学会年会），第一届举办的时间是1984年。

那时，王仁华刚回国没多久，在行业内还是"无名之辈"，也还没有完全确定智能语音的方向。从1984年到1992年，王仁华一共参与了4届全国信号处理会议，成为中国仪器仪表学会信号处理分会的委员。

这期间，中科大语言实验室开始起步，王仁华果断迈入人机语音通讯的圈子，在这个领域参加的第一个学术会议是1990年的第一届全国人机语音通讯学术会议（NCMMSC1990）。这个会议由中国中文信息学会语音信息专业委员会，中国声学学会语言、听觉和音乐声学分会，中国语言学会语音学分会联合主办，第一届的承办方是清华大学。这时候的王仁华在智能语音领域崭露头角，第一次见到语音界的头面人物，有清华大学的方棣堂、王作英，中国科学院声学所的俞惕生、张家騄，中国科学院自动化所的黄泰翼等人。

对于王仁华来说，参加这样的会议收获还是很多的。

那个时候是1990年，我们实验室也有一点名气了，不过影响力确实还很小。我去参加这个会议，感受是跟这些头面人物见了个面，让别人知道我们了。他们有一个学术委员会，我也算加入了他们的委员会。

（王仁华）

那时候的王仁华，可能万万没有想到，后来他能和清华大学的王作英合称中国智能语音界的"南北二王"。

唐涤飞那时候在实验室做语音合成，跟着王仁华参加这样的学术会议。站在学生视角，他的感受则很现实。

去开会，我印象特别深、感觉很明显：当时我们中科大，还有王老师，在智能语音领域的知名度是很小的。有几家名望很大，中国客源自动化所、中国科学院声学所、清华大学。我看着那些老师，其实都是很骄傲的样子，王老师显得很低调。当时我们已经在接863的项目了，大家都在抢语音合成，经费多，是亮点，但王老师接的是语音识别的数据评测。我当时感受不到，现在深深体会到了王老师当年的智慧。

我也看到当时一些老师为了一城一池争得不可开交，我也能理解，为实验室争取一些好的研究条件、好的资源，就能够研究发展得更好，但是王老师在里面其实争得并不厉害。可是二三十年之后，中科大语音实验室超过了其他所有实验室。这印证了我后来听到的业界著名人物说的话：决定一个人最终成就的不是他的聪明才智，而是他的胸怀。

（唐涤飞）

会议每两年一届。到了2007年，中国科学技术大学成为第九届全国人机语音通讯学术会议的承办方，时间是10月21至23日，会议地点在黄山。

当时，科大讯飞全程策划了此次会议，不仅邀请了中国科学院、清华大学、北京大学、中国科技大学等语音界的专家、学者，还邀请了Nokia、IBM、微软、摩托罗拉、科大讯飞等众多知名企业的研究人员。美国佐治亚理工学院李锦辉教授、微软亚洲研究院宋歌平博士、日本ATR Satoshi Nakamura博士、Google吴军博士、韩国庆南大学Sung-Ill Kim教授、中国科学院计算语言工程中心黄河燕主任、加拿大约克大学江辉教授等国内外著名专家做了8场专题学术报告，报告的内容覆盖了语音识别、语音合成、说话人识别、语言翻译、信息搜索、多媒体信息处理等诸多研究领域。

多年后的2013年，再次提起此事，王仁华的骄傲溢于言表。

这次大会是我们举办的，那时候科大讯飞全程参与了。公司的人比做学术的人更知道会怎么开才能吸引人。科大讯飞那时候都搞了好几年了，产品发布会都不在话下。当时，我们把地点选在黄山，除了搞会议，还搞了一些展示，又做了一些很吸引人的宣传，所以那次参加会议的人特别多、特别全。那些专家都说，这是会议从举办以来，规模最大、参与人数最多、举办水平最高、反响最强烈的会议。

科大讯飞当时在应用方面已经做得很不错了，联合业内企业做了展示和报告，学术圈的人看了也很兴奋。本来学术圈的很多人也很关注应用，但是应用能力不强，看到科大讯飞等企业做的这些东西，觉得智能语音还是很有希望的。

其他的学术会议，大多是说研究、说文章，这次会议还说了应用，说了落地，我觉得无论对提升当时学术圈的士气，还是对国家的语音通信事业的发展都是有帮助的。

（王仁华）

那届会议还有一个趣事，吴宗济先生已经98岁高龄，很想来参加，找到王仁华说，又跑去跟中国语言所申请，所里为了他的安全着想坚决不同意。遗憾之下，吴宗济亲手写了一个贺词，并谦虚地署名"后学 吴宗济敬贺"。

《第九届全国人机语音通讯学术会议召开致庆》

忆昔东京逢伯乐，人机音理共深推。
声声入耳争先导，步步翻新起讯飞。
今比黄山千岭秀，人同沧海百川归。
利民富国功交庆，遥寄芜词代举杯。

这个会议有后续：2022年，第十七届全国人机语音通讯学术会议在合肥举办，由中国计算机学会和中国中文信息学会联合主办，科大讯飞、中国科学技术大学和语音及语言信息处理国家工程研究中心联合承办。当年实验室的学生、现在的中国科学技术大学教授和语音及语言信息处理国家工程研究中心副主任凌震华任学术委员会委员，王仁华看到新闻，很惊讶，也很欣慰："时隔32年，这个会议还这么热闹，可见人机语音通信的魅力。"

这背后是他对智能语音事业的热爱，也是看到中科大智能语音实验室开花结果的欣慰吧。

另一个影响深远的会议，是国际汉语口语处理学术研讨会（ISCSLP）。第一届于 1998 年 12 月 6 日在新加坡举行，王仁华带着刘庆峰等人参加，展示了"天音话王"汉语语音合成系统，刘庆峰的论文 The design and realization of a Chinese speech platform——TianYin HuaWang 获得最佳学生论文奖。（见第七章第一节）

当时，会上成立了一个国际性的汉语语音技术研究联合会，选出 9 人的委员会，分别是：当时贝尔实验室语音研究部主任李锦辉当选委员会主席，中国科学院自动化所的黄泰翼和王仁华，中国台湾大学的李琳山，时任苹果公司新加坡研究中心语音处理实验室研究主任李海洲（2022 年当选新加坡工程院院士），以及当时在国际电气通信基础技术研究所（ATR）的邓力和霍强当选委员。

王仁华说："9 个委员，中科大出身的就占了 3 个。"

科大讯飞和这个会议渊源颇深，胡郁（PB9506，安徽聆思智能科技有限公司董事长，曾任科大讯飞轮值总裁、消费者事业群总裁、讯飞研究院院长）2006 年也获得了最佳论文奖。

2006 年，胡国平（PB9511，科大讯飞高级副总裁、认知智能全国重点实验室主任）、鄢志杰（PB9906，现任阿里巴巴达摩院语音实验室负责人）等参加了在新加坡举行的 ISCSLP。中国科技大学争取到了 2008 年会议的举办权，地点在昆明，李锦辉、王仁华、黄泰翼，还有郑秋豫等悉数到场。

我为什么要特别强调 ISCSLP？一是因为这个会议水平很高，二是因为这个会议很权威。博士毕业要发论文对吧，论文分为期刊论文和会议论文。很多会议论文，是不符合博士毕业条件的，但是 ISCSLP 的会议论文符合条件。

我也想和年轻人说，像这样的会，都应该争取参加，而且要重视，带着最高水平参加。这不仅是为了发论文，而是能真正学到很多东西。

（王仁华）

第四章
Chapter 4

语音数据库

控制论的创始人诺伯特·维纳说:"科学发展上可以得到最大收获的领域,是各种已经建立起来的部门之间的被人忽视的无人区。"维纳所说的无人区,就是我们现在经常说的"边缘地带"。

第一节　王仁华的远见

1950 年，艾伦·麦席森·图灵在《思想》(*mind*)杂志上发表了一篇题为《计算的机器和智能》的论文，详细阐述了计算机代替人脑运算的原理。但是在论文中，图灵并没有讲述计算机怎样才能获得智能，也没有提出解决复杂问题的方法，只是提出一种鉴别一台机器有无智能的方法。

图灵测试（The Turing Test）由图灵提出，指测试者与被测试者（一个人和一台机器）隔开的情况下，通过一些装置（如键盘）向被测试者随意提问。

进行多次测试后，如果机器让平均每个参与者做出超过 30% 的误判，这台机器就通过了测试，并被认为具有人类智能。

（图灵测试）

在当时，一台机器要通过图灵测试几乎是天方夜谭。于是，科学家又给出几个任务，认为只要机器完成了这些任务，就可以认为人们所期望的那种人工智能部分实现了。后来这些事情就成为人工智能的具体方向。

第一，语音合成和语音识别。

第二，机器翻译。

第三，文本的自动摘要或写作。

第四，战胜人类的棋类冠军。

第五，自动回答问题。

……

从 20 世纪 80 年代开始，王仁华和他的中国科学技术大学语音实验室就开始涉足"人机语音通信（语音合成和语音识别）"领域，实验室名称中的"语言"也随之改为"语音"。整个实验室所为之奋斗的事业，正是人类试图创造机器智能的愿望。

语音合成又称文本语音转换（Text to Speech，TTS）技术，顾名思义，是把文本信息转化成语音信息。

怎么才能让一台机器说出"人话"呢？

第一条路是创造一个"人工嘴巴"，这个人工嘴巴最好完全模仿人类发音器官的动作和发音过程，实时产生所需语音。但是由于很难找出定量描述发音器官动作的精确数字模型和实际语音发生规律，因此实现起来特别困难。

另外一条路则简单得多，就是预先建立一个音库，音库中存储的基本单元可以是音素、音节、词组、句子，它们均来自原始自然语音的样本。根据语音合成的要求，这些"基元"是以某种参数形式存放着的，这实际上是一个"编码"的过程。

有了这个音库，如果想合成一句话，就简单多了。我们想让机器讲话时，就发给机器一个"语言码"，这个"语言码"机器是读得懂的，机器就按照这个"语言码"从音库中把这句话的要素都检索出来。再根据"语言码"中的音韵要求，按照规则对这些要素进行相应的调整，最后平滑连起来形成一个序列，输出连续语句。

在这种情况下，语音合成器的本质就不是生物意义上的"嘴巴"了，"说话"变成了一个"解码"过程。机器根据"语言码"对事先存入的语音参数进行"解码"，重构出语音信号。

（王仁华）

因为合成语句的语音单元是从一个预先录下的庞大语音数据库中挑选出来的，不难想象，只要语音数据库足够大，包括各种可能语境下的语音单元，理论上就有可能拼接出任何语句。由于合成的语音基元都来自自然的原始发音，合成语句的清晰度和自然度都将非常高。

如果我们简单把一个汉语的"语音合成器"分成两部分，第一部分，必须归纳出一套有效的汉语语音"编码和解码"的规则，相当于"算法"；第二部分，则要搭建一个汉语音库，相当于"数据"，两者缺一不可。

反过来，语音识别是把语音转换成机器能懂的编码。这件事也与语音库联系紧密。

给机器装上"耳朵"，让它能听懂人说的话，这就是语音识别，也是人机语音通信的另一个重要方向。简单来说，我们可以把语音识别分成三步。

第一步，把语音中的声学特征参数抽取出来。这些参数构成输入语音段的"模板"。

第二步，把这个"模板"和语音库中的"标准模板"进行匹配。

第三步，因为机器最终是从人的语音中得到并理解信息的，因此，除了声学参数这个层次，还有语法、词法、句法、语义分析等层次。机器需要运用最佳准则和专家知识对各层次上的"识别候选者"进行最终判决，得出识别结果。

语音库是根据机器需要的语音识别范围，对作为基本识别的单元，比如音素、音节或词组进行分析，再用训练与聚类的方法，提取特征参数后，预先制成的"标准模板"的库。

（王仁华）

可以看出，不论是汉语语音合成还是汉语语音识别，都需要建立一个完备的"语音数据库"。但是在20世纪80年代的学术现实中，人们对"算法"世界趋之若鹜，"数据"的世界则乏人问津。

互联网是在21世纪初才普及的，数据呈爆炸式增长，使得传统的数据处理方法已经无法胜任，大数据处理技术应运而生。回到当年，数据的获取是个"体力活儿"。尤其是采集语音数据，需要找一个人线下录音。

一个科学工作者的学术水平不仅仅体现在学术论文上，也不仅仅体现在获批科研项目上，更体现在对科研思想的把握上，体现在对未来科学发展的洞察上。在实现语音合成和语音识别的过程中，王仁华从一开始就十分重视搭建"语音数据库"，可谓目光长远。

关于做语音识别数据库的事情，藤崎很重视。记得他跟我说过，数据库对语音识别非常重要，没有这些数据，要想做好语音识别是不可能的。除了提醒我，他还想办法买了仪器给我，其中最重要的一个仪器，当时国内没有，叫 DAT 数字记录仪，它是专门用来录数据的。

所以，我从日本回来以后，把这件事情看得很重。为什么呢？

第一，我比其他人更超前地认识到数据的重要性。

第二，搞数据库是个苦活儿、力气活儿。国内搞语音识别的那帮人都不愿意弄，因为费力不讨好。我们做数据库，最终他们也可以拿来用，所以我曾经说：我们等于是帮你们"打工"。

虽然这么说，但是我心里知道，没有数据库，将来肯定要吃苦头。

（王仁华）

第二节　中科大的第一台 386

英雄所见略同。除了藤崎和王仁华，香港大学教授陈础坚几乎同时也认识到了汉语语音数据库的重要性。

1989 年，陈础坚想造一个中文语音数据库，以便在整个中文研究领域里更好开展研究，但是在香港找人录数据不方便，所以他就在内地寻找合作伙伴，找到了王老师。其实之前他找了很多合作伙伴，但是他们都不太热心，跟王老师却是一拍即合。

陈础坚就跟王老师分享了他设计的数据库和对语料的要求。因为要录语料的话，技术上要能做到格式平衡，各种单元的分布都要覆盖，这是个学问。

陈础坚跟他的团队已经设计好了语音数据库的语料要求，也写了一个文档。他把这个东西分享给了王老师，希望跟王老师合作，请人录语音。当初国内科研条件较差，计算机很少。王老师实验室里最好的是 286 计算机。陈础坚有个加拿大的朋友，赚了一笔钱，买了一台 386 计算机，他就把那台 386 计算机捐赠给了王老师的实验室。

那是中国科学技术大学第一台386计算机，是性能最强的，以现在的眼光看其实相当于一台"超算"（Supercomputing）。后来，那台386计算机在王老师的实验室发挥了非常大的作用。

双方合作之后，陈础坚就跟王老师说，能不能推荐一个有天赋的学生去港大加入他的研究团队，跟他读博士。那个时候我已经离开中科大了，在浙江大学读研究生，但王老师想到了我，认为我比较合适，就把我推荐给陈础坚教授。

当年香港还没有回归，想去香港读博士不容易。研讨下来，就是我先回中科大读一年博士，再以联合培养博士的方式把我派过去。

（霍强）

霍强是中科大82级六系大师兄，是郭沫若奖得主，先后师从王仁华和陈础坚。陈础坚退休后，霍强接过陈础坚衣钵，在香港大学从事了9年科研教学工作，2007年加入微软。

自此，王仁华开始发展和香港大学的合作研究关系。1989年7月，他在香港大学讲学十天，陈础坚教授也回访中科大。两人在研制汉语语音识别数据库、开发汉语声控打字机、联合培养博士研究生等方面达成了初步协议。

1990年12月，在藤崎教授的支持下，王仁华又访问香港大学。双方的合作就在这一次访问中正式敲定了。

王仁华一直有一个清晰的意识，那就是学术不是闭门造车，而要借势，在合作中壮大力量。

陈础坚研究语音多年，我去访问后就知道他们也在做语音数据库。1990年底我去香港大学，我俩认真讨论了合作事宜，结论是我们要共同培养研究生，共建汉语语音数据库。

通过和香港大学的合作，我们实验室争取到对方赠送的一台价值约10万港币的COMPAQ 300MB硬盘微机。当时是中科大唯一一台。

为什么要和香港大学合作？那时，香港大学的研究水平可能也不比我们高太多，但它是一个重要窗口。

世界上汉语语音的研究者，美国、新加坡的教授们手底下的硕士研究生并不多。学生去香港，就有可能找到更多机会。

从那时开始，我就意识到要充分利用这个机会，促进研究的开展。有这样的窗口，对我们来说只有好处，不会有坏处。

（王仁华）

当年，香港大学赠送的那台 386 计算机十分稀有。实验室的学生刘一飞（PB8206，现任深圳市蜀星光实业有限公司总经理）和学长皇甫秀彬（PB8106）被委以重任，去上海把那台 386 计算机接回实验室，那也是刘一飞人生中第一次坐飞机。

结果刘一飞兴奋过头，到了上海之后忘了给王仁华报告情况。在上海停留了一天之后，刘一飞把 386 计算机抱回实验室。王仁华一看到他就"批评"他："你到上海怎么都不说一声，你不知道我有多着急。你怎么一点音信都没有，突然就把机子拿回来了。"

那个年代，中科大其他实验室可能只有 Z80 处理器，甚至只有单片机。一台计算机拥有 300 兆内存，简直就是"神"一样的存在。实验室的学生们围过来，像看到宝贝一样。实验室的关权芬（PB8306）一直盯着 386 计算机看，旁边的林平澜（PB8406，现任深圳昆仑芯星半导体有限公司总经理）问他在看什么。关权芬喃喃自语，说正在数硬盘容量有多少个零，"有点数不过来"。

1991 年 3 月，王仁华的第一个博士生霍强（挂在四系杨衍明先生名下，当年六系所有博士都挂在杨先生名下）去港大写博士论文。此路一通，杨鉴、葛勇（PB9306，后曾任科大讯飞消费者事业群副总裁）、胡郁等后来均前往港大进修。

霍强由中科大和港大联合培养，因此他在去港大之前，在中科大语音实验室干了整整一年活，其中一项最重要的工作就是录制语音数据。那也是中科大语音实验室的第一批语音数据，也可能是整个中国第一批语音数据。

因为是第一批语音数据，实验室异常重视，提出三个标准：要高质量、要字正腔圆、要找有播音经验的人。

有播音经验的人到哪去找呢？陈础坚认识鲍怀翘教授。吴宗济手下有三大将，鲍怀翘是其中之一。1959 年，鲍怀翘来到语言所语音研究室三组，参与了吴宗济创建实验室、完备实验室条件、开展语音实验室研究的全过程。吴宗济是一手将其领入语音实验研究大门的人。而鲍怀翘的太太是中央广播学院的教授，中央电视台主持人不少都是她的学生。王仁华就通过鲍怀翘，求他太太帮忙介绍中央电视台播音员，约好时间就到北京录音。

我和师弟们去北京录音，是要带设备过去的。一般带的是王老师从东京大学带回来的那台 DAT 数据记录仪。每次去录音都要带着这个设备。那个设备很珍贵，所以夏老师特别紧张，怕我们搞坏。

后来实验室就有一个不成文的规定：护送设备的人是可以坐卧铺的。其实是让设备坐卧铺，然后护送设备的人沾光，陪着设备一起坐卧铺，那个人就是我，其他几个师弟只能坐硬座。

（霍强）

第三节　不能光搞后勤工作

整个 1990 年，中科大语音实验室都在加紧搭建汉语语音数据库。但是王仁华听了霍强录回来的播音员的声音素材，又变得不满足。

那些语音当然很有价值，但是问题出在"量"上。找播音员只能录几个人，如果给"语音合成"做语音库，让播音员录很合适，因为质量比较高；但如果给"语音识别"做语音库，就一定要上"量"，必须要录很多人。

王仁华很敏锐，他觉得应该把规模做上去。但要想把规模做大，钱从哪里来？

正赶上当年中国科学院实施"八五"重大应用项目（1991 年至 1995 年）。其中，"汉语人机对话系统工程"被列入名录，目标是实现汉语规范普通话人－机对话系统进入国际先进行列。最终，该项目由中国科学院声学所、自动化所、中国科学技术大学和新疆物理所共同承担。

王仁华回忆：当时这个项目酝酿了很久。最后确定以声学所为主，组长由声学所关定华所长担任；声学所的几个研究室成员，俞铁城、李昌立、张家騄等分别牵头承担语音识别、系统实现、语音合成等课题；自动化所也承担一部分。

关定华、李昌立、俞铁城、黄泰翼、王仁华（中国科学技术大学）、李满元六人组成"总体组"。

"汉语人机对话系统工程"的总经费大约六百万元，王仁华拿到了四十五万元。经费的分配，背后是一场力量的博弈。1990年的四十五万元是个大数目。"从没见过科研经费有这么多！"

六百万元中，我拿到四十五万元。

本来分给我的任务只有"汉语语音数据库及性能评测"。为什么让我来做呢？前面我讲了，这是个苦活；而且这个语音数据库做成之后，是给其他研究者直接用的，为他人做嫁衣，所以没有人愿意做。

那时候，我其实也想做"语音合成"。但是他们跟我说，你做做数据库就可以了。"语音合成"嘛，张家騄那几个人在搞，不需要你。

我那一次也没客气。我说，你们什么意思？光让我们帮你们打工是吧？我们不能光搞后勤工作。

再说，我那时候比较硬气，为什么？因为我做的四个语音合成项目都得奖了（见第三章第二节）。我说，我做语音合成能够到这种地步，你们还没做出来。后来他们没话说了，勉强分我一点钱。

那次争课题，学校是非常支持我的。

记得我从北京开完总体组会议回到合肥，立刻和当时中国科学技术大学党委书记余翔林及科研处长卞祖和做了汇报。余书记当场就说：第一，中科大参加语音数据库的项目，并希望由王仁华担任该子课题的负责人；第二，"专家和协调"相关问题，请发文到中科大科研处，由学校统一安排。

卞处长立马就给中国科学院邓立清打电话，正式告知学校的两条意见。中科大是受中国科学院领导的，所以学校的意见中国科学院还是很尊重的。

（王仁华）

最后的分工出来，王仁华的实验室拿到整个课题组的三个分课题工作。

一、重点分课题：汉语人 – 机系统语音数据库及性能评测。

二、汉语文 – 语转换系统，也就是语音合成。

三、人工神经网络及听觉模型在语音识别中的应用。

不要小看了二和三，在中国的学术环境中，名不正则言不顺，哪怕只拿到几万元的经费，也意味着实验室在该领域拥有了某种许可，一只脚已经迈入了圈子。

实际上，各个"山头"对经费和研究课题的博弈可能更加激烈，霍强对此记忆犹新。

拿到项目后，我就跟王老师一起拜码头。国内有很多大佬，那时候王老师的实验室还没做起来，还没到大佬的级别。

语音识别这一块的经费，俞铁城已经拿了大头；俞老师的团队在国内起步比较早，做语音识别，而且他们当初做硬件，还去国外参加展览，拿了奖，属于"霸主"之一。

王老师拿了一笔钱，任务是去做"语音数据库"。但俞老师让我也参与这个项目。结果总共就四十五万元，俞老师最后分走了将近一半。

我当时年轻，特别不服气，因为活都是我们干。俞老师是大佬，大家都不敢说什么。但是王老师和我们想法不一样，他是心甘情愿的，真心觉得他们（俞老师）应该参与。参与的人多，可以把事情做得更好，而且以后还可以继续合作。

我后来想，这就是王老师的格局和见识。

（霍强）

虽然王仁华嘴上把搭建"语音数据库"说成"后勤工作"，但那是说给别人听的,"爱哭的孩子有奶吃"。在心底深处,他坚信语音数据的重要性。王仁华大方分利益给别人,是在"以退为进"。

1992 年的最后两个月,"八五"重大应用项目"汉语人机对话系统工程"总体组访问美国。因为是打着科学院的旗号过去的,访问和交流很顺利。王仁华在美国考察了十家公司,拜访了许多大佬,大开眼界。

1992 年访美对王仁华影响很深,这时距离他 1982 年结束在美国做访问学者返回中科大正好 10 年。

时光荏苒。整个 20 世纪 80 年代世界范围内语音识别技术突飞猛进。基于 HMM(Hidden Markov Model,隐马尔可夫模型)的声学建模和基于 N-Gram(大词汇连续语音识别中常用的一种语言模型)的语言模型在语音识别中得到应用。语音识别开始从孤立词识别系统向大词汇量连续语音识别系统发展。

美国 DARPA 在 20 世纪 70 年代开始介入语音领域,设立了语言理解研究计划。在整个 20 世纪 80 年代,DARPA 所支持的研究催生出许多著名的语音识别系统。

其中一个具有代表性的系统是李开复研发的 SPHINX 系统。该系统是第一个基于统计学原理开发的非特定人连续语音识别系统,其核心技术采用 HMM 对语音状态的时序进行建模,并用高斯混合模型(Gaussian Mixture Model,GMM)对语音状态的观察概率进行建模。在深度学习出来之前,基于 GMM-HMM 的语音识别框架一直是语音识别系统的主导框架。神经网络也在 20 世纪 80 年代后期被应用到语音识别中,但是相比于 GMM-HMM 并未展现出优势。

1992 年访美,我感触很深,对我之后影响很大。

第一件事,当时我们在国内不知道,出来才明白,原来人机语音通信研究在美国是一个相当活跃的领域。许多著名大学、实验室和大公司都积极投入这一领域,取得了重要的突破性进展。究其原因,人机语音通信具有未可估量的广阔应用前景。这更加坚定了我走音路的决心。

第二件事,尽管实现真正的基于自然语言的"人机语音通信"可能还要相当长的一段时间,然而阶段成果的应用市场依然是巨大的。美国一些公司开发的产品对我有很大启发。因此，我决定在保证完成"八五"重大项目确定的人机语音对话系统的研制前提下，有必要、也有可能开发一些市场应用。

第三件事，我认识到美国这几年来在语音识别方面的巨大进展，一方面就是得益于标准语音数据库的建立；另一方面，DARPA 一年一度的系统评测使得这项研究更富有竞争性。

科学评价和比较不同系统的性能对完善现有语音识别系统，提高系统性能，促进优势互补，减少研究工作的重复性和盲目性，适当引导语音识别工作向着期望的目标发展，有着极为重要的意义。因而我更加坚定在国内继续重视建立标准的"语音数据库"及"语音识别系统评价系统标准"等基础性的工作。

（王仁华）

一、AT&T 公司 Bell 实验室的信息原理试验所（L.Rabiner 李锦辉）
二、MIT 的口语系统实验室（V.Zhu 邓力）
三、CMU 计算机系（R.Reddy）
四、APPLE 公司（K.F Lee 李开复）
五、Dragon 公司的先进技术部
六、BBN 公司的系统和技术研究所（J.Makhoul）
七、NYNEX 科技公司
八、Entropic 语音公司（J.P.Burg）
九、MOSCOM 公司
十、ANALOG DEVICES 公司

（王仁华 1992 年访美拜访的十家公司）

1992 年访美，王仁华还在 MIT 遇见邓力（PB7708，加拿大工程院院士、美国华盛顿州科学院院士、曾任微软首席人工智能科学家）。邓力是中国科学技术大学 78 级生物系校友，后来成为一位享誉国际的研究者、工程师、教育家，以及人工智能、机器学习、信号处理、金融工程、语音识别、自然语言处理领域的技术引领者，他也是日后将深度学习引入语音领域的布道者。2010 年，他与讯飞研究院仍有交集，这个有趣的故事我们在后面还将讲述。

1992 年，王仁华访问 APPLE 公司

第一次见邓力，我才知道他是中科大毕业的，而且是生物系的，竟然是夏老师的学生。

下午我抽了空专门去拜访他，就跟他聊了两个小时，介绍我们在汉语语音上做了哪些工作。他那时候在语音方面已经相当有名气了，但他对汉语语音处理还不是很熟，不过很有兴趣。

我就问，我们可不可以进行合作？他很积极，毕竟是校友。他当时就跟我说，能不能把在桂林召开的第二届全国人机语音通讯学术会议（1992 年 9 月召开）的论文集寄给他看一看，以便了解国内的最新进展。那个时候还没有互联网，文集都是复印邮寄的。

（王仁华）

那次交流我们聊得很深入。我的印象是王老师知识渊博，又很谦虚。他那时候在国内已经有很大的影响力了，但依然问我一些语音识别的问题，我作为后辈，就尽量向他解释一下我当时做的工作。同时，我也请教他各种各样的语音合成的问题。他是一个有亲和力的老师，好几年之内我都有这种非常深的印象。

另外那次交流中，王老师对于国际前沿非常感兴趣。

当时中国科学技术大学在语音合成领域已是国内前沿。而我待的那个实验室在做"Spoken Language Systems"，也就是"人－机交互"。人－机交互有四个方面——语音识别、语音理解、对话系统、语音合成。

当时我的印象是，除了语音合成，王老师对其他方面也很有兴趣。不但感兴趣，他也在慢慢建立系统，把各个系统综合在一起。

王老师后来跟我说，每个系统他们都在做。我感觉在整个系统各个模块里，有一到两个他做得特别深，在这个基础上把整个系统建立起来。我觉得他的想法在国内是相当超前的。

（邓力）

邓力的印象并没有错。王仁华和他的语音实验室正酝酿着跨出关键一步。王仁华在美国学习语音数字编码，在东京大学涉及语音合成，现在，他正在谋划在语音识别领域有所突破。实际上他一直在积蓄力量，他不辞劳苦建立的"语音数据库"即将派上用场。以手上掌握的"语音数据库"为支点，王仁华正在构思中国版的"语音识别评测"——863语音评测。

"语音识别评测"是做什么的呢？顾名思义，假如中国有十家机构都做了一个语音识别系统，十家机构个个都说自己做得好，怎么判断它们的系统准不准呢？这就需要一个"裁判"来出题考它们。

谁有本事出题考它们？至少要拥有一个完备的"语音数据库"，这就相当于一个"题库"。

在国内谁拥有这个"题库"？毫无疑问，那就是一直不放松"后勤工作"的王仁华和他的中科大语音实验室。

因此，王仁华的实验室从语音合成挺进至语音识别，中间有"语音数据库"和"语音识别评测"这两个跳板。整个过程并不是一蹴而就的，而是从易到难，从边缘到中心，实际上是一个曲线救国的进程。王仁华则把它叫作"两条腿走路"。

第四节　863 评测

1992 年访美归来后，王仁华实际上更有信心了。

20 世纪 70 年代初，DARPA 开始启动语音识别研究项目（Speech Understanding Research，SUR）。在 DARPA 的支持下，IBM、卡内基梅隆大学、斯坦福大学等学术界和工业界顶级的研究机构也都加入到语音识别的研究中。

怎么来评价这些研究机构的工作成果呢？到了 1989 年，DARPA 开始启动语音识别大规模评测项目（Speech Recognition Large Scale Evaluation Project），旨在通过定期组织语音识别系统的评测比赛，推动语音识别技术的发展。

1992 年随总体组访美的时候，我对 DARPA 印象深刻。

DARPA 开展了当时最有名的评测项目，很多国家都来参加，便于了解各自的语音识别系统达到什么水准，识别度是多少，在连续语句上表现怎样。

一个是 DARPA 计划（语音评测），一个是语音识别数据库。当时这两项工作，已经做了好几年了。美国人自己说：这两项工作对美国在语音识别方面的发展起了很大作用。

为什么评测重要呢？其实道理很简单。首先，这些是最基础的工作，必须有人来做。其次，通过评测，可以帮助同行之间进行交流，共同进步。

你拿两条语音（去识别），别人也拿两条同样的语音（去识别），DARPA 检查完就会告诉你：谁识别得更好。DARPA 要出一个报告，差距一目了然，之后就可以改进。

所以我从美国回国后，这两件事（语音数据库和语音识别评测）我就更加坚定要去做。

"两条腿走路"，怎么才能走得起来？我的策略是，我先不做语音识别。如果我先做语音识别，等于是拿我的弱项跟你的强项比。但是我先做这两个基础工作

（语音数据库和语音识别评测），我将来（在语音识别领域）就有机会可以跟你扳手腕了。

（王仁华）

在这个策略下，王仁华开始在国内积极运作"语音识别评测"相关项目，机遇来自大名鼎鼎的"863计划"。

二十世纪八十年代初，美国总统里根提出一个名为"战略防御计划"的发展计划，旨在推动太空军备竞赛，这个计划有个更有名的称呼"星球大战计划"。

1986年初，国防科工委就召开了一次国防科技计划会议，就美国的"星球大战计划"展开讨论。改革开放后，整个社会的观念发生巨大改变，在对发展高科技的看法上存在明显分歧。

有一种声音认为，我国当时的科技水平较为落后，科技界更应该引进国外先进科技，踏踏实实做一个追随者，这才是务实的一种做法。

但是还有一种声音认为，我国应该未雨绸缪，将目光放在高新技术发展上。

在这次讨论会上，刚刚获得国家科技进步特等奖的陈芳允院士说了这样一席话："在科学技术飞跃发展的今天，谁能把握高科技领域的发展方向，谁就可能在国际竞争中占据优势。中国的经济实力不允许全面发展高科技，但我们在一些优势领域首先实现突破却是可能的。"当时在座的科学家中，光学家王大珩院士、航天技术及自动控制专家杨嘉墀院士和核物理学家王淦昌院士都赞同陈芳允院士的观点。

观点相近的四位大科学家走到一起。1986年3月，四位科学家签名的《关于追踪世界高技术发展的建议》递交中央。

后来，大名鼎鼎的"863计划"出台，并进入实施阶段。

当年，世界掀起人工智能热潮，日本的"五代机"在该领域发展迅速。"863计划"中，"智能计算机"被单独列为一个主题项目（即306主题），由中国科学院计算所承接项目。王仁华的语音实验室也从1988年开始承担306主题相关任务，一开始揽到的活围绕"语音数据库"，由专家组确定项目和分配资金。

中国科学技术大学语音实验室参与的 863 项目及资金来源

时间	项目	资金来源	金额
1988 年至 1990 年	语音识别数据库研制	863 项目	七万元
1991 年至 1993 年	汉语普通话语音识别数据库	国家自然科学基金	四万元

刚开始"863 计划"中并没有语音识别评测相关项目。事实是，一直到 1990 年，才有人开始考虑评测这件事。时任国家"863 计划"智能计算机主题办公室主任的钱跃良是 863 评测的主要发起者之一。

我跟王老师认识，就是因为 863（语音识别）评测。

863 评测的起因是一个高校博士。他毕业以后到北京一家公司做了一个语音识别系统，找我们（"863 计划"）专家组，也找了国家科委（科技部），希望能够支持一下。我就陪国家科委的一位同志一起去他公司了解了一下项目，感觉不错，当时就准备支持这个项目。

慎重起见，我们又去他导师那儿了解情况，但是导师持反对意见。这样一来，我们就比较谨慎了。可能是导师对学生后期工作不了解，但也有可能那个系统在演示时被动了手脚。

所以我们商量之后决定，干脆做一次交流，把各家（语音识别）系统都放在一起比一下。当时还没有"评测"这个词，我们的初衷就是想看识别率到底是真是假，"是骡子是马拉出来遛遛"。

我们当时找了一个会议室，把这家企业的（语音识别）系统，跟原来承担 863 项目的那些课题组的（语音识别）系统都集中在一起比。题目就是念当天的《人民日报》，让系统来识别。

这一次交流国家科委很重视，863 专家组也很重视，大家觉得这种形式非常好，就决定从 1991 年开始组织正式评测。

要做一个正规、专业的语音识别系统评测，就必须找一位评测负责人。对这个负责人有两个要求，第一要是这个行业里的专家；第二自己不能做语音识别系统，不能既当"运动员"又当"裁判员"。

找来找去，发现王老师最合适。

为什么？最主要的原因是王老师已经在承担863的一个小课题，我还记得，两年经费也就七万块钱，做一个小规模语音识别语料库。

我就找王老师，实话实说，我当时怕王老师不愿意。因为评测这件事"吃力不讨好"。组织大家来评测，评好还是评坏，关乎声誉，对不对？这就很难评。甚至863的支持经费都是跟评测挂钩的，评好了，下一轮经费就多；评不好，可能就被踢出去了。

后来，事实证明，这件事并不简单，评测过程中会出现各种问题。被评为不好，就说评测不规范不科学，评测过程不合理等，找各种借口。所以王老师能够把评测这项工作主动承担下来，我们觉得他很有担当。

（钱跃良）

1991年，由王仁华做负责人，主导了国内第一次语音识别系统评测。当年还没有启用机器评测，而是从中央人民广播电台请了四位级别很高的播音员，两男两女，把语音材料朗读给各家系统，进行识别。

整体而言，整个评测很顺利；但用人工来做评测的问题也暴露出来。王仁华后来在此次评测的总结报告里特别提出两个问题。

第一，由于采用人工播报，播音员一开始中气十足，但是到了下午，播音员因为疲劳，播报同样的材料状态会下滑。

第二，播音员开始拿到语料时播报较生疏。同一份材料，连续为几个系统念完以后，熟悉度上升，语料熟悉以后流畅度也更好。

也就是说，各方面都会有不一致的情况。后参加评测的单位在第一点上吃亏，先参加评测的单位在第二点上吃亏。

当时我们通过抽签的办法来决定顺序。但是作为一个科学评判，使用抽签的方式，最后说自己运气不好，不能这样搞。

（王仁华）

因此，王仁华就力主要从"标准语音库"调用语料，以机器为核心构建标准化的"语音识别测评"。王仁华这一主张意义深远，本质上是要构筑整个中国语音识别发展的良好生态。这个道理并不难理解：如果不下功夫组织一个标准化的考试，学生之间就很难有良性竞争，学习也很难进步。

但学生都不喜欢考试，反对的声音接踵而至。

王老师提出这个意见的时候，有些单位反对，不希望用这种方式做评测，甚至不希望做评测，因为一评就会把底细露出来。

（钱跃良）

863专家组最终采纳王仁华的意见：每家单位的系统最后都要用"标准语音库"来做语音识别的评测。于是从1992年开始，王仁华主持了四次（1992年、1994年、1995年、1998年）国家科委举办的语音识别系统评测。1992年的评测在深圳举行，这次评测引入标准汉语语音库，是中国首次以标准语音样本库科学进行的系统性能评测，效果很好。

《863中文信息处理与智能人机接口评测的历史、现状与展望》刘群 2005年

年份	1990 Pre	1991	1992	1994	1995	1998	2003	2004
参评系统数	5个	16个	17个	39个	65个	43个	46个	105个

1991年、1992年时，863评测的项目设置还仅限于ASR（语音识别）和CR（文字识别）；到1998年，评测项目已经涵盖语音识别、语音合成、机器翻译、汉语分词、文本摘要、文字识别、人脸检测和识别。在1998年以前，评测结果完全向社会公开，有几次结果甚至发布在《计算机世界》上。现任中国科学院自动化所所长的徐波当时还是学生。

每年，我们这些做语音识别的都要去"比武"。场景还挺热闹的，在一个房间里，几家的机器都放在那里，把测评语料库放出来，各家数据跑一遍，比谁的速度跑得快、结果更准。业内很多评比都依靠人工，863语音识别评测是首次机

器评测,也是业内首次"以测代评",相对于其他评测,更加客观公正。

(徐波)

王仁华在总结历次 863 语音识别评测经验时说:

数据库和语音识别评测,对我国语音技术发展的重要性不容置疑,但是任务的艰辛也是不言而喻的。

最难的事有三件,每一件都令人头疼。

一、汉语语音识别评测没有现成的规范。

二、没有满足规划的汉语语音数据库。

三、评测结果会影响项目申请和经费。

在"863 计划"的 306 主题领导推动下,我一直从事语音识别评测工作,经过了从单音节、词汇到连续语音的过程,对语音识别的评测工作进行了多方面的实践,积累了丰富的经验,为向语音识别标准化、自动化迈进做了积极准备。

1991 年,进行了特定人汉语全音节输入系统的孤立音节现场发音方式的评测和非特定人特定范围的有限词组的识别评测。

1992 年,进行了特定人汉语全音节输入系统的孤立音节基于汉语语音数据库的评测、特定人大词汇词组的识别评测和非特定人特定范围有限词组识别的评测。

1994 年,进行了非特定人汉语全音节输入系统的孤立音节基于汉语语音数据库的评测和非特定人词组的识别系统的评测。

1995 年,进行了非特定人、大词汇、连续语音方式输入系统的评测和非特定人、大词汇、词组发音方式基于汉语语音数据库的输入系统的评测。

目前,我国汉语语音识别的重点定位在非特定人、大词汇、连续语音的识别系统上,那么语音识别的评测的重点也就落在这一点上。

通过实践,我感觉到语音识别的评测工作还存在缺陷,测试大纲有待规范化、标准化,测试的基础有待加强,方法有待提高。

最重要的是,我们始终缺乏合理有效的汉语普通话语音数据库的支持。

国内语音数据库现在已有一定规模，但大多内容片面、数据容量低，缺乏有效描述。在一定意义上说，还处在初级阶段。一个内容全面，包含各种语言特性、声学特性描述的标准语音数据库有待建立。

（王仁华）

1993 年，863 语音数据库鉴定会

王仁华的建议受到重视。863 专家组决定拨出经费再做一个大规模语音数据库，这个任务自然又落到王仁华头上。这就是后来鼎鼎大名的"200 人语音数据库"，全国几乎所有语音实验室都使用过该数据库。

"200 人语音数据库"的构建主要由中国科学技术大学语音实验室承担。中国科学技术大学负责数据库建立总体工作；语言所负责解决录音用语料问题，并对部分数据进行切分标记；声学所十四室参与其中三十个人的语音录制工作。

中国科学技术大学语音实验室参与的 863 项目及资金来源

时间	项目	资金来源	金额
1992 年至 1995 年	汉语综合资料库及汉语信息处理系统评价方法	国家自然科学基金重点项目（和自动化所共享）	十一万元

这个语料库后来对我国语音识别工作有非常大的导向性作用，因评测本身就是一种引导。我们刚开始做语音识别评测的时候是在做什么？是单音节、有限词

汇、特定人的，那是最基础的。

到后来我们的"200人语音数据库"就变成自然语言、大规模词汇、非特定人的，一下就做到最难。所以在这个上面王老师真是做了大量的、仔细的工作。

（钱跃良）

回头看，这项工作对整个中国语音识别、语言信息处理，乃至早期人工智能发展的促进作用怎么高估都不过分。在863语音识别评测中，王仁华功不可没，是当之无愧的奠基人。

中国自然语言处理（NLP）领域的先行者黄昌宁曾经高度评价863语音识别评测。

有评测才会有鉴别。评判一种方法优劣的唯一标准就是相互可比的评测，而不是设计人员自己设计的评测，更不是人们的直觉或某个人的远见。

近年来，在语言信息处理领域，通过评测来推动科学技术进步的范例很多。"863计划"智能计算机专家组曾对语音识别、汉字（印刷体和手写体）识别、文本自动分词、词性自动标注、自动文摘和机器翻译译文质量等课题进行过多次有统一评测数据和统一计分方法的全国性评测，对促进这些领域的技术进步发挥了非常积极的作用。

但是这期间也有一些阻力，有些人试图用各种理由来抵制这样的统一评测，千方百计用自评取代统评。其实废除了统一评测，就等于丧失了可比的基础。这个损失使得上述任何理由都变得异常苍白。

在这里，我想跟我国研究生说几句话：统一的、可比的评测是科研工作的一条基本原则。论文想要被顶尖的学术刊物或会议接受，最好遵循这条原则。

建议政府科研主管部门在制订项目计划时，至少要在一个项目的总经费中拿出十分之一用于资助该项目的评测。因为没有统一评测的研究项目，其成果毕竟是不可信的。

（黄昌宁《统计语言模型能做什么》，2002年）

第五节　关键一跃

1992年，王仁华常跑北京，傍晚在合肥站上车，第二天早晨在北京站下车，一下火车就往中国科学院计算所跑。

去北京所为何事？1992年，在深圳举行的第一届"863语音识别评测"效果不错。因此，时任中国科学院学部委员（院士）、"863计划"306主题（智能计算机主题）负责人戴汝为就提出一个设想：要不要专门设立一个专门的评测中心来开展此项工作？

戴汝为是20世纪70年代初在中国最早将"Pattern Recognition"翻译为"模式识别"四个字的人，到20世纪80年代初被国务院学位委员会直接批准为我国第一位"模式识别学科"博士生导师。戴汝为系统地提出了模式识别学科并组织开展研究，把"统计模式识别"与"句法模式识别"有机结合，提出了新的语义、句法模式识别方法。

在应用领域，该方法后来成为"汉王"核心技术的理论基础，荣获国家科学技术进步一等奖。汉王和科大讯飞两家上市公司，后来成为"863计划"孕育出来的重要的产学研成果。

对王仁华来说，这和他在美国考察DARPA（见第四章第四节）的判断一致。他当然要极力争取将这一"评测中心"放到中国科学技术大学来。他先是找学校，争取到卞祖和副校长的支持，中国科学技术大学答应他"给地方、给经费"。这份支持当年来之不易，他用"力排众议"来形容它。

去北京，他则找的是中国科学院计算所李国杰（"863计划"306项目由中国科学院计算所承接）。李国杰是中科大校友，1978年8月恢复研究生招生后，李国杰是第一批中国科学技术大学研究生，并拿到工学硕士。李国杰在中国科学技术大学念书时，王仁华已经是老师了。1987年，李国杰从美国回国，进入中国科学院计算所。当年，李国杰任国家智能计算机研究开发中心主任，不久以后成为"863计划"智能机专家组副组长。对于王仁华的想法，李国杰表示支持。

于是，1992年8月，王仁华提笔撰写了一份报告。

关于建立"语音识别评测中心"的报告

一、背景

语音识别是发展人机语音通信和新一代智能计算机的重要组成部分。近年来，语音识别研究在国内外受到了普遍重视，并取得了重大进展。

与此同时，随着理论研究和识别系统实用化的不断深入，建立汉语语音识别数据库和识别系统评价标准与方法的需求日益迫切。鉴于这项工作的重要性和迫切性，我国"863计划"在国内最早支持建立语音样本库和进行语音识别系统实际评价工作，由国家科委和"863计划"组织的一年一度的"汉字、语音识别系统评比和研讨会"在国内影响极大，客观上对我国语音识别的发展起着重大的导向作用。

为了使这项工作能够更加系统科学地开展下去，根据前几年的实践经验，国家高技术智能计算机系统责任专家、学部委员戴汝为同志建议设立一个专门的评测中心机构来开展此项工作，国家科委有关同志也表示赞同。

由于中国科学技术大学语言通讯课题组主持了国家科委1991年6月在北京、1992年6月在深圳举行的语音识别系统评测会，承担"863计划"中的汉语语音样本库及中国科学院"八五"重大项目"汉语人机对话系统工程"中有关语音数据库和测评评定工作，因此将是筹建评测中心最有条件的单位。

考虑到建立这样的一个测试中心将在国内外产生很大影响，对国内外开展汉语语音识别有重要的导向作用，同时对于开展语言通信相关的学科有积极的推动意义，因此中科大领导十分支持这项工作，并表示愿意和"863计划"共同承担所需费用，以促成此事。

二、目标

1. 建立国家级的语音识别测试中心。
2. 为国内外汉语语音识别研究提供标准的汉语语音样本库。
3. 研究提出汉语语音识别系统性能评价标准和方法。
4. 建立标准的自动测试系统，能够科学、客观地开展各种语音识别系统的性能评定工作。

5. 为国家和"863计划"制定语音识别发展方针提供必要的参考数据，也为语音识别的产业化工作提供有关技术鉴定指标。

6. 创造进行高水平人机语声通信研究及开发的环境，加快语音识别产业化进程，建立培养有关学科领域优秀人才的环境。

三、规划和预算

1. 测试中心建在合肥中国科学技术大学，包括录音室、控制室、测试室（2个），约需120平方米，为保证良好的测试环境，选址应尽量远离各种噪声源（房子由中科大解决）。

2. 建立中心的经费预算为50万元，拟由"863计划"资助25万元，中科大资助25万元。

3. 人员除了原无线电系通信实验同志（4人），初步计划中尚需增加2至3名青年教员及实验员。

4. 实验室维持经费由中心通过申请国家科研项目、开发产品及从收取的测试费中自行解决。此外还应积极创收，争取让"863计划"和中科大有一定比例的回收。

中国科学技术大学　六系　王仁华
1992年8月10日
(《关于建立"语音识别评测中心"的报告》王仁华)

王仁华后来反复强调："这份报告对于实验室来说十分重要，也是我音路历程中很关键的一步。"

如果说"七五"计划（指1986年至1990年）初期，王仁华和中国科学技术大学语音实验室在国内还是名不见经传，那么从"八五"计划（1991年至1995年）开始，它在国内已经有了一定的学术地位和影响，各项成果大多处于国内先进或领先水平，并从1990年开始承担863课题。此外，实验室在国际上也打开局面，跻身国际先进行列。

换句话说，中国科学技术大学语音实验室在1992年这个节点上亟需拥有一个资源更丰沛的科研机制和一个站位更高的平台来支撑其发展。在中国，有一个重要的科研要素被称为"牌子"——王仁华要打造一个拥有"国字号"背书的语音实验室。

一个"国家级的语音识别评测中心"，抑或是一块"牌子"，是王仁华十年布局的结果，是顺理成章的，但也只是一个"名"而已。在整件事情中，他思考和关注更多的是这个"名"背后的东西——实验室的远景是什么，又面临怎样的障碍，如何突破这些障碍？

> 我的报告打上去之后，原来商定的实验室名字为：中国科学技术大学和国家智能计算机研究开发中心双重领导的"人机语音通信评测实验室"。
>
> 我这时候做了一件事，把它给偷偷改了，改成了"人机语音通信研究评测实验室"。跟之前相比，就加了两个字："研究"。
>
> 别看差这两个字，起了本质的变化。原来只是一个评测的机构，这一改之后可理解为"人机语音通信的研究及评测"的实验室，或至少是研究和执行评测的实验室。这样实验室的研究范围更大，更灵活、更上档次了。
>
> 我当时的想法是，我不管别人怎么理解，反正我就是要改成这个名字，几乎也没人反对——我不知道是领导没有发现还是默认了，蒙混过关了。
>
> 总结一下我们这个实验室的特点：第一点，我们实验室是由两家共同领导的；第二点，主要任务目标里包括语音识别、语音合成，各种变化我们都可以做，我们什么都可以研究；第三点，目标里面的第六条里讲，"加快语音识别产业化的进程"，我们还要推动产业化。这就是我们实验室的三个最重要的特点。
>
> （王仁华）

王仁华说的三条，第一条代表空间；第二条代表方向；第三条则是他隐约感受到的远方。这三条字字千金，但当年没有多少人能看得懂。

1993年，在863智能计算机专家组的支持下，中国科学技术大学和国家智能计算机研究开发中心双重领导的"人机语音通信研究评测实验室"正式成立。

这令王仁华百感交集。这一年，王仁华刚满五十岁。

二十世纪八十年代是一个思想启蒙的年代，也是一个剧变的年代。"科学技术是第一生产力"的战略论断鼓舞人心；但客观来说，这同样是一个白糖和螺纹钢、"万元户"和茶叶蛋、理想气质和批判精神分头并进的时代。

1984年，联想、希望、北大方正在中关村起步。它们的举动搞活了中关村，震动了全国的知识分子。这些公司把一些科技新成果变成小的商品，或者把国外先进技术引进来形成商品，推动了各行各业对计算机的需要。同时，它们的出现也打乱了旧的科研秩序，对中国科学院传统院所产生很大冲击。

1985年3月13日，中共中央做出《关于科学技术体制改革的决定》（简称《决定》）。《决定》指出：现代科学技术是新的社会生产力中最活跃的和决定性的因素。全党必须高度重视并充分发挥科学技术的巨大作用。

当时科学技术体制改革的主要内容是：在运行机制方面，要改革拨款制度，开拓技术市场，克服单纯依靠行政手段管理科学技术工作，国家包得过多、统得过死的弊病；在对国家重点项目实行计划管理的同时，运用经济杠杆和市场调节，使科学技术机构具有自我发展的能力和自动为经济建设服务的活力；在组织结构方面，要改变过多的研究机构与企业相分离，研究、设计、教育、生产脱节，军民、部门、地区分割的状况；在人事制度方面，要克服"左"的影响，扭转对科学技术人员限制过多、人才不能合理流动、智力劳动得不到应有的尊重的局面，创造人才辈出、人尽其才的良好环境。

《决定》指明了改革的目标和方向，正式提出科学技术要面向经济的主战场。

如何平衡市场和科研，是每一个传统体制内的科技工作者都要面对的问题。

国家要在五年左右的时间里逐渐减少对科研院所的拨款，这个决定一公布，不少人思想波动、心情黯淡、情绪低落，有人形容"科技的冬天来临了"。

与此同时，大量的科研成果找不到出路，企业倒是急切地需要技术。一时间，"星期六工程师"这个时代的新名词应运而生。"星期六工程师"基本上是"地下工作者"，他们实际上是中国科技军团与中国经济进行接触的尖兵。

如此纷乱的局面中，王仁华清醒异常。他笃信"发展才是硬道理"。静心笃志、甘坐"冷板凳"，肯下"数十年磨一剑"的苦功夫，沉住气瞄准世界一流，解决实际问题，把创新主动权、发展主动权牢牢掌握在自己手中。

另外，他并不排斥市场，反而怀抱开放态度，耐心等待。只是他的初心是以科学服务社会，而不是单纯赚钱。这也使得王仁华有机会看透时代的表象，获得一种内心视力。

在整个20世纪80年代，王仁华从语音编码起步，逐步过渡到语音合成，在无人问津中甘做"后勤工作"，搭建语音数据库，并逐步布局语音评测，成为这一学科的奠基人之一。当年他从美国归来要打造中国贝尔实验室的万丈雄心，并未磨灭，反而日渐清晰。

第五章
Chapter 5

实验室风云

> 教练是不能代替球员上场踢球的。教练是什么？第一，平时训练队员、培养队员；第二，比赛时，他是指挥者、布局者，不是运动员。
>
> （王仁华）

第一节　王仁华道歉

1985年，王仁华的中国科学技术大学语音实验室成立。中国科学技术大学东区图书馆南边有两栋楼，都是最早的合肥师范学院留下的。实验室就在图书馆正对的那栋楼里。王仁华的学生江辉（PB8706，加拿大约克大学终身教授）形容那栋楼"黑不溜秋"。一进门左手边有两扇门，分别通向两个实验室，一个是信号处理实验室，另一个就是语音实验室。

1985年，语言通信实验室早期成员合影

实验室是一大间，大约有六十平方米，进门的地方必须换鞋，从外到内，被分隔成三个小间。

第一个小间摆着几台计算机；走几步，又隔一小间。但是，越往里走，桌上的计算机配置越好。

最里面是一个录音室。录音室贴着隔音材料，有个玻璃窗可以看进去。王仁华从日本弄过来的设备摆在这里。

虽然面积不大，但是实验室干净整洁，所有东西也都井井有条，地板是无尘的，而且房间装修时也垫高了。江辉形容它"像机房一样干净"。

刘一飞后来说："王老师是上海人，那种品位是直接影响我的。我就认为王老师、夏老师的东西就是最好的。我们实验室的人也很自豪，因为中科大有的实验室脏乱差，但语音实验室就是比别人的好。"

1982年，中国科学技术大学申请建西校区。西校区也是中国科学技术大学标志性建筑——主图书馆及国家同步辐射实验室的所在地。1991年12月6日下午，国家同步辐射实验室工程验收通过。时任全国人大常委会副委员长、中国科学院院士、中国科学技术大学的老校长严济慈专门到会场祝贺工程通过国家验收。因为大雪纷飞，积雪较深，严济慈乘坐的汽车无法开进会场，他只能坐在轮椅上被抬到会场，中科大人纷纷起立鼓掌致敬。

1992年，中国科学技术大学同意成立中国科学技术大学和国家智能计算机研究开发中心双重领导的"人机语音通信研究评测"实验室（见第四章第五节）。王仁华打报告要求解决120平方米场地问题，最终六系同意出借西区电三楼72平方米。

因此，王仁华的语音实验室在1993年前后搬至西校区电三楼。在中国科学技术大学，如今的信息技术学院和计算机科学与技术学院占据电二楼和电三楼，是当之无愧的西区C位。

电二楼和电三楼是独立的两栋楼，中间由连廊连接。电二楼没有电梯，电三楼配备电梯，因此想去电二楼高层又不想爬楼的人，都会从电三楼绕一下。电三楼是六系（电子工程与信息科学系）系楼。当年六系行政办公室和实验室皆"盘踞"于此。王仁华的语音实验室位于一楼西侧，一间大屋子，一头有两间办公室。

不同时期的学生对电三楼的语音实验室有不同的印象。李锦宇（PB9206，现任美国微软Partner Applied Scientist）对实验室的书橱印象深刻，书橱里放着各种各样的有关ICASSP（International Conference on Acoustics，Speech and Signal Processing，国际声学、语音与信号处理会议）的论文集，还有一些比较著名的语音处理方面的书。这让他大呼过瘾。当年互联网刚开通，网速之慢以至于"网友上网"被调侃为"网虫在爬"。

李锦宇推测："那些书一定都是王老师开会背回来的。"

另外，实验室里有一间专门的小屋子，用来录语音。

进入二十一世纪，实验室人满为患，十分拥挤。刘聪（PB0106，现任讯飞研究院院长、语音与语言信息处理国家工程研究中心副主任）回忆，实验室分为左右两个区域。进门口有个过道，左手边偏工程和多媒体多模态；右手边则偏语音技术，一共二十多个位置，但根本不够坐。

刘聪刚去实验室时没位置，只能坐东南角一个临时位置，背后就是服务器。"一进实验室，就被服务器吵得头昏脑涨。"

凌震华（PB9606，现任中国科学技术大学教授、语音与语言信息处理国家工程研究中心副主任）说，那些服务器是 2001 年搭起来的。"做 HMM 训练时，复杂度已经很高了，单台机器不太好做，需要搭服务器集群。后来搭起来一套 DTM（分布式事务管理器），程序可以分散到各个服务器上跑。"

王仁华对从东区搬到西区记忆深刻。2016 年，他的学生们在上海召开了一次实验室全体会议，从语音实验室走出去的五十多个学生聚在一起，轮到王仁华发言时，他一上来就跟学生们道歉。

我觉得我当时在有些事情上对你们有点要求太苛刻了，我今天也有点不好意思，要跟你们道歉。

第一件事是大扫除。我们实验室一周搞一次研究生报告会，大家一起讨论，提意见。结束之后就是大扫除，每个人都在干。实验室那时候没有请人打扫。

本来我自己的房间我要自己扫，结果学生不让我干，他们都跑到我这里帮我扫。

后来我还问戴礼荣、杜俊和郭武，现在是不是还这样？他们笑笑说现在都是阿姨打扫。

第二件事就是搬家。我们那时候从东区搬到西区，在西区才建了正式的科大讯飞实验室。搬过去的时候经费比较紧张，原来东区实验室的旧录音棚废弃比较可惜，录音棚的材料需要保持混响时间。对房间的要求比较严格，这样录出来的语音才是比较纯的、能够做研究的。

当时我想来想去，最后跟这帮学生讲了这个要求——你们要帮我把录音棚拆下来，再装到西区去。

我最感到抱歉的是，录音棚贴的材料是一种玻璃纤维，玻璃纤维有个最大特点，碰到身上痒得不得了，所以他们几个学生叫苦连天。

干得最好的是傅前杰，我们都叫他"傅大侠"。你别看他大大咧咧的，但他很厉害，不想那么多，也不吭声，头都不包，一人拆了一半。我对他的印象深刻得不得了。我就说："傅大侠"就是不一样。

第三件事是切音。我们当时说搭建汉语语音库，录完音后要切分。我没有把这个事外包出去，好多人都跟我反映，说这是最乏味的事情。罗小强还跟我讲："王老师，我一看见这个就头疼，每天坐几个小时帮你切这个音。"

（注：语音分割是做语音库必备的基础工作，利用工具划分语音中句子、单词、音节等的边界。对于有效语音，对实际操作的要求很高，通常切分时间点与第一个音节的开始时间只相差几百甚至几十毫秒；对于无效语音，要打标签，比如噪声、背景音乐、音量过小等。对于自然语言处理，进行语音分割还要考虑语境、语法和语义。所以，这是一项耗时长且十分乏味的工作。）

王仁华的道歉是真诚的，也讲出了实验室初创的艰难。后来他又在多个场合表达同样的歉意。但是本着实验室自由讨论的传统，学生们后来也在多个场合讨论了王仁华的歉意。围绕这三件事，一群热情的工科生开始坐而论道，聊起当年实验室的文化，试图总结出几条共识。

"中国科学技术大学语音实验室须知"

第一条：每周大扫除具有一种开阔眼界的仪式感。王仁华培养人有一条规律，学生刚开始被选到实验室，开始就是"放羊"。把你选到实验室，并不是马上要给你任务，因为你要进入这个角色，要感受科研氛围，要开阔眼界。

每周的报告会对刚进实验室的同学而言，都是很神奇的。大家打扫卫生时都很期待，先听报告，打扫完卫生，干干净净坐在这。王老师再跟大家介绍国外文章进展等，这是每周大家很期待的活动。

第二条：挑水、"扫地僧"阶段是必然。搬家、切分音库都属此类。就像练太极拳，三个月的马步省不了。任何工作都是 99% 的枯燥 +1% 的幸福。刘庆峰担任科大讯飞董事长，还是要做很多比当年切音听音更枯燥、但又不得不做的事；罗小强或傅前杰现在只要工作，比当年切音、还枯燥的事情也得天天干。

第三条："感觉"是靠做大量基础工作习得的。年轻人在最有创意的年龄，不想花时间在那些事务性的工作上——像数据处理、资料查找的工作，可以把时间省出来，把更多的精力放在更有创意的事情上。

但基本训练必须要有，会给你带来最本质的"感觉"。高手过招，差之毫厘，谬以千里。如果对声音没有直观感觉，最后很难把语音合成或识别做好。大量切分音库就是找感觉。

大道至简，无招胜有招。独孤九剑的精妙之处是在年轻人离开实验室后才体悟出来的。刘庆峰（PB9006，现任科大讯飞董事长，语音及语言信息处理国家工程研究中心主任）就对切音很用心，体会颇多，也受益颇丰。

当时我切音最后到什么程度？

很多年以后我把孩子的幼儿园同学带到科大讯飞给他们讲了一课。一开始就给他们放语音，每个音节在电脑上的频谱图一打开，我就知道每个图片对应什么音节，频谱图对应什么语谱图也都了然于胸。

我周末经常到北京出差，去社科院语言所，用语谱图仪器去看每个声音，看声音"看出来"。那些是基础。不做切音就无法对语音有直接感觉。

科大讯飞后来成立了语音资源部，立志要把语音资源部做成业内最专业的资源部，不仅有切分工具，还有专业的播音专业的员工，还引入实验语音学。

按道理讲，科大讯飞已经不缺钱了，但切音工作还是没有外包。这是省不掉的基本功，也是非做不可的工作。

当然，现在拿着认知智能大模型写个 prompt（AI 提示词）。近年来在自然语言处理领域兴起的一种新范式，也被称为"预训练—提示—预测"）就自动切好了，那人对语音就没有感觉了。

深度学习浪潮来了之后，语音跟做图像结合，DNN（深度神经网络）跟 CNN（卷积神经网络）结合，语音跟图像一体化结合。科大讯飞能做好 CNN，和当年看语谱图、看语音包络图都是有关联的。

最近，我们说要提高讯飞研究院的科学家们的效率，很多人现在用人工智能工具做各种"调参（调整参数）"，用什么模型、什么参数效果最好？用数学方法、用逼近论，从大海捞针变成一个杯子里捞针，这实际上还是看基本功。

跟当年的切音一样，只不过实验的内容不一样。

做高水平研究，必然都有一个挑水、扫地僧的基础工作阶段。

（刘庆峰）

对于学生们对"道歉"的理解，王仁华其实早就明白。他后来说，当年让学生们切音是让他们体会语音信号本质的一些东西。"中科大这些学生，数理基础都好。很多人把声音变成数字以后才知道是怎么回事，但我们听的不是数字，我们听的是声音。"

这就是王仁华育人的方式，"润物细无声"。他绝不给你灌输理念，而是轻轻一点，让你自己悟。然后他站在一边，含笑不语。

刘庆峰还帮当年"埋怨"王仁华的师兄弟们解释："王老师，他们是难得跟您在一起吐个槽、撒个娇。"

王仁华笑一笑说："是的。"

他还能不懂？

第二节　教练的艺术

1985 年，何林顺（PB8504，现为注册国际投资分析师）进入中国科学技术大学近代物理系。一进校就考试，全校前三十名专门编为一班，和大名鼎鼎的中国科学技术大学少年班并为"00 班"。"00 班"先不分系，研究生再分系。

中科大本科要五年，比其他学校多一年。何林顺不服气："为什么我读五年，你只读四年，我们俩文凭最后都是本科？"他借一本《中国科学技术大学学生守则》，闭门寻找跳级秘籍，居然真找到一个可以钻的制度漏洞。但"跳级"的代价是别人每学期只修六门课，他却要修八门到九门课。

何林顺要读研，也有两个选择。一个是本系（近代物理系），出国容易；另一个是去六系（当年叫无线电系）。何林顺拿不定主意，索性六系和四系的课同时上。天纵奇才，这样他竟然还能兼顾跳级。

何林顺后来把两件事一起搞定：一是跳级成功，二是考上六系研究生，进入语音实验室。何林顺"00班"同班同学罗小强形容此举"不可思议"："何林顺是我见过的人中最聪明的。"

为什么选六系？何林顺后来说："在近代物理系做线路板使用手工画图，做完再去腐蚀。结果我到王老师这一看，都是用电脑画图的，感觉立刻就不一样，心想，还是这边牛一点。"

罗小强本在七系（地球与空间科学系），大三进入语音实验室。他本来想去数字信号处理实验室，结果实验室老师有点瞧不上他，认为本科生做不出东西来。他十分沮丧。

语音实验室就在隔壁，王仁华的反馈却完全不同：迫切希望本科生参与实验室科研工作。第一个任务就是让罗小强设计一个PCB板，罗小强就这样加入实验室。

唐涤飞（PB8806，原北京海天瑞声科技股份有限公司总经理）加入语音实验室则源于六系其他学生背后说王仁华"坏话"。具体来说，王仁华担任系副主任期间分了一间办公室，结果他"霸占"办公室当实验室用。唐涤飞听到这话后却有不同感觉。"那时候的科研条件很差。我本科时也在其他实验室待过，觉得没有王老师实验室这股劲儿，所以我愿意去王老师那。"

至少在六系，我是最早让研究生进实验室的。可能是因为我回国比较早，其他人当时还没有条件。

本科生进实验室也没什么（奇怪的）。那时候研究生少，我那时也带不了博士生。本科念五年的，四年级就可以当作研究生派上用场了。中国科学技术大学的本科生也挺能干，他们愿意来，就来了，没有人说不准、不允许。

那时候本科毕业论文做得最好的学生都跑到我这。为什么呢？其他的老师他们都看不上。我再差，也是美国留学回来的，而且我研究的内容也比较新。

（王仁华）

整个二十世纪八九十年代，中国科学技术大学一直引领中国高校的改革方向。据中国科学技术大学校史馆统计：自 1977 年恢复高考以来至 1992 年，有 131 名省级高考状元被中国科学技术大学录取。

1980 年，中国科学技术大学录取 16 个理科状元；

1982 年，中国科学技术大学录取 15 个理科状元。

按照当年全国行政区划（30 个省市自治区），一个学校录取的状元超过了全国理科状元的一半。

那个年代的中科大人都雄心勃勃，人人都想成为爱因斯坦、居里夫人，拿下一个诺贝尔奖。王仁华的语音实验室也可以用藏龙卧虎来形容。

和我差不多时候的，80 级、81 级、82 级学生，都有后来获得郭沫若奖学金的。806 邵敏是 1984 年郭沫若奖学金获得者；816 黎建宁是 1986 年郭沫若奖学金获得者；826 我（霍强）是 1987 年郭沫若奖学金获得者。

王老师招人有他的方式，简单来说，就是找最优秀的人。

就跟创始团队一样，招来的第一波人很重要。如果第一批招 A 类人才，才会把 A 类人才带进来；如果第一批是 B 类人才，A 类人才就进不来了。

邵敏是我的中学同桌。她考进中国科学技术大学少年班，所以高我两届。我考进中科大后，她觉得王老师实验室不错，就把我介绍进去。你可以看出它（这套方式）的威力。

（霍强）

罗小强在中科大就干过一件事。当年 Internet 还不存在，病毒主要通过软盘这种介质传播。毕业设计做完后，罗小强把 PC 的操作系统程序打印出来，可能有两三百页，再把宿舍的人分成组，每组管 1 到 100 页，分工协作把它读明白了。再有通过操作系统传播的病毒，就可以很快反汇编。

后来罗小强和关权芬就在语音实验室，写出了一个当时很好的清病毒程序。

当年做 DSP 卡，TM32010 只有整数运算，不支持浮点运算。何林顺写了一个程序库，硬是用软件来模拟浮点运算，居然基本实现了。

杨鉴后来总结：跟那些重视写论文的实验室相比，王仁华的语音实验室一直有两大传统，一是解决应用问题，二是重视底层。

当年设备差，很多东西都从底层做。现在做 DSP 只需选好卡，接着编程就能搞定。但当年实验室只有 DSP 芯片，必须先搞硬件，自己做一块板，要先做电路，用这个板让 DSP 跑起来。陈韬（PB8306）就是电路高手。

黎建宁（PB8106）是郭沫若奖学金获得者。杨鉴记得黎建宁硬是编程设计出了一个语音识别从训练到测试的全套程序。杨鉴当时被震惊了："这事没点功夫根本做不了。"

应陵（PB8806，华为上海研究所原副所长）是王仁华研究生里的第一个女生，她至今仍记得当时实验室高手如云。

咱们实验室的人气旺，男生很多。我是王老师的第一个女硕士研究生，但是也并非说我是女生就对我放低要求。这段经历对我后面的工作影响很大，我在工作岗位上从来不会觉得有性别差异，目标都是一致的，每个人都要发挥自己的优势，做到最好。

实验室牛人很多。我记得有一个师兄傅前杰，我们叫他傅大侠，他对科研非常痴迷，晚上实验室关门之后都要爬窗子进实验室摆弄计算机。有一次，我的系统编程编了一半，中午我就出去吃饭了。等我回来，发现我的系统已经改头换面了。傅师兄在旁边得意地看着我，说："你看看，是不是比你刚才那个漂亮多了。"他看不得我慢吞吞，就自己上手改了。

他们对我的影响非常大，让我始终努力做到最好，和优秀的人在一起确实能更优秀。

（应陵）

有时候，王仁华也亲自上阵。王仁华从日本带回来一台 286 计算机，软驱和国内软盘不相容。这台机器要跟其他机器通信，就需要串口。王仁华就坐下来自己编了个程序，编完之后一运行，两边通了。王仁华高兴坏了，感受到一种创造的快乐。

1996年，应陵、徐超、刘庆峰、郭武、宋彦、藤永生、戴礼荣在中科大西区

管理这样一群天赋超群、雄心勃勃的顶尖学生，王仁华有自己的哲学。一方面是受到国外教育的影响，另一方面则是他年少时参加足球队的参悟。

林平澜说："王老师掌握了一种教练的艺术"。

很多学生都有同感：王老师有一种厉害的本领——很自然地让每个学生都觉得自己优秀。

他们后来才恍然大悟："王老师总说我优秀，我就真的以为我很优秀，别的实验室也说我很优秀，最后我真的优秀。"

霍强把人生总结为两条经验，一条叫 inspire（启发思考、激励），另一条叫 trust（信任）。

凌震华本科第一次进实验室时，就被王仁华分配去跟李威和胡郁做大语料库语音合成。那是凌震华第一次见到一个 VC（Visual C++）的代码里有那么多 projects。

在此之前，凌震华最多也就做做编程实验、写点小程序，第一次看到实际系统才知道原来这么庞大,他当时很震惊,心里就一个念头:"我别把它给改坏了。"

比如做硬件,王老师是不管的,他让我们随便弄。因为一不小心就会把芯片烧坏,烧坏一片就要花钱。当年我们很穷,但王老师还是鼓励我们大胆去做。

他越对我们信任,我们就越小心。我们设计时千辛万苦,当合上电门的时候,一定要确保合上去烧坏芯片的概率最小。这得益于他对我们的信任,后来我也养成了小心的习惯。

(霍强)

很多事情王仁华都知道,但他就是假装不知道,而且永远不知道。

王仁华从来不管学生打游戏。语音实验室的386计算机有300兆硬盘,容量很大。何林顺有一次装游戏,一不小心把硬盘数据全抹了。他第一时间找师兄,因为师兄的东西存在硬盘里的最多。师兄说没事,他的东西存在硬盘里是占位置的,怕300兆被别人抢走了。

这事何林顺至今抱有侥幸心理。"我当时认为王老师肯定是不知道的,但理论上他是知道的。反正到现在为止,他没找过我,也可能还不知道。"

王仁华没找何林顺,可能是因为他一直严格要求所有数据都备份,早就防患于未然了。

还有一次,何林顺去帮别的实验室老师的公司到北京抢一个项目,结果对手竟然是六系老师,等于是帮"外人"打"自己人"。那位老师还是一位领导,这就尴尬了。后来那位老师找王仁华"告状"。王仁华都没找何林顺,而是找另外一个同学侧面了解情况,这事就算过去了。

"当时我觉得自己很厉害,现在感受到王老师的胸怀。"

实验室开放包容,因为王仁华认为维护内部自由说话的风气相当重要。实验室每周六上午都要开组会。每个人把最新的成果拿出来讲,听的人包括相关领域的老师和师兄弟。

学生们总有争论,王仁华乐见其成。比如李锦宇一般扮演"刺头"角色,吴晓如（SA9609，现任科大讯飞总裁）记得，别人一讲他就老在旁边叽叽歪歪。"他基础本来就好，每次轮到我讲就很担心，怕又在哪里被'逮住'了。"

魏思（PB9906，现任讯飞研究院首席科学家）本科进实验室，小毛孩一个，别人还在发言，他站起来就操着一口肥东普通话"开喷"。"博士在上面讲，本科生一般不敢插话。魏思才大四，一看就不是'善茬'。"

王仁华一般站在一边听，偶尔"点"一下，看似是说科研，实际上是说思维方法。

有一次，刘一飞要去组会上讲语音识别中特征参数的一种新提取方法，心里没什么底。王老师看出刘一飞紧张，趁刘一飞换鞋，讲了一句话："你不要指望你在研讨会上能得到什么特别有价值的建议，因为在这个领域你已经研究得很透了。"刘一飞一下子就放松了。

这句话影响刘一飞一生。"当时让我放松的是后半句，但让我受益终身的却是前半句。我后来去深圳创业，面对各种各样的评价，你怎么做选择？得把这件事搞透。搞透了，别人说什么就没价值了。"

林平澜在实验室碰到任何困难去找王仁华，王仁华都不直接告诉他答案。王仁华会问："你觉得要怎么办？""这个事情你看要怎么处理？"两句话都是王仁华的口头禅。

一听王仁华说出这两句，学生马上就要进入高速运转状态，赶紧想这个事该怎么处理。一琢磨，"方法二"就蹦出来了。

何林顺后来做程序化交易，投资瞬息万变，策略很快失效，"方法二"是他的杀手锏。很多年以后，王仁华去深圳大学开会，何林顺开车送王仁华去机场。时间有点紧，路上有点堵，老师又坐在旁边，何林顺条件反射就要换路"抄近道"。王仁华笑他：这么多年你还是老在想"方法二"。

王老师和一直在国内当老师的人是有差别的。他从不直接跟你说要做什么，更多的是给出指导性的、方向性的、开放式的建议。我的研究方向，他就认为是探讨性的，能不能行他不清楚，他就真诚地把自己的想法告诉你。你去把这个方向研究透，然后看行还是不行。他讲的是一个未知的方向，用开放的思维去引导，所以那是一个很利于科研的环境。

（刘一飞）

中国球员杨晨被问及为什么世界名帅里皮在中国会失败时说："里皮失败的原因在于，他用要求欧洲球员的方法要求中国球员。"

他进一步解释："国外的教练一般都认为，我只要把方向告诉你，下面就是你的事了，但是中国球员就不行。中国球员从小受到的教育是，教练让你这么做，你必须这么做。"

从这个角度看，王仁华更像一位外教，整个语音实验室就是他的球队。他要跟踪世界足球发展潮流，建立球队战术风格，补齐各位置短板，发掘新球员，处理各种球员转会事宜，还要在更衣室里树立权威。

关于这种"教练的艺术"，王仁华自己总结为一句话：

"教练是不能代替球员上场踢球的。教练是什么？第一，平时训练队员、培养队员；第二，比赛时，他是指挥者、布局者，而不是运动员。"

第三节　实验室领导力法则

作为实验室的领导者，指挥和布局是王仁华的强项。王仁华并非甩手掌柜，相反，他管三件事：紧盯国际前沿、选人和定规矩。

他的学生鄢志杰对王老师的战略能力深有感触。

王老师的每一步，背后都有很深的战略性思考，我深有感触。

每一步做什么，这一步不纠结什么，是非常明显的。

比如说，早期科大讯飞也是代理Nuance的一个很大的集成商。现在我工作很多年，从做研究，到做产品、做商业化，更看清当初为什么如此选择。这就是战略选择：先发展什么，后发展什么，在哪个阶段不纠结什么。（见第八章）

（鄢志杰）

由于实验室长期在人机语音通信的前沿领域开展研究，王仁华一直积极参加国际交流与合作。国际上一些好用的新东西，王仁华总是想方设法搞到实验室里。

何良（PB7806）是第一个进语音实验室做本科毕业论文的学生，王仁华称他是"实验室开创语音识别第一人"。何良从中国科学院电子所硕士毕业后去了美国 SUN 公司。1996 年，美国 SUN 公司启动全球大学合作计划。何良第一时间把这一消息告诉王仁华，协助王仁华在申请过程中与各方沟通。

后来，语音实验室成功竞争到这一合作计划，参与开发语音处理程序。更重要的是，借助这一合作计划，实验室获得一台 UnraSPARC-1 及有关软件。

王仁华后来评价："这台设备的到来，代表实验室在人机语音通信和多媒体可视通信方面的研究提高了一个档次，甚至对提高中国科学技术大学信息学科相关领域的教学和研究水平也起着重要作用。"

王仁华还一直与美国 ANALOG DEVICES 公司长期合作开发 ADSP 技术，在单片 ADSP2181 上实现 G.723.1 语音编码，达到了国际先进水平，受到国内外普遍重视和好评。

1996 年，ANALOG DEVICES 公司胡帆到访实验室

中国科学技术大学语音实验室是在国内第一个引入 ADSP2081 和 ADS21060 等开发工具的语音实验室。各种先进开发工具的引入使得实验室 DSP 研究与开发水平大大提高，有效缩小了与国际先进水平的差距，实验室在当时国内处于

领先地位。

美国 SUN 公司的全球大学合作计划，何良帮我们讲了很多好话；如果他不打电话给我，我哪里知道这件事？

这个计划的核心就是设备，那些设备很先进。首先你要能加入这个计划，有了设备，我们就能够做一些运算量大的事情，包括信号处理方面比较高阶一点的运算。这个条件一下就不一样了。

科研就是这样：你想做一件事，先要有设备来匹配这件事，没这些设备你就得靠边站。

AD（Analog Devices）公司做芯片很厉害。它的芯片加上接口，就可以做语音编码，我们的算法很多可以实现。

实验室和 AD 公司合作以后，AD 公司派了胡帆和实验室合作开发 ADSP。后来我们首次在定点数字信号处理芯片 ADSP-2115/2118 上实现了 ITU-T G.723.1 双倍速的语音解码器，并同时支持语音检测和解码端柔与噪声插入，受到 AD 公司高度评价。我们的这些算法后来都用在 AD 公司产品里，有这样的算法，它就可以去开发很多语音传输设备。

这里有一个故事。

跟 AD 公司合作的学生叫徐超（PB8906），徐超在我这念硕士，他比庆峰高一届。有一次我正好出差了，AD 公司的胡帆在上海参加展览会，突然打电话让徐超第二天一早到上海参展，那个展览会对他们十分重要。但当时买不到火车票了，胡帆就让徐超打车去上海。夏老师不干，说太危险。她让实验室的学生去合肥火车站买黄牛票，坐特快火车过去。最后及时赶到，成功做了演示。

结果徐超毕业后就被 AD 公司挖走了，后来听说他跟人合伙开公司，公司还上市了。

（王仁华）

剑桥大学的 HTK（隐马尔可夫模型工具包，一套开源语音识别研究工具），中国科学技术大学语音实验室很早就有，由王仁华花三万元购得。

2001 年前后，王仁华又从日本带回来两样好东西。一个叫 Chicago GPS，给了吴义坚（PB9600，上海元趣科技信息技术有限公司创始人）；另一个叫 Straight 声码器，给了凌震华。凌震华最早开始研究 Straight 声码器时，代码还没有公开，是王仁华找日本的老师要来的。"代码写得跟天书一样。"

很快，凌震华领悟到了王仁华的技术洞察力。"从 2000 年开始，语音合成的趋势就在变，从依赖语音学知识和专家经验转向机器学习。HMM 也开始用于语音合成了。所以我说，王老师一定是看到了前沿。这个不服不行。"

吴义坚则回忆："当时语音合成最流行的是基于语料库拼接的技术，但这其实是上一代技术了。王老师给我定的方向就是当时最前沿的基于参数统计机器学习的方法。这一块在国际上还处于萌芽期，王老师高瞻远瞩，看好这项技术。他把我放在这个位置，还给我创造去日本研究室做交流的机会。这个方向也是我后来的博士课题。"

定下方向后，王仁华总是能找到最合适的人。魏思后来担任讯飞研究院副院长，他认为王老师在选人上一定倾注心力。

第一，知人善用，各个组的负责人选得特别好。

语音识别组的李锦宇和鄢志杰选得好。李锦宇前期把事情开创出来，从头到尾做起来；鄢志杰又把系统搞定，最后上线了。识别组这一路走来非常难。

语音评测，王老师觉得这个事情要搞，交给我做，从功能和最终落地角度看还算可以。

语音合成，由刘总（刘庆峰）、吴义坚、凌总（凌震华）完成，没有一个拿出来不是顶呱呱的，全都是能立得住的人。这样的团队人选，把这种"舍我其谁"的感觉表现出来。

这里就能看出王老师知人善任，谁挑头、谁定方向，能让我们每个人觉得这个事情我们能做到最好。

第二，我觉得王老师的洞察力和前瞻力特别强。

这个真不是说有就有的。我自己觉得我最强的是洞察力和执行力，这是跟王老师学的。王老师选的几个方向，几乎没有一个是错的，这是很难的。

第三，王老师是在真正培养人。不是所有老师都能真正培养人的。我们实验室培养出多少人？这些人里有70%要走，王老师并没有因为他们要走，就不培养他们了。

第四，王老师为人处世正直。这是一脉相承的，如果你不正直，很多事情会被你带歪。当你去想做这个事情对自己有什么好处时，事情就肯定做不成。

（魏思）

包括我们这些学生，哪些学生做什么技术，王老师是有他的思考的。

当时合成已经做得很好了，但识别还不行。王老师就借助李锦宇回讯飞研究院，马上就把语音识别给建立起来，再让搞语音识别的学生去微软亚洲研究院学习。

我当时只是学生，一切听安排。现在再想起来，我认为王老师很早就已经把所有事情都想好了。

（鄢志杰）

当然，王仁华的实验室也并非"放羊"式管理。即使在条件最艰苦的时代，学生们也说它"运转得井井有条"。

学生们回忆：在实验室里，王仁华是很威严的。实验室如果谁的活没干好，那看到王仁华"躲都躲不过去"；但是如果活干好了，又特别希望王老师来讲几句。

在学术上，王仁华对学生要求异常严格。魏思在实验室的能力被公认很强，但王仁华依然不放过他："你论文写成这样，这地方还有这种错？"魏思就辩解，说自己不擅长写项目申请、报奖之类的内容。但王仁华不给他退路："你一定要搞，不搞怎么行？别人是怎么搞的，我拿给你看一下。"

鄢志杰至今记得，中国科学技术大学语音实验室是要打卡的，这在整个六系都是异类。

"放羊"的培养方法和"公司化"的培养方法是不一样的。我们星期六上午必须来实验室，这是实验室管理很严格的一部分。

学生可能觉得受约束。但我不得不说，管理上王老师很有一套。

第一，也不能总是照顾学生想法，学生是会造反的。

第二，王老师配套了激励措施。比如暑假期间要研究或学习，就会有中午跟晚上的加班餐，都是王老师出钱。其实那个时候是很快乐的，中午就在西区食堂吃，晚上就到黄山路的小餐馆吃。选个时间，一边吃饭一边把六点体育新闻看了。点个两桌菜，实际上是男生居多，基本上肉菜一上来就秒光。学生不觉得有多累，乐此不疲。我觉得加班餐这件事情是王老师非常有意思的管理方法。

第三，王老师是不安排"大锅饭"的。每到月末的时候，组会之后王老师会发研究补助，这是大家最开心的时候。

我记得没错的话，那个年代大概600元是基准线。如果这个月你研究或实验做得比较好的话，会加50元或100元。王老师激励这些学生，大家会很开心。

也就是说，近期工作出色是有回报的。

这件事情的艺术就在于有时候多50元，有时候少50元。所以你会觉得工作受到认可，下个月再继续好好干，会有被激励的感觉。

实话实说，我们实验室在研究条件上，对学生各方面的补助及设备环境都是蛮不错的。我记得我们是电三楼里边第一批换上液晶显示器的实验室。

（鄢志杰）

第四节　功夫在诗外

二十世纪八九十年代留学的大风就是从中国科学技术大学刮起来的。罗小强说，那个时代人人想出国，差别就在于愿不愿意脱层皮背单词，去考托福和GRE。

在这种巨大的时代浪潮面前，王仁华是无能为力的。

2002年，王仁华在中国科学技术大学信息学院的一次内部访谈中说，他不鼓励研究生一入学就只想着去考GRE、考托福。做研究就要心无旁骛，打好坚实基础。但是在博士阶段，他会极力支持并帮助学生出国。

在这一点上，王仁华言行一致。

王仁华的语音实验室大神云集。早期学生中，霍强去了香港大学；罗小强去了美国约翰斯·霍普金斯大学；傅前杰去美国继续研究耳蜗；江辉则去了东京大学。

王仁华与学生在实验室

1995年之后，各方面条件更加成熟。王仁华让实验室博士生"走出实验室"已经成为常态。短则几个月，长则一年，凌震华、王智国（PB9309，安徽聆思智能科技有限公司总裁，曾任讯飞研究院执行院长）、魏思、鄢志杰、刘聪等人都被王仁华安排出去学习交流过。

> 我就很幸运被王老师派去微软亚洲研究院，跟着宋歌平老师的研究组做研究，那个时候我才真正知道了什么是研究，知道了世界上其他国家的研究是怎么做的。我在微软亚洲研究院待了快一年的时间，大大开阔了眼界。
>
> （鄢志杰）

我第一次去美国是2006年，去了匹兹堡。

那次是我们实验室参加语音合成比赛Blizzard Challenge，获得了冠军，之后有一个研讨会。我当时的感觉是，如果你把一件事做出色，大家都会关注和认可你。

这也给我机会去接触国际学术圈。

出国交流，王老师本来安排我去日本。但我正好知道有个机会可以去英国爱丁堡大学，爱丁堡大学有一个 CSTR（Centre for Speech Technology Research，语音技术研究中心），在语音领域是非常知名的国际机构。早期，其曾做过一个很有名的英文语音合成系统，叫作 Festival（音），是一个开源系统，很多公司的早期研究都基于 Festival。

王老师非常支持我去申请这个项目。因为有参加 Blizzard Challenge 的经历，我通过了审核。爱丁堡大学的半年交流经历让我丰富了科研维度、开阔了眼界，也开始更深入地思考。

（凌震华）

在培养学生方面，王仁华不遗余力，但和有些教授的出发点不同。

我知道有的教授恨不得把学生留在身边，让他们多写几篇文章，不肯放他们走，闹翻的情况很多。

但我觉得想做好事业，做好研究，可能要有一个比较开放的心态，格局高一点，不要老看着自己的一小块利益。

霍强是我借杨衍明教授之名招的第一个博士。霍强后来要去香港，我支持他。走的时候，我差不多就知道他去了以后不会再回来。博士毕业以后，霍强就在 ATR（国际先端通信技术研究所）工作了一段时间，后来又到微软。

江辉硕士毕业后想到东京大学念博士，那时候我也支持他。因为我们和东京大学是合作关系，我还跟广濑启吉打招呼，把江辉送过去。江辉念完博士也没回来，去了日本 ATR，去了贝尔实验室，后来去加拿大约克大学。

我的学生中，送走之后不回来的情况很多。

当然，也有回来的，胡郁就回来了。胡郁要去香港大学给霍强做研究助理，霍强跟我讲，他愿意带胡郁，但是要出钱。

记得我跟庆峰商量，我们是不是要出钱把胡郁送过去？后来我们商量好，意见是一致的。我们要看远一点，就出这个钱，大概二十万元。

后来霍强给我打电话，他说，王老师你怎么敢把胡郁送到香港？你不怕他跑掉？我当时就回答霍强：第一，我跟庆峰都相信胡郁会回来；第二，如果胡郁不回来，我们也认了。这都有可能。

但是你对这个人要有基本信任，如果他真有其他原因不回来，也没关系，我就交这么一个朋友，我还有个这么好的学生。

当然反过来，也有当初我坚信会回来，但是最后走掉的。

我现在回过头来想，江辉后来就愿意跟科大讯飞合作，因为当初大家没翻过脸，保持很友好的关系。后来他一直帮助科大讯飞。霍强对科大讯飞也还可以，你们去他那里，他对你们是很好的。

罗小强、李锦宇……这些都是我当初打算花很大力气培养的人才，结果没能把他们留下来，我也从来没跟他们翻过脸，将来我们还有打交道的日子。

我觉得这一条我没做错。

（王仁华）

李锦宇是王仁华口中想留但没能留下的人。当年，李锦宇读完硕士去 Intel 研究院，接着回讯飞研究院，两年后又去佐治亚理工学院读博士。多年以后，李锦宇仍然感念王老师。

现在回头总结，我能明白王老师为什么能够成功。

第一个特质，他对学生真是非常关心，一心为学生好。

当时实验室慢慢壮大以后，博士生多了，王老师真的是把每一个博士生努力送出去，让他们到外面去交流。

看起来好像是很简单的事情，但做起来并不容易。王老师实际上在成立实验室初期就这么做了，那就更不容易。

很多老师希望学生留在身边，按照自己的想法协助自己做项目；王老师和他们不一样。王老师希望学生出去一两年学习新本领和新技术，这样学生未来发展能更好；这些学生如果回来，就能给实验室带来很多东西，实验室的研究领域也会越来越大，水平越来越高。这就是我认为王老师比别的教授做得好的地方——

他其实更有远见。

第二个特质,王老师能够顶住压力把事情做好。

科大讯飞刚成立的时候,学校里有些老师是有想法的,他们认为教授应该带学生,为什么要开公司?当时王老师的压力是非常大的。

但是王老师顶住压力,他知道理科教授和工科教授不一样。理科教授静下来做研究,把公式推得漂亮,证明一些东西;工科产学研应该是结合的,有了好的技术,最后应该落地。

所以王老师看到了方向,比别人看得远,他能顶住这个压力,把科大讯飞发展起来,这是非常不容易的。

(李锦宇)

如果仔细梳理霍强的经历(见"霍强留学经历"),在1990年赴港后,"走掉的人"霍强和实验室似乎就再无交集;但如果把实际情况列出,却并非如此。

1992年,杨鉴赴港大访问进修,与霍强共住八平方米宿舍,两人上下铺,周末买米做饭,霍强做饭,杨鉴洗碗。手艺好的杨鉴还常常替霍强理发,两人结下深厚友谊。

1995年,江辉在日本东京大学读博士时,霍强正在ATR研究所。两个人又从师兄弟变成研究伙伴,虽见面不多,但邮件不断。两人在语音识别领域合作,文章也一起署名。

1998年在新加坡举行的国际汉语口语处理研讨会(ISCSL)上,邓力和霍强一起选出两篇最佳学生论文奖,其中一篇给了刘庆峰。

葛勇和胡郁曾先后去香港大学跟随霍强学习。

即使到了2008年,鄢志杰加入微软亚洲研究院,依然和霍强一起工作过。

1987年,霍强获得郭沫若奖学金,踌躇满志。但是那一年因为种种原因,中国科学技术大学学生出国的路并不顺畅。于是,霍强考取浙江大学的硕士研究生。

本科时,霍强经高中同学邵敏介绍加入了中国科学技术大学语音实验室。霍强的聪慧和不拘一格，让王仁华印象深刻。

1989年，中国科学技术大学语音实验室和香港大学陈础坚教授的实验室合作，其中有一项就是联合培养博士生。陈础坚希望王仁华给他推荐一个优秀的学生，王仁华想到了霍强。

于是，霍强回到中国科学技术大学读博士，那时候王仁华还无法招博士，便将霍强挂在四系杨衍明教授名下。

霍强1990年成功赴港，在MCE（最小分类误差训练）方向有了重要成果。博士毕业后，霍强被邀请到日本京都ATR音声翻译通信研究所工作（ATR被誉为日本的贝尔实验室），于1995年至1997年在ATR工作三年。

1998年，霍强被邀请回香港大学任教，继承陈础坚衣钵。

2007年，霍强加入微软亚洲研究院，被聘为首席研究员。

（霍强留学经历）

王仁华说："我们以后还要打交道。"正是如此。青春岁月曾在同一屋檐下战斗过，组会一同争论过，代码一起写过，游戏一起通关过，电三楼一起熬夜过，黄山路一起醉过。这份共同记忆难以磨灭。

霍强后来成为微软亚洲研究院任首席研究员；李锦宇是美国微软的Partner应用科学家和技术主管；鄢志杰是阿里巴巴iDST语音组总监；江辉是加拿大约克大学终身教授；凌震华是中国科学技术大学教授；吴义坚、刘一飞、关权芬、何林顺、林平澜等人都选择了自主创业。

在内心深处，王仁华希望他们每个人都能找到适合自己的方向，尽可能发展到最好。

2016年，载入实验室史册的那次"实验室全体会议"（见第十一章第三节），吴义坚和赖伟（PB9606，和吴义坚一起创立元趣科技）都来参加了。王仁华见到他们特别高兴，询问他们公司的情况。鄢志杰因为临时有事，让自己的两个从中科大毕业的同事前来参会。王仁华特意告诉鄢志杰的同事："回去带个话，让鄢志杰不要有想法，我为他的成就自豪，希望他能取得更大的成功。"

第六章
Chapter 6

横空出世

1995 年的 863 语音合成评测一结束，负责测评的专家组长、声学所张家騄马上找刘庆峰，让他去办公室，劈头就问："你们是怎么做到的？"

第一节　高文的"先斩后奏"

1992年10月，高文入选国家"863计划"信息领域智能计算机主题专家组，并担任智能计算机接口领域的责任专家。

1993年，全国语音识别与合成研讨会在中国科学技术大学召开。王仁华提出的"试用播音员录音的基音片段加处理"的语音合成方法引起高文的注意。

王仁华从20世纪90年代开始深耕语音合成领域。

因为做了多年"后勤工作"，中国科学技术大学语音实验室积累了大量播音员录音数据。王仁华开始尝试从语音库中挑选合适的单元，拼接得到合成语音，并保持高质量原始声音。这一尝试在当时符合世界潮流。

语音合成，又称文语转换（Text to Speech，TTS）技术，是用人工的方式模拟人声，从而将任意文字信息转化为语音。

1939年，贝尔实验室H. 杜德利（H. Dudley）利用共振峰原理制作的语音合成器是历史上第一台电子合成器；

1960年，瑞典语言学家G.Fant提出用线性预测编码（LPC）作为语音合成分析技术，推动了语音合成的发展；

1980年，D. 克拉特（D. Klatt）设计出串/并联混合型共振峰合成器，其可以模拟不同的嗓音；

20世纪90年代，随着计算和存储能力大幅度提升，基于大语料库的单元挑选与波形拼接合成方法出现，可以合成高质量的自然人语音。

（20世纪90年代前的语音合成概况）

当时，"863计划"的决策机制是专家决策机制。项目指南的讨论定稿经专家组开会集体决定，在此之前责任专家要征求同行专家意见。项目指南发布申请提交过程结束之后，评审、立项等过程也都由专家集体决定，行政干预极少。这样一来，就保证了科学研究的纯粹性、专业性。

另外，"863计划"还保留了灵活机制，缩短了项目审批周期，让很多领域的课题研究可以很快落实。

当年，每位责任专家每年有20万元项目资助经费可以"先斩后奏"，即遇到好的课题和团队时，可以先答应给其项目资助，等其课题任务书提交后再在专家组全体会议上报告并得到正式认可。

1993年，高文决定"先斩后奏"，用20万元资助王仁华从事语音合成相关研究。

1993年，我行使的第一个"先斩后奏"的权力，就是在合肥中国科学技术大学参加全国语音识别与合成研讨会时，发现中国科学技术大学王仁华教授的研究思路非常好，想法很新，当即同意资助他20万元从事研究。

当时国内外从事语音合成研究的主流做法是参数合成，虽然占用内存很小，但是合成效果不好，不自然，一听就是机器合成语音。王仁华教授提出可以使用播音员录音的基音片段，加上处理后形成较为自然的合成语音。

王仁华的课题完成得很好，后续继续获得了"863计划"滚动支持，并于十几年前开始了产业化，孵化了科大讯飞，成为国内外语音合成与识别产品厂商中的佼佼者。

（高文《863-306记忆片段》，《计算30年——国家863计划计算机主题30年回顾》梅宏、钱跃良著）

第二节　无知无畏的年轻人

在高文"先斩后奏"的前一年，王仁华已经开启了在语音合成领域的探索。1992年，唐涤飞进入中国科学技术大学语音实验室，王仁华给了他三个研究方向让他挑选。

第一个方向是语音识别。这是当时最热的领域，实验室已经有一些师兄在研究，实验室积累也更多；

第二个方向是语音合成。这个方向国内和国外都有人在做，但是中科大语音实验室还没有人做。唐涤飞如果做，就是实验室第一个做语音合成的人，坏处是这一领域没有师兄能带他；

第三个方向则是语音编码。语音编码是众多编码技术中的一部分，更偏向于工程领域。

唐涤飞一下就选中语音合成，"我当时为什么选语音合成？因为之前没人做过，年轻人无知无畏。"

王仁华倒是挺高兴，他跟唐涤飞说：咱们实验室也算是有人搞语音合成了。

我估计王老师当时想的是，他也不指望我能做多好，但是至少能埋下一颗种子。最后事实证明确实如此，我开始做一点，后来更多的人把它做得越来越好。

（唐涤飞）

从1992年12月到1993年5月，王仁华将唐涤飞送到了中国科学院声学所，让其跟随吕士楠学习。吕士楠是863语音评测项目的常客，和王仁华结下友谊。在汉语语音合成中，吕士楠首次提出用"基音同步波形叠加技术"合成汉语。

声学所地处四环边，半年以来，唐涤飞都住在声学所地下室招待所里，每晚住宿费两元。

唐涤飞到北京第一次接触到语音学相关知识，比如：唇、齿、舌、声门、声带等发音器官，声波波长、时长、振幅等声学语音学，还有听觉语音学等，努力搞清楚汉语是怎么发音的，并深化到共振峰在语音合成上的应用。这给唐涤飞此后的研究奠定了基础。1993年，唐涤飞中国科学技术大学的本科毕业设计，就是基于那段时间的潜心研究。

回学校答辩，中科大老师听完我的毕业设计后一头雾水，半晌才说：你做的内容跟中科大电子工程没有太多关系。

因为我做的语音合成，涉及很多语音学相关知识，有点接近文科。比如，声带如何振动发声，这些知识对语音合成来说是基础，但是很多老师并不懂。

所以我认为王老师看问题一针见血，上来就让我打好语音学基础。而这一部分基础，一般理工科的学生是不会的。

（唐涤飞）

声学所用的也是共振峰的合成方式。我回中科大之后，和王老师讨论用串联还是并联的方式。声学所用的是串联方式。王老师坚持让我用并联的方式去做，因为涉及知识产权。王老师表示，让我去声学所学本事，绝不是让我把人家的技术直接拿回来用。

（唐涤飞）

1993年，在王仁华的指导下，唐涤飞利用共振峰的合成方式做出第一个语音合成系统，这个系统依然是利用共振峰的合成方式来做的。唐涤飞兴冲冲地想拿系统去北京参加当年863语音合成评测，结果乐极生悲。

那时候我也比较年轻，就在去北京出差的头一天中午，我和同学出去吃饭，没有待在实验室。那时候也没手机，老师联系不到我。当天下午打包的老师，为了保证运送机器的安全性（那时候屏幕等设备都要打包后上火车），就把计算机格式化了。

他以为我有备份，到了北京再把备份装上。

结果等我下午回到实验室，发现计算机被格式化了，两眼一黑，我根本没有备份。

我就这样去了北京，那时候离参赛还有几天，我就凭记忆把程序敲出来，这和原先的系统肯定还是有距离的。我还是很想参赛，但王老师考虑之后决定弃权。

我当时还有点小情绪。后来看了其他家的系统之后，我才释然。毕竟是全国舞台，我们代表的是中科大语音实验室，还是要拿出最高水平的。

（唐涤飞）

也是在这一年，高文"先斩后奏"的 20 万元到账。王仁华让唐涤飞越过共振峰的合成方式，直接基于"PSOLA 方法（基音同步叠加）的时域波形拼接技术"，开发一个新的语音合成系统。王仁华称这个新的语音合成系统为"KD-TALK"，KD 为"科大"首字母。

此时，波形拼接技术在英、法、德等语言中都已经取得了较好的合成音质，但同样的算法在汉语中不一定能取得最佳的合成效果。唐涤飞需要解决"韵律特征参数应该按什么模式去调节"和"怎样实现这种调节"这两个主要问题。它们对应着语音合成中的"提高合成语流的自然度"和"提高合成语音音质"这两部分内容。

在王仁华的指导下，唐涤飞要凭借在声学所的学习，在 PSOLA 算法的框架内，构建一套韵律规则系统，并使其符合自然发音的规律，中科大语音实验室持续多年对语音数据库的布局这时开始彰显力量。一整套韵律规则系统的构建需要大量统计实验。唐涤飞有机会对大量语音数据进行定量分析研究，两方面结合，才有可能构建一套相对完整的韵律规则系统。

这也在一定程度上解决了合成语音的自然度问题。但改进合成语音的音质这一问题仍需要数字信号处理技术来解决。

KD-TALK 于 1995 年 12 月正式亮相，参加了国家的 863 语音合成评测，其音节清晰度、单词可懂度、单句可懂度等指标均为全国第一。

但唐涤飞对音质依然并不满意。他后来说："合成语音的音质比不上自然语音，这是由 PSOLA 算法引入的失真造成的。当然如果减少语音信号韵律特征的变化可以改善合成音质，但这样就会与提高合成语音的自然度相冲突。"这种矛盾一直到伴随着唐涤飞离开实验室。唐涤飞硕士毕业后去了联想工作，后来又加入微软亚洲工程院。

但是这并不重要，中科大语音实验室在 20 世纪 90 年代主导汉语语音合成技术的传奇大幕已经拉开，唐涤飞跑的是第一棒。真正令整个汉语语音合成赛道刮起旋风的是另一位刚满 20 岁的小伙，他的横空出世，以一己之力改变了整个比赛进程，20 世纪 90 年代汉语语音合成技术发展中最关键的那几步，均和他有关。

他叫刘庆峰。日后，这是一个改变中国人工智能的名字。

第三节　学霸刘庆峰

刘庆峰生于1973年2月，安徽泾县人。

2008年北京奥运会开幕式展示了中国四大发明之一的造纸术，捞纸、晒纸等宣纸制作的繁复工艺，令人叹为观止。泾县正是宣纸的原产地，唐代泾县曾隶属宣州府，泾县纸以府治得名宣纸。唐代画家张彦远在《历代名画记》中说："好事家宜置宣纸百幅，用法蜡之，以备摹写"，最早为宣纸定名。

泾县地处长江中下游平原与皖南山区交界地带：支流密布的青弋江在古老的地质流变中形成河谷冲积平原，孕育了沙田长秆纤稻草；皖南山区喀斯特地貌的峭壁石缝隙间生长着我国独有的青檀树，而宣纸正以青檀树皮和沙田稻草为主要原料。

刘庆峰的弟弟刘庆升在回忆自己的家乡时说：四周都是山，小时候上山下河，春天进山摘野果子，连绵的远山赋予人坚韧的性格，"让人能够坚持做一件事，从不轻易动摇"。

刘庆峰从小就展现了出众的数理天赋和专注力。

> 我哥从小会算账。我们家住在一个小镇上，我妈在一个煤矿配套的早餐店工作，她一大早就把我跟我哥叫过去。
>
> 当时购买食品需要粮票，比如一个油条三分钱，一个包子五分钱，算账除了算钱还要算粮票，兑换复杂，四年级小学生都不一定能算对。早餐店人多的时候要算账，我哥就帮我妈算，一算就是准的。那时候我哥还没到六岁，没上一年级，我四岁。
>
> （刘庆升）

据刘庆升回忆，刘庆峰小时候做事特别专注。"我和我哥同时在家里看书，家里来了客人，我就会听大人聊天，心思就飘了；我哥从头到尾都不知道家里来过人，一门心思完全在书里。"

再比如刷题，刘庆升一看题目，判断会做，就没兴趣再做下去，接着看下一题；但刘庆峰的刷题风格迥然不同，从一道题目往下延伸，这个题要怎么变种，该怎么处理，刘庆峰会做这种思考。

刘庆峰后来果然成为学霸。1985年，12岁的他参加泾县初中数学、物理竞赛，包揽两个第一，隔年以全县状元的成绩考入宣城中学。高中阶段刘庆峰参加全省数学竞赛，获得一等奖，但刘庆峰对成绩并不满意。

我从考场出来估计自己能得200分，最后成绩出来只有170分。我后来盘了一遍试题，就知道可能有一道大题改错了。我就把我的解法跟熊军华（初中数学竞赛全省第一，高中数学竞赛也是全省第一），还有我的数学老师讲了一遍。他们都觉得应该是对的，只是没按常理出牌，批卷老师可能因为思考不深入而误判。

所以，我就写了一封信给中科大的严镇军老师（长期担任安徽省数学会的副理事长，国家级数学竞赛教练），详细讲述了我的解法，结果那封信石沉大海。

当时我觉得数学竞赛肯定没戏了，结果最后我得了170分，居然还是全省第五名。我当时还年轻，就说了一句话：山中无老虎，猴子称霸王。我才170分居然都能得第五名？

后来我考上中科大，大二的时候碰到00班的何小祥。何小祥当年是数学竞赛第四名，被保送进中科大（前四名能保送）。何小祥跟我聊天的时候说，他当年在冬令营集训，听人说当年数学竞赛有一个人的卷子改错了，但是结果已经出来，来不及更改了。我当时听了很生气：那个人不就是我？

（刘庆峰）

1990年，刘庆峰以高出清华大学40多分的成绩考入中国科学技术大学无线电电子学系。当年中国科学技术大学学霸云集，进校举行的数学摸底考试极难，全班仅2人及格，而刘庆峰得了94分的最高分。此后，他陆续拿到了力学、光学、电路原理、电磁场、复变函数、常微分方程等众多数理学科考试的第一名。

我那时候特别喜欢物理,高中准备报考中国科学技术大学近代力学系,以为钱学森是系主任。结果后来听人说,近代力学的系主任已经不是钱学森了,我很失望。

我爸就跟我舅商量,说学无线电好,出来以后能修电视机。那时候我没有出过宣城,就选了无线电电子学系(六系,后更名为电子工程与信息科学系)。

(刘庆峰)

到中科大两个月后,刘庆峰和王东进老师、倪晋富老师聊天,这才明白真相:"老师跟我说,不要以为到中科大学无线电就是修电视机,而是要学数字信号处理,要学数学,学基础物理。"

倪晋富当时是中科大语音实验室的老师,同时还担任刘庆峰所在班级的班主任。1992年,王仁华让倪晋富挑选本科生进入实验室,要求有两点:一是学有余力,二是物理和数学要好。倪晋富挑了三个人:刘庆峰、狄雨和陈定锋。

学生时代的刘庆峰

那个年代，中科大的数学系学生出国容易，刘庆峰本来计划转到数学系，方便出国。但19岁的刘庆峰第一次走进语音实验室，就被"人机语音翻译电话"这样的愿景吸引了。"我一看这么有意思，就不去数学系了，就留在六系。"从县城走出来，刘庆峰一直害怕英语，大二下学期，除了英语和体育，其他科他都是第一名。"所以科大讯飞后来一定要做翻译机，是有原因的！"

刘庆峰大二开始进入中科大语音实验室。一进实验室，刘庆峰就跟着夏老师（夏德瑜）学耳蜗模型。

我刚进实验室就是"放羊"。当年，傅前杰是实验室大牛，最牛的就是他根本不理师弟。我就只好一边自己看书一边混。

我那时候喜欢听大家讲实验室（的事）。印象最深的是，王老师说未来可以实现"自动语音翻译电话"，电话就能当翻译机。这个梦想太牛了。特别是对当时的我来说——英语四级拼了命才考84.5分，差0.5分没达到优秀。

（刘庆峰）

刘庆峰是个做事充满激情的人，无所事事令他焦虑。但王仁华告诉他：反正大一、大二、大三你也干不了活，你不是"放羊"，你要来听，来闻味道。"我的焦虑立刻就缓解了。"

进入大四，刘庆峰开始正式做研究。王仁华交给刘庆峰的第一个任务就是LMA。

1994年，唐涤飞还在捣鼓他的PSOLA算法，发现PSOLA算法无法解决音质和自然度的矛盾。中科大语音实验室永远都是"两条腿走路"的，在PSOLA算法之外，王仁华又提出了一种基于LMA滤波器（Log Magnitude Approximation Filter）的合成方法。它是一种基于倒谱系数的参数合成算法。原理是使LMA滤波器在对数坐标下的传递函数以最小均方误差准则无限逼近原始语音信号的幅度谱。用该方法合成的语音音质明显高于使用PSOLA算法得到的合成语音，又由于它是一种"源−滤波器"结构，理论上可实现对语音信号音段特征的调节。然而，LMA算法复杂度较高，利用软件实现实时合成的难度很高。

当年，王仁华交给刘庆峰的任务就是从日本带回 LMA 软件。刘庆峰记得那个 LMA 软件效率低得令人发指，"算一个词、一句话都要好几个小时。江辉头一天晚上跑一个算法，算法要跑一夜，他先睡一觉，第二天再过来看有没有结果。"

> 王老师问我："你能不能把它的效率提高一倍？"
> 结果我花了一个月就把它的效率提高了十倍。
> 王老师看了以后非常高兴，他马上就给我加了新的任务："那你能不能再用 LMA 做一个语音合成器？"
>
> （刘庆峰）

王仁华用人，从来都是不拘一格降人才。你有多大本领，他就给你多大的舞台。本来他的计划是让高两届的唐涤飞带着刘庆峰一起搞"KD-TALK"。但刘庆峰的第一个任务就完成得超出预期，令王仁华感受到潜力无穷；与此同时，LMA 算法可以兼顾自然度和音质的特点，他看到了一条新的道路，那条路似乎触手可及。他当机立断，决定让刘庆峰在"KD-TALK"之外，再独立搭建一个语音合成系统。这就是后来在 1998 年国家 863 语音合成评测中横空出世、大杀四方的"KD-863"。

第四节　让年轻人挂帅

1995 年上半年，刘庆峰在实验室的"放羊"生涯正式结束。

3 月，他花一个月时间就让 LMA 的效率提升十倍。

5 月，王仁华让刘庆峰做一个以 LMA 为算法的语音合成器。

7 月，王仁华认为，刘庆峰可以独挑大梁。王仁华果断让刘庆峰与大师兄唐涤飞"单干"，搭建一个独立的语音合成系统"KD-863"。

怎样搭建一个语音合成系统呢？

我总结为"盖楼的三要素"。

第一要有砖头。相当于语音库。

第二要有大楼设计图纸。相当于韵律参数的预测。

第三要有砖刀。相当于语音合成工具，根据图纸把砖头切成盖大楼需要的各种形状。

比如我现在要合成"科大讯飞"这四个字，要分三个步骤。

第一步，先找到砖头。去语音库调出"科""大""讯""飞"的四个字标准发音。

第二步，实际发音并非标准发音。"科"和"大"拼成"科大"，然后变成"科大讯"，再变成"科大讯飞"，变成呼吸群，变成句子，在这个过程中每个字的韵律参数都经过调整，这就需要我们去预测韵律参数，相当于画一张设计图，后来我跟吴宗济就去学这套东西（见第六章第四节）。

第三步，用砖刀把标准发音修整成实际发音，拼接在一起，这才是人们平时听到的熟悉的"科大讯飞"。

（刘庆峰）

对比"KD-TALK"和"KD-863"，唐涤飞和刘庆峰使用的"砖刀"不同。唐涤飞的"砖刀"是"PSOLA 语音合成器"；而刘庆峰的"砖刀"是"LMA 语音合成器"。用唐涤飞的话说，刘庆峰使用的是更先进的算法，相当于"鸟枪换炮"。

基于 LMA 滤波器的合成方法，与传统方法相比具有以下显著特点：(1) 音质好，测听结果表明，在相同的韵律规则下其合成音质优于 PSOLA 算法。(2) 对时长和声调的适应性强，基本可以高音质地实现连续预留中的所有时长和声调规则。(3) 可以有效地解决波形拼接算法（如 POSLA）难以解决的协同发音问题。

合成实验表明，当韵律参数的改变幅度超过一定范围之后，PSOLA 合成器的合成音质将会有较大幅度的下降。为了解决这一难题，我们提出了这种基于

LMA 声道模型的源/滤波器型合成新方法，不但保留了传统的参数合成可灵活调整韵律参数的特点，还具有比 PSOLA 合成更高的音质。采用这种方法，基本可以高音质地实现语音学规则所需要的各种参数调整。

与 PSOLA 波形拼接比较，LMA 声道合成的效率提升：音节清晰度从 92.8% 提升到 93.2%，词组可懂度从 93.4% 提升到 95.7%，单句可懂度从 91.5% 提升到 94.1%。

（《基于 LMA 声道模型的语音合成新方法》刘庆峰、
王仁华《声学学报》1998 年 5 月 23 卷第 3 期）

除了革新"砖刀"，刘庆峰在"设计图纸"上也涌现了新的灵感。1996 年，王仁华派给刘庆峰一个任务——去华为改进 114 报号系统。这是实验室的一个外协项目。中科大语音实验室很早就研发报号系统了。当年华为使用的 114 报号系统效果不佳，一字一顿。于是，华为付给实验室研发经费四万元，以改善整个系统的报号效果，要求只有一个："像真人一样"。

1996 年暑假，我找了很多人录音。

华为的要求是做得自然一点。我把所有数字音节拿过来，分析整个逻辑，结果发现数字比较容易控制，有很多节奏。比如说可以把七个数字变成 34 节奏或 43 节奏的，它的节奏是相对固定的。

我就根据变调规则，做了数字的排列组合。既用机器做，又用真人录音，各种组合全部录一遍。录完之后，我又拼接找规则，按照逻辑把这些组合分类，加上吴先生（吴宗济）的理论指导，最后机器发出的声音和人差不多了。

我们把机器合成声音和播音员录音混在一起，让大家听，有 40% 的人认为机器合成的声音是人的，也有 40% 的人认为播音员录音是机器合成的。那意味着混淆度很高，效果十分显著。

项目结束后，华为多给了我们一万元，从四万元变成五万元。

王老师就给了我一个福利，让我去华为协助系统上线。那是我第一次坐飞机，住两百多元的饭店（我们以前都是住十几元的大通铺），好吃好喝。我在华为待了两周，感受了华为文化。就在这个过程中，科研的灵感竟然来了。

1995 年的"KD-TALK"的自然度已经是一个突破，不过合成的句子及篇章，语音机器味还较浓，自然度还不能达到用户可广泛接受的程度。

坐在回合肥的飞机上我就想，既然数字可以用这种方法，为什么不能在所有的语音合成中都使用这种方法？

语音合成是千变万化的，只要找到一种自然方式就行了。比如"3603645"，可以是"360 3645"，也可以是"3603 645"。

所以我开始就用数字串来研究语音合成方法，任何一段话，我用数字串的规则来套，把它固定。

一把这个事想通，我特别兴奋。我后来和同学说，这个想法如果卖给微软，也许能卖五千万元。

（刘庆峰）

1996 年，刘庆峰从华为归来后，给王仁华交了一份报告，报告总共就一页纸多一点，题目为《基于数字串外推的语音合成项目》。刘庆峰跟王仁华说，用这种方法，可以让语音合成中的自然度得分提高到四分以上。（当年三分不可企及。五分是播音员水准，四分是普通人发音表现，而三分则是实用水平。）

王仁华看完之后，觉得可行，大手一挥："就你来牵头！"

这一关键决策之后，实验室里语音合成器和前端音库领域的人手都由刘庆峰统一调度。一切来得太快，就像龙卷风，但那就是当年中科大语音实验室的节奏。实际上那时候的刘庆峰才刚上研二，但指挥的可能是一个研究团队，里面还有老师。刘庆峰后来说：王老师一步一步给年轻人压担子，实际上是他愿意用年轻人，愿意给年轻人机会。这种"敢让年轻人挂帅"的风格，后来也传递到了科大讯飞。

1998 年 4 月，刘庆峰带队参加国家 863 语音合成评测，"KD-863"在最重要的技术综合指标——自然度上居全国第一，达到了三分（即用户可接受水平）。这是当时语音合成自然度上最高的分数。

这也被称为中文语音合成技术领域的突破性进展。在 1998 年 8 月的"国家火炬计划十周年成就暨高新技术产品博览会"中,中国科学技术大学的语音合成系统被选为唯一的软件标志性产品列在特展位上。

在那个时代,"KD-863"的出现是一股旋风,令整个中国语音合成界为之侧目,那种革命性突破令身处其中的每个人都印象深刻。1995年的863语音合成评测一结束,负责测评的专家组长、声学所张家騄马上找刘庆峰,让他去办公室,劈头就问:"你们是怎么做到的?"

第五节　产业化的起点

曙光初现。"KD-863"语音合成系统在自然度上的巨大成功使得整个中科大语音实验室历经十年砥砺,终于站上产业化的起点。

刘庆峰后来提出"听感量化",又将黎明的时间点往前拨了一个钟头。

什么是"听感量化"?就是将自然语流环境中复杂多变的音变单元从听觉感知的角度量化为有限数量的"听感量化单元"来表征,以便进行语音单元的提取。

回到刘庆峰的"盖楼三要素"。盖楼的砖,每一块都不一样,有直径1.3厘米的,有直径1.4厘米的,也有直径1.6厘米、1.7厘米的。本来这些"砖"都得存在音库里以供调用,但是人的听觉对一个范围内的偏差并不敏感,刘庆峰的"听感量化"就是把上述几种"砖"都简化成直径1.5厘米的,这样从整个语音库提取数据就方便多了。

实际发音中,同一句话往往可以有多种发音方式,听起来都同样自然流畅。

从人耳对语音自然度的感知来看,处于某一具体语流环境下的音节,其韵律参数的取值可以有一个变动范围。只要落在这一范围之中,就可以获得自然流畅的听觉感知。这样,从自然度感知的效果上,我们可以把这一变动范围简化为其间的某一特定值来表征。

基于这一认识,我们可以把这一包含多维韵律参数的变动范围看成一个听感上的量化子空间，而表征该听感量化子空间的特定单元就是"听感量化单元"。

(2003年刘庆峰博士学位论文《基于听感量化的语音合成研究》)

在"盖楼三要素"中，刘庆峰用 LMA 革新"砖刀"；用"数字串外推"革新"设计图纸"；用"听感量化"革新"砖头"。三箭齐发，让中科大语音实验室的汉语语音合成技术一骑绝尘，距离真实应用落地越来越近。

基于听感量化的音库设计、基于 LMA 声道模型的语音合成方法，以及基于数字串发音外推的韵律分层构造方法，构成了中科大语音实验室在语音合成领域的核心竞争力，也成为中科大语音实验室产业化的最初切入点。

自 20 世纪 90 年代以来，汉语语音合成技术的发展曾迈出过最关键的四步。

第一次是 PSOLA 算法的引入。首次真正解决了汉语语音合成系统在句子和篇章级方面的可懂度问题。其中的典型代表是在 1994 年国家 863 评比中荣获第一名的中国科学院声学所吕士楠、初敏等开发的"联想佳音"语音合成系统和在 1995 年国家 863 评比中荣获第一名的王仁华、唐涤飞等开发的"KD-PSOLA"（KD-TALK）语音合成系统。

尤其是 KD-PSOLA 系统，首次在单音清晰度、词组和句子可懂度上达到 90% 以上。

第二次是 LMA（对数幅度逼近算法）语音合成器的提出。该方法同时具备传统波形拼接合成的高音质和参数合成的高自然度的特色，首次将汉语语音合成系统在自然度综合指标上推进到可实用阶段，以王仁华、刘庆峰等开发的 KD-863 为标志。该系统在 1998 年的国家 863 评比中不仅荣获自然度综合指标第一名，而且在参加决赛的四个系统中是唯一达到 3.0 分（即用户可接受水平）的系统。

第三次是大语料库合成方法的引入。该方法的引入，真正将语音合成技术推进到实用领域。在安徽中科大讯飞信息科技有限公司和中国科学技术大学、中国科学院声学所、社会科学院语言所等单位的联合攻关下，王仁华、刘庆峰等利用大语料库合成系统，基于音质和自然度上的优越性能及 LMA 合成器在规则指导和算法调整方面的优势开发出 KD-2000 系统。该系统在自然度上达到了

3.8 分，曾荣获"中国国际软件博览会创新奖"，并开始真正在电信、金融、教育等领域得到推广应用。

第四次是基于本文所述听感量化理论的语音合成新方法的提出。在听感量化理论下，结合大语料库的语料设计思想、汉语韵律规则和数据挖掘、决策分类方法，在王仁华的指导下，刘庆峰推出全新的"KD-B 中英文语音合成系统"。该系统首次将汉语语音合成技术推进到真人说话的水平，在 2002 年初达到 4.0 分，在 2002 年 10 月的 863 中期检查时已达 4.3 分。

这一系统后来被 Intel、华为、联想、海尔、东软等 420 家国内外著名 IT 产品开发和系统集成厂商采用，应用遍布中国电信、银行、保险、电力、社保、农业等近二十个不同行业，占据中文语音合成领域 80% 的市场份额。以此为核心的语音互联网平台和智能语音芯片项目，是中文语音领域首个入选国家"十五"高技术产业化示范工程的项目。

上述四步之中，每一步都有中科大语音实验室的身影。

一颗种子成长为参天大树，不是一蹴而就的。中国的汉语语音合成技术的研究自 20 世纪 80 年代以来开始突飞猛进。如果回顾整个历程，国家自然科学基金项目、国家 863 项目、973 项目、国家"八五""九五""十五"重点攻关项目等一系列重大项目的支撑功不可没；中国科学技术大学、中国科学院声学研究所、中国科学院自动化所、中国社会科学院语言所、清华大学等科研院所为代表的中文语音合成研究机构之间的竞争与合作同样贯穿始终，交织在一处，释放出巨大的力量。

回过头看，那是一种特殊的博弈，甚至是一切卓越才能的源泉，不仅确保了在汉语合成这一有着本土民族文化屏障的研究领域中"让中文语音技术在中国人手上做到最好"，更为民族软件产业赢得了先机，而且在实验语音学关键技术研究和多语种合成系统开发上，一直与国际前沿保持同步，至今仍具现实意义。

第六节 "吴—王工程"

KD 系列的成功,吴宗济功不可没。

吴宗济和王仁华 1990 年在东京相遇(见第三章第五节)。1992 年,王仁华从日本回来之后,承担中国科学院"八五"重大应用项目,要做人机语音对话系统,两人的合作拉开序幕。吴宗济非常高兴,亲自将合作命名为"吴—王工程"(WWE,WU-WANG ENGINEERING)。

和吴先生的真正合作始于从日本回来后,我们中国科学技术大学人机语音通信实验室(后面简称为中国科学技术大学语音实验室)参加了中国科学院"八五"重大项目人机语音对话系统的建设,并承担汉语语音合成(TTS)子项目。

当时语音合成主流技术已是基于波形拼接的汉语语音合成系统,一般以音节为拼接单元,合成时简单地将各个音节的时域波形拼接起来。由于音节在语流中的变化很多,必须制定一套韵律规则系统,根据它随时调节音节的韵律特征。

中国科学技术大学语音实验室在数字信号处理上有很强的优势,当时已很好地掌握了 PSOLA 算法。这是一种能够修改韵律特征参数又能保持较好音质的算法,PSOLA 算法的引入使得波形拼接方法的水平上了一个较大的台阶。PSOLA 算法的缺陷在于对韵律参数的调整能力较弱,以及难以处理协同发音现象。

1995 年,为了使合成音质达到播音员原始发音水平,同时为了进一步简化合成器算法,中国科学技术大学语音实验室以 LMA 语音合成器为分析—合成工具,提出基于听感量化的音库设计和数字串发音外推的韵律分层构造方法,将汉语语音合成技术又推进了一大步。

但无论生成的原始语音波形有多好,参数调整的能力有多强,若没有一套完整的韵律规则,则仍然无法产生高质量的合成语音。而在汉语韵律分析方面吴先生是当之无愧的大家,自 20 世纪 50 年代吴先生就投身现代汉语实验语音学的研究,主要是现代语音实验方法及普通话语音的声学分析,20 世纪 80 年代起主要研究普通话声调和语调变调规则。吴先生这段时间的研究成果主要包括"普通话语句中的声调变化""普通话三字组变调规律""汉语普通话语调的基本调型",以及现在学术价值非常高的《实验语音学概要》。特别是吴先生继承并发展了赵元任先生提出的"大波浪加小波浪"理论,即字调相当于水波中的"小波浪",它调制于句调这一"大波浪"之上。吴先生先用连读变调的规则来解释字组的声调,再根据句子的语气及重音等特征以字组为单位进行移调处理。这样的模型对汉语的句子的调型结构给出了较好的解释,能够很好解决当时语音合成急需的协调发音和变调问题。

当我们找吴先生寻求合作时,他非常高兴,表示他的研究成果只要我们能用上,他一定帮助我们。

他亲自将这一合作命名为"吴—王工程"。在此工程中吴先生特别提出:本课题的安排和一般同类研究不同,课题的要求为语调的高自然度,此项工程如由技术方面单干,固然不可;但如果语音学方面仅处于被咨询的地位,而由于语音学工作者从未接触过工程,所提信息既不免大而无当,又可能隔靴搔痒。因此一开始应让语音学的研究设计与技术工程连成整体,相互取经,使语音学工作者能分段命题,上机实验,"解破麻雀",逐段推广。将实验室中所得的数据及建立的规则,及时在工程上验证。此类在信息处理领域的语音规则,不但在传统语音学中未曾涉及,即使在现代实验语音学中,在当时也是相当超前的。这些思路和设计,特别是针对汉语本身特点所得出的规律及其处理方法,在当时的国际同类文献中,仍然鲜有提出,是创新的且得到科学验证的。

"吴—王工程"开创了语音学和工程结合的新范例,对我们的语音之路影响极其深远。我还清楚记得1995年吴先生86高龄时冒着酷暑来合肥中国科学技术大学给年轻的研究生讲课的情景。连续几次,吴先生冒酷暑来合肥给实验室的研究生教授汉语语音学的基础知识,特别是汉语连续语调变化,帮助我们培养了一批兼有数字信号处理和语音学方面知识的专有人才,其中很大一部分人成长为科大讯飞的研究和技术骨干,对中国科学技术大学语音实验室和科大讯飞在语音合成、语音识别方面的研究起到了非常重要的支撑作用。

吴先生亲自进行音节拼接实验,整理实验结果和数据,不断将新的研究成果提供给我们。

　　印象最深刻的是，他通过语音波形图分析及听音实验，研究保持连续音色的范围内作切音处理的效果。例如，单音节中去头实验，如何从量变到质变，不同程度的去头造成不同的音色，"香"去头多了，就成了"当"；不同程度的去尾，造成不同的听音结果，"球"去尾去多了，就成了"奇"；多音节拼接时如何去头、去尾，抽心处理达到自然音色的效果等。

　　我们实验室的拼接合成语句，吴先生都会认真地听辨分析，提出改进意见：包括声调是否自然，塞擦音是否到位，协同发音和时长是否正确，多音节组中次字或末字的F0降低问题等。

　　他亲自撰写、作图、打印、标记后发来的文档标号在短短的几年中从WWE-1一直标注到WWE-20，其中无一不是吴先生的心血。除了书面来往，我们每次去北京，都要去吴先生劲松小区的家中，请教有关问题。吴先生不厌其烦地与我们讨论，让我们受益匪浅。有时讨论得晚了，他还留我们吃饭。吴先生经常说，只要是讨论学术问题，通宵达旦都没问题。要知道，吴先生当时已是80多高龄，他亲力亲为推动工程，使我们非常感动。毫无疑问，"吴—王工程"对后来我国汉语语音合成的突破，起了非常重要的作用。

　　（《吴宗济先生与科大讯飞的言语工程音路历程》王仁华　刘庆峰　胡郁）

　　"吴—王工程"中一个重要的组成部分，就是80高龄的吴宗济为中科大语音实验室"开班授课"。语音学习训练班一共办了四五期，训练班期间，吴宗济每周去一次合肥，不仅帮王仁华带学生、给学生讲语音学知识，还批改学生作业。

　　每个人的作业我都认真批改。记得前两期有几个学生肯下功夫，学得不错，可惜后来遇到别的机会，就相继离开了他们的研究室，没有在这条路上坚持下来。

　　到第三期，也是我去合肥的第三年，我遇到一个学生，叫刘庆峰，他的数学基础好，人聪明，又用功，很上路。经过培训不久，他发挥了数学特长，写了一篇有划时代意义的文章，出了成果，在国内最早实现了利用机器来合成语音。他的高明之处在于，能让这种合成出来的语音听起来接近自然的语言。后来在此基础上，他们成立了一家公司，专门搞语音处理。就是这家公司，后来发展成大大有名的科大讯飞。再后来，我们语言所跟他们成了协作单位，成立了联合实验室，也挂他们的牌子。我们实验室为他们提供后勤保障，同时我们的科研资金也得到他们的支持。科研工作走上与实践相结合、为实践服务的道路，及时得到实践的检验，得到不断改进的机会。

（吴宗济《我的百年人生》商务印书馆 2022 年 6 月版）

吴宗济将语音学和工程结合的思想在当时的语音界是开创性的。语音学家和工程技术结合所取得的成果也是巨大的，例如：

一、提出普通话字调与语调分析的新方法。

二、提出语调处理新方法——移调。

三、多字短语连续变调有了新规则。

四、普通话音段连续协同发音模式简化。

五、语音标记文本建立。

在这些成果的基础上，"吴—王工程"开始建立起一整套较完善的汉语韵律规则系统。

1996 年，王仁华派刘庆峰去吴宗济位于北京劲松小区的家中学习三个月，学习基本的汉语韵律。语音实验室专门为吴宗济配了一台计算机，吴宗济和刘庆峰整天围着计算机"做实验"。

吴先生有丰富的实验语音学经验。比如说"中国科学技术大学"的声调应该是什么样子的，"国"字第二声应该怎么连，在什么地方应该连，什么地方应该抬高一点，如何强调重心。

他当时给我举例子，"打|死老虎"和"打死|老虎"是不一样的，变调不同，意义就变了，这种例子他跟我讲了很多。

他跟我讲从单个音节到双字词音节的变调规则是什么样的，大概有二十种组合，声母、韵母不同，又有不同的变化；从二字词到三字词，变化就更多了，不算轻声至少有六十四种变化。他有着丰富的经验，他也写了很多文章，但这些经验到底对不对，没有人帮他验证过。

我的工作就是用实验帮吴先生把他的经验还原，把一条经验扩展到更多的例子上，看它还管不管用。这就要靠编程来实现了。我的编程水平那时候还是挺高的，我也知道怎么调参数，各种工具包括 LMA 的工具都是我做的。所以，他讲一件事情，我们就用计算机验证一件事情，他兴奋得不得了。

这三个月，也让我对整个声音变调有了深入理解，这对我的研究有很大的帮助。从北京回来，我再去做切分音库，一看到不同的音尾，就知道怎么和下一个音头融合得更好。

（刘庆峰）

那段时间，刘庆峰住在北京地下室招待所的大通铺，十几个人共用一个卫生间，刘庆峰有时候跑去周边的菜市场买鸡蛋和尖椒，让招待所帮他炒一炒解馋。他上午 8 点准时出现在吴宗济家中，晚上九十点才离去，日复一日。

三个月弹指一挥间，刘庆峰和吴宗济在劲松小区的家中不断推敲、实验，终于将这些汉语语音规律工程化，为建立语音合成系统新的韵律体系打下了算法基础。

三个月的最后一天，吴宗济特地跟刘庆峰说："这三个月我把我这 40 年的积累全部传授给你了。"

刘庆峰看出来吴先生很开心，就问："吴先生你累不累？"

吴宗济答："我不累，你累不累？"然后他就指向他们家的猫头鹰。

吴宗济收藏猫头鹰工艺品始于 1957 年。吴宗济到国外进修，看到个漂亮的水晶制猫头鹰，爱不释手，就买了下来，这成了他的首个猫头鹰藏品。他的家宛如一个小型猫头鹰工艺品博物馆，墙上有猫头鹰风筝、猫头鹰挂钟、猫头鹰温度计、猫头鹰形镜子；柜子里有猫头鹰造型的圆珠笔、钢笔、橡皮、图章、发卡、手电筒、牙签盒、手表；桌子上有猫头鹰造型的草编筐、电扇、台灯、糖盒、装饰盒、瓷罐、存钱罐。

吴宗济接着说："这个猫头鹰是我最喜欢的，我的眼睛就跟猫头鹰一样，我晚上不睡觉。""意思就是鼓励我，不管搞多晚都没问题。"刘庆峰心想。

刘庆峰开发 KD-863，吴宗济功不可没。运用这些韵律规则，中科大语音实验室成功研制的 KD-863 汉语文语转换系统，在 1998 年全国评测中名列前茅，是唯一在自然度上达到实用水平的系统。

后来，刘庆峰在设计听感量化单元时提出"韵律规则指导下的听感量化设计"，比如以音节为单位的听感量化单元：阴平音节分为 8 类，阳平音节分为 11 类，上声音节分为 10 类，去声音节分为 8 类，轻声音节分为 6 类，这些都和吴先生有关。

反过来，刘庆峰也在"吴—王工程"中发挥了巨大作用。王仁华后来说："庆峰你做这个事真不容易。我必须坦白一下，吴先生的这套语音规则，换做是我，我很难认真按照他的思路进行工程化，再提出改进措施。"

1997 年，吴宗济、王仁华、刘庆峰三人联合署名在第二届中日先进技术研讨会上发表英文文章 *towards a project of all-phonetic-labeling text for TTS synthesis of spoken Chinese*（《面向汉语口语文语合成的"全语音标记文本"APLT-I 设计方案》）。

1997 年，在首届中日口语处理研讨会（黄山会议）上为吴宗济先生庆祝 90 大寿

中国社会科学院语言研究所副所长李爱军说，吴宗济曾说王仁华是自己的伯乐，帮助自己实现了夙愿。

吴先生大概是从 80 岁的时候开始学习操作计算机的。科大讯飞为他买了一台计算机，吴先生那个时候就把自己的想法放在讯飞语音合成平台上来试，这也是我亲身经历的。

对于和王老师的合作，吴先生曾经说："王老师是我的伯乐。"为什么这么说？我认为吴先生当时就是缺一个机遇，缺一个把研究用到产业上的机遇，从而为中国自主的民族产业发展进一步做贡献。

王老师和吴先生的这种合作，现在想来是因为他们心中有"国之大者"，学问要为人民而做，学问要做在祖国的大地上。

这种内在文化和精神延续到现在，影响了中国科学技术大学语音实验室和科大讯飞，也影响了我们语言所。

（李爱军）

第七节　挑战时代

中科大语音实验室拥有这样一种传统：一手抓技术研究，一手抓成果转化。这是王仁华所大力提倡的实验室文化。当年，学生们都有这样的意识。

20 世纪 90 年代，国内大学生最权威的比赛非"挑战杯"莫属。"挑战杯"系列竞赛被誉为中国大学生学术科技"奥林匹克"，由共青团中央、中国科协、教育部和全国学联共同主办，共有两个并列项目：一个是"挑战杯"中国大学生创业计划竞赛，另一个是"挑战杯"全国大学生课外学术科技作品竞赛，这两个项目的全国竞赛轮流开展，每个项目每两年举办一届。

1995 年，傅前杰带着"KD-1 通用语音信号处理系统"参加比赛，获得第四届"挑战杯"全国大学生课外学术科技作品竞赛二等奖。

1997 年，刘庆峰带着"电脑播音员"参加第五届"挑战杯"全国大学生课外学术科技作品竞赛，也获得二等奖。

1997年的"挑战杯"是在南京理工大学举行的，我们的项目叫"电脑播音员"。这个名字是王老师和我一起想的。

王老师说名字要直观，不要叫"KD语音合成系统"，否则别人听不懂。

那届中科大有五六个项目，大家都认为我们的"电脑播音员"是最好的。路演展示的时候，几个其他项目的小师弟都跑到我们这来帮忙，都觉得我们有可能得一等奖。

结果，我们得了二等奖。后来我知道，评奖也是要综合各种因素的，比如学校、导师、项目应用前景等。后来中科大党委副书记李国栋和团委书记朱灿平还请我们吃饭，给我们一人点了一只大闸蟹，那时候大闸蟹很少，当作安慰。

后来，他们提起"挑战杯"就说"庆峰表现得大度，对事情看得通透，有承受力"。

胡郁、黄海兵、尹波参加比赛时，我们已经创业了，有了一定影响力。我代表公司到重庆和学校签约，搞产业化，如有声报纸，参赛项目的影响力就大多了。

（刘庆峰）

1997年，王仁华获第五届全国"挑战杯"竞赛园丁奖。1999年，尹波、黄海兵、胡郁带着名为"有声电子邮件"的作品去重庆大学参赛，获得第六届"挑战杯"全国大学生课外学术科技作品竞赛二等奖（电子计算机类最高奖）。

比赛之后，团队成员一起写了一篇短文《挑战时代》，王仁华至今保存完整，充满了一个时代的印记。

《挑战时代》

十月的重庆，秋高气爽，早就听说过"江城"的美名，可惜每次都是匆匆而过，留在印象中的只是城市轮廓，如此深入接触这还是第一次。从合肥到重庆，花了我们整整两天时间，终于在夕阳时分踏上了这块不平凡的土地，也宣告了我们"挑战之行"的开始。

在今日中国,民族软件产业真可以用一个"火"字来形容,各路诸侯高举民族旗帜,一时间狼烟四起,好一幅战国画卷。软件产业以前所未有的速度加入到全球经济一体化的进程中,作为政府宏观经济杠杆干预最少的一个产业,如何面对这些巨大的挑战和机遇?如何正确"入世"和"出世"?我们认为:民族软件业的根基仍在于形成本土化的拳头产品,必须拥有自主的核心技术,方能与各路巨人相抗衡。世界一体化的冲击是多种多样的,最明显之处应属网络文化的侵入,它超越了一切媒体,畅行于各种意识形态,夸张一点说,它改变了整个人类的生存方式。然而,作为现今及未来社会的基本生存技巧之一,国内互联网的普及并没有想象中的快,究其原因,人机交互瓶颈是其中一大障碍。怎样才能解决传统中文用户与计算机的交互问题呢?语音是首选,因为它是人们最为自然的沟通方式,也最易被接受。

很幸运我们成长在这样一个充满变革与机遇的时代,很幸运我们来到中国科学技术大学这样一所充满着新奇想法,精英辈出的高等学府。记得小时候,我们便因为少年班对中科大充满了向往,于是毅然决然,不远千里来到这片梦想之地,也许有人失望,但是待得越久,就越会为她内在的一种美丽所折服。因为在这里,每时每刻都迸发着智慧的火花,令人着迷,催人奋进。也正是在这样一种自由而热烈的氛围中,我们扪心自问:是不是应该做点儿什么?大家都有在网络上和在电话里聊天的经验,是不是为文字的单调而苦恼?可是后者带来的高额话费让大多数人无法承受。那为什么在网络上交流不能像通电话那样自如呢?现有的产品从IP电话到声音编码邮件,可谓琳琅满目,可为什么就在中国火不起来呢?这就得看看现状了:由于基础网络建设的问题,宽带服务目前对普通百姓来说还是可望而不可即的事,所以那些在国外很流行的系统在国内不适用。于是凭借着在实验室中参与语音研究的知识与经验,我们提出了在网络上传输语音的新思路:通过实时语音识别/合成的方法以文字为媒介传输语音,即在本地先将发信人讲述的内容识别为文字及个人说话特征,并通过网络传输,而收信端则根据收到的文本和说话人特征重新合成出高自然的语音。文字相对于直接的语音有许多优点:首先是它的尺寸非常小。举个例子:如果正常语速的语音信号被16KHz

采样 16Bit 量化，它的数据量差不多是文本的 4000 倍。其次是它的兼容性，因为实际传输的是文本，所以即使有一方没有我们的系统，对另一方而言仍旧是一个全语音化的对象，这是其他方式无法做到的。另外，也是最重要的一点，在这个系统中所涉及的诸如语音合成／语音识别／说话人识别等技术都是当前语音技术（特别是中文语音技术）最前沿的课题，这些问题的圆满解决，将会对诸如自动电话同声翻译、智能人机会话系统等激动人心的应用产生至关重要的推动作用。它实际上解决了普通中国百姓的上网瓶颈，使我们每个人都能享受到高科技带来的信息和便利。

由于受时间等多方面因素的影响，我们最终确定的参赛作品题目是《基于中文实时语音技术的有声电子邮件系统》。整个作品从 3 月开始策划到 8 月完成，基本上都是在为新系统研制新的语音合成系统，因为已有的合成系统尚不能在此种场合下被用户接受。真正的系统搭建工作其实只用了一个月的时间，现在回想起来，之所以当时能如此快速高效地将计划推进，我们的导师王仁华教授起了至关重要的作用。王老师以他在汉语语音合成领域浸润数十年的成就与经验，在我们语音合成系统的研制过程中提供了巨大帮助，更是由于王老师的远见学识，我们在作品的选题和策划阶段受益匪浅。在实验室中长期锻炼所形成的群体协作经验是我们三个人各司其职，有条不紊按照开发进度逐步推进。第一次相对独立地承担如此大的项目，老实说，一开始大家心里都有点儿没底，因为每个人有每个人的分工，每个人都清楚，将属于自己的工作做到最好是最终成功的关键。因此大家全力以赴，在遇到问题的时候，互相帮助、打气，特别是实验室其他老师、同学的无私援助，激励着我们完成了整个系统。应该说，这个系统凝结着众人的心血与付出。

很多人讶异于区区本科生怎能如此深入地接触国际前沿技术，其实在中科大，依惯例本科生在高年级都是要进入实验室参与实际课题的，如果你有能力，更可以在大一大二就开始。有人说之所以中科大人整天泡实验室是因为女生少，我们对此不敢苟同。能够吸引优秀学子，原因只有一个，那就是宽松的环境，自由的氛围，活跃的思想，在这里，没有师兄师弟的严格区分（口头上的称呼仅仅是为了"蹭饭"方便），没有师生间不可逾越的鸿沟，大家都可以自由发表意见，甚至自己立项做出尝试。所以我们要说：我们非常幸运，我们拥有我们所深爱着的祖国、深爱着的学校、深爱着的老师同学及深爱着的事业。

功夫不负有心人，经过四天的紧张评审演示，我们拿到了二等奖，其中中文语音合成部分的质量已达到实用水平（与最近863评比中获第一名的KD-863系统对比，在可懂度、自然度、清晰度各方面均有大幅度提高）。虽然有这样或那样的遗憾，虽然原本也许能做得更好，但我们还是很开心，因为我们曾经付出，得到收获，这就足够。

以前只是想将自己能做的做到最好，虽然心中充满了对整个产业的看法和对将来的抱负，但从没想到机会距离我们如此之近。刘庆峰，安徽硅谷天音信息科技有限公司总经理，在读博士生，第五届"挑战杯"竞赛二等奖获得者，是学生创业的典范。很庆幸有这样的师兄，也许是因为有着相似的经历，也许更因为有着共同的对未来的执着，我们走到了一起。在"挑战杯"成果交易的现场，当我们在130万元股权技术转让合同上签下自己的名字时，心里突然涌起一股莫名的激动，这是两代"挑战人"的交流，更是知识经济的生动示例。在校学生以技术换股权，这恐怕在国内还是第一次，我们很荣幸能够亲历其中。这是一种非常值得尝试的方式，它将研制者与企业空前紧密地联系在一起。对于我们来说，能够参与到凝结自己心血的作品的产品化进程中，不仅可以实现当初的理想，更在参与的过程中学习到很多关于市场等多方面的知识；对于公司来说，这是一种人才战略，更有利于技术的快速产品化。很多人关心我们如何对待手中的股份，我们认为这些股份代表社会对科技的承认，它的真正意义在于给了我们一个更大的舞台，让我们有机会参与到知识经济的大潮中，实现自身的价值。如果说这就是"大学生创业"，那我们要说：在这个大时代中，真正缺少的还是创业者，而作为社会中一个特殊群体的大学生，他们具有敏锐的洞察力，超前的意识及足够的专业背景，只要给他们合适的土壤，辅以正确引导，他们一定能够成就一番事业。我们的国家乃至民族也需要这样一批创业者，来开创一个全新的挑战时代！为中华崛起而奋斗！

（尹波、胡郁、黄海兵）

1999 年，一群 20 多岁的年轻人，以一个学术竞赛为切口，模拟科研成果转化，从环境中汲取正反馈，坚定自己的创业理想。

当时的科大讯飞语音实验室在国内乃至国际都已崭露头角，汉语语音合成系统在美国、日本都得到认可。这些年轻人不仅承担多项国家研究项目，每年在 IEEE 的语音国际会议上发表多篇论文，毕业学生也被海内外大学、外资企业争相聘用。年轻人没有出国，也没被高薪挖走，而是在合肥黄山路的一间出租屋里起步，走上了一条人迹罕至的道路。

美国作家司汤达曾说："在热情的激昂中，灵魂的火焰才有足够的力量把造天才的各种材料熔于一炉。"年轻人从来都不是天才，只是拥有了天才的材料，在熔炉中反复煅烧、锤炼，最终才铸成重器。

Part 3

| 第三部分 |

燎原：不熄灭的火把
（1999 至 2023 年）

建立中国的贝尔实验室是王仁华的梦想，但如果没有遇到刘庆峰，也不会有后来的科大讯飞。

在产业化道路上，"王仁华和刘庆峰"组合堪称绝配，也是高校创业"师生配"的典范。两人分工明确，配合默契。王仁华提出的"开公司四原则"堪称高校老师创业"避坑宝典"。

王仁华说："科大讯飞能成功，深层次原因并非运气，而是靠几十年如一日地奋斗。"

科大讯飞的成立、生存、发展，很难用一帆风顺来形容。这里既有借力，也有死磕；既有顺势而为，也有逆势而动。

一家由高校实验室生发的企业，是如何创新机制，建立"师生配"合作模式的？

一家大学生创业的科技企业，经历过哪些波折，又是如何成功探索产学研一体化并实现上市的？

一家身处内陆的科技企业，如何保持世界性的视野和格局，参与全球竞争？

一家25年如一日做人工智能的企业，如何穿越周期，走出一条"弯曲的直线"？

"燃烧最亮的火把，要么率先燎原，要么最先熄灭。"科大讯飞与众不同。它的每一步成长既是在人工智能领域长期深耕而产生的技术复利效应，又是中国现实与技术理想主义融合的产物。

当年燃烧的火把并未熄灭。今天，人工智能所照亮的地方，已是千行百业、千家万户。

第七章
Chapter 7

科大讯飞

> 庆峰，这件事情能成。中国科学技术大学从来没有这么多优秀的年轻人团结在一起干一件事。当年中科大的风气多为单打独斗，个个都是英雄，个个都是高手，但我们可以团结在一起。
>
> （王仁华）

第一节　王仁华、刘庆峰的共同梦想

王仁华心里一直有个关于贝尔实验室的梦想。贝尔实验室是 20 世纪人类最伟大的实验室之一，总部位于美国新泽西州的默里山。1947 年，威廉·肖克利、约翰·巴顿和沃特·布拉顿在这里成功制造出第一个晶体管，改变了人类历史。22 年后，贝尔实验室的研究人员发明了 UNIX 操作系统，影响了无数程序员，改变了整个计算机技术的发展轨迹。

从晶体管到激光，从数字通信到蜂窝电话，人类现代生活的方方面面都受到了贝尔实验室的影响。实验室里走出过十五位诺贝尔奖获得者、七位图灵奖获得者。

一位美国记者说："在谷歌出现之前的一段时间里，贝尔实验室足以成为这个国家的智力乌托邦。"

科技史学家迈克尔·瑞尔丹将贝尔实验室的成功归功于稳定资金和长远思维的结合。

在中科大，王仁华是个特别的教授。他既看向远方，又洞察周围；既关注论文，又始终关注实验室成果能否在现实世界中应用。

他在实验室经常讲一个观点：写一篇文章，最好能够做到有用。"做的东西要有用，不仅要能写文章，你做完东西发现它有用以后要回过头来想一想，有没有什么理论上的解释。"

从 20 世纪 80 年代中期开始，王仁华开始尝试将一些研究成果向市场转化。当年实验室没钱，搞项目也是迫不得已，但从另一个角度说，王仁华的做法是超前的。

实验室负责人要定课题、争项目，解决经费问题，实际上是将美国大学实验室那一套搬过来。这开创了六系和学校的先例，但也遭到一些人的反对。别人认为我们将能干的人都挖走了，就没人去他们的实验室了。这事我听说过，但我的态度是"不为所动"。

当时我们仅有几台单板机，我回国时带了一些 DSP 芯片。但是实验室需要钱，该怎么解决？

我那时候已经看到语音技术（压缩编码和语音合成）的一些应用，比如语音报时、报号等，我就找安徽省邮电科研所等机构一起搞外协项目。

（王仁华）

这些外协项目是王仁华将语音技术产业化的最初探索。

例如，合肥市 114 查号台系统，利用语音合成技术系统可以用语音播报查询结果。戴礼荣后来回忆起和王仁华一起去做铁路运输调度系统语音记录仪的经历——当时铁路上电话调度如果没有语音记录仪的话，出现事故很难回溯。王仁华把语音编码技术用在其中，获得原电子工业部科技进步二等奖。

在中科大语音实验室创立初期，这些项目给实验室带来了宝贵的资金支持。更重要的是，越来越多的人开始了解王仁华和他所致力的语音事业。

通过这些项目，开鉴定会、接受采访，中科大语音实验室开始渐渐有了名气。别人至少知道中科大还有一批人在做语音处理的研究，在语音编码和语音合成领域已有成果。

另外，因为我要去跑这些项目，经常要去北京，找电子所特别是声学所去谈。中科大系里声学专业的老师跟我说声学所门槛很高，大门是很难进的。但我跑得多了也就混了个脸熟，他们也客气了很多，起码知道中科大也在做这方面的研究。

（王仁华）

但是总体而言，王仁华对实验室的产业化进程并不太满意。当年，国外巨头已经开始觊觎中文语音市场。IBM、摩托罗拉、微软、Intel 相继在中国设立实验室；包括中国社会科学院、中国科学院在内的高校实验室酝酿语音技术多年，却依然没法达到商用标准。国外公司几乎抢占了整个中国语音市场。

王仁华后来跟刘庆峰交流时这样说：

中文语音技术一定要掌握在中国人手里。而且我做语音的时候就知道，将来一定会发展到自然理解，发展到人工智能。明明知道这条道，但是当时不可想象，因为语音本身已经搞得那么惨，我不知道创业是否能坚持"活"到那一天，没把握。我们这一代，或者说更早一代，没有得到很好的结果，但是你们这一代正赶上时候。

我回来以后很努力，讲课，建实验室，跟国外建立联系，开发一些能够应用的东西。但是，离我自己理想中的把语音技术在中国真正发展起来，从而造福于国家还有点远，我觉得能做到这一步在当时不太可能。那时候我们也做了很多项目，我觉得是小打小闹，很难做大，也很难做出很先进的产品，最后成不了事，都是东一榔头，西一棒子，根本没有想过远大目标。

（王仁华）

转折点大概出现在1998年前后。1998年，刘庆峰带队参加在北京的863语音合成评测，在自然度评测中获得了三分（五分是播音员水准，四分是普通人发音表现，而三分则是用户可以接受的水平），这是当时语音合成系统在自然度上获得的最高分数，"是唯一达到可实用阶段的系统"。普遍意义上的语音合成技术市场化的大门隐约被撞开了一条缝。同期，两篇重要的文章也在声学学报发表，分别是1998年6月的《基于LMA声道模型的语声合成新方法》（刘庆峰、王仁华）和1999年9月的《多路实时、高音质数字串合成系统》（刘庆峰、滕永盛、王仁华）。

刘庆峰显然是最先看到那条门缝的人，但在他面前，分明还有好几扇大门敞开着。

1998年7月，李开复正式加盟微软，并亲手创办了微软中国研究院（后更名为微软亚洲研究院），并在中国设立微软学者奖学金。微软中国研究院找到刘庆峰，要向他提供微软学者奖学金，希望他来研究院做一个月的实习生。但刘庆峰表示没法去一个月，后来微软中国研究院的条件一降再降，最后降到去一周，但刘庆峰始终没去。当年，刘庆峰的工资大概一个月 2000 元，而微软学者奖学金则提供上万美元，这个条件很让人心动。

这家了不起的中国人工智能公司的创始人刘庆峰，就是 1999 年我在中国科学技术大学校园里看到的"路灯读书族"之一。他也是我创立微软亚洲研究院后，看中的一位博士生。刘庆峰既勤奋又有创意，是当时最被我看好的年轻研究人员之一，但他谢绝了微软学者奖学金和加入微软实习的邀请，打算自己创立一家人工智能语音公司。我告诉他，中国当时的技术与美国的语音识别巨头纽昂斯通讯公司（Nuance Communications）之间差距比较大，而且缺少有需求的客户。不过幸好刘庆峰没听我的劝告，他全心全意投入人工智能语音行业，创办了科大讯飞。近二十年后，在人工智能国际竞赛中获奖无数的科大讯飞无论技术能力还是市值，都已经远远超越纽昂斯通讯公司，成为当今世界身价最高的人工智能语音公司。

（《AI·未来》李开复著）

刘庆峰回忆，当时他准备创业，想的就是要打败 IBM 和微软，所以不可能接受微软的邀请。十几年后，微软亚洲研究院时任院长、全球副总裁张亚勤在海南博鳌论坛期间很感慨地说，刘庆峰是这么多年来唯一拒绝过微软学者奖学金的人。

刘庆峰的另外一个选择则是去国外读博士。硕士毕业的刘庆峰春风得意，荣获中国科学院系统内研究生的最高荣誉——院长奖学金特别奖。在那个年代，院长奖学金特别奖十分稀有，每年全科学院系统就十个名额，还要包括各个所，一个系都难有一个得奖者。

1998 年，刘庆峰还在新加坡首届国际汉语处理年会上获得该会唯一的最佳学生论文奖（The design and realization of a Chinese speech platform —TianYin HuaWang），邓力为他颁奖。会议结束之后，刘庆峰和霍强等人一起去新加坡海滩边聊天。当时还是学生的刘庆峰，青春昂扬，脱了衣服直接就跳进海里游泳去了。

1998年，新加坡合影，左起：刘庆峰　夏德瑜　陈韬　王仁华　霍强　邓力

有了这些荣誉，当年他只要申请，就可以得到美国、日本、新加坡等国几所著名大学的全额奖学金，出国去读博士。

在新加坡首届国际汉语处理年会之后，刘庆峰在香港逗留，霍强问他："要不要来香港大学读博士？"刘庆峰拒绝了。

大约半年以前，刘庆峰已经下定决心要留在中科大。他去实验室找王仁华，开门见山："我决定不出国（读博士）了。"

这是他深思熟虑的结果。刘庆峰接着说出他的思考：第一，语音技术前景无限，要抓住关键的窗口期；第二，怎么抓住窗口期？唯有用产业化方式来做。否则，仅仅靠实验室的力量，既没有钱留住人，也没有钱买设备。

王仁华回答："我支持你，中科大语音实验室支持你，你可以一边（在中科大）读博士，一边创业。"

刘庆峰：我为什么不出国？第一件事，人机对话有巨大的前景，可能大规模应用近在眼前。全世界的人都要和电脑对话，这个事有多大？想一想就激动人心。

第二件事，语音实验室可以给我舞台。记得1996年我从华为回来，给您写方案说有信心通过"数字串外推"的方法让语音合成的自然度达到四分以上（五分是播音员水准，四分是普通人发音表现，而三分则是用户可以接受的水平），令自然度再上一个台阶。

您看后就让我牵头。那时候我才研二，您就把整个实验室里语音合成的团队全部交给我指挥调配，团队里除了学生还包括实验室的老师。（详情见第六章第四节）

出国，无非是做打下手的工作，而实验室可以给我一个平台施展才华。

第三件事，实验室里的牛人为什么都走了？从罗小强、江辉、傅前杰，再到徐超，个个都厉害，但他们都走了。别的先不讲，当时在中科大读博士一个月给的补贴是两三元，后来您把补贴提到约1000元的时候，我们兴奋得不得了。我跟陈定锋打篮球时说，以后天天都能请他吃川徽饭店的红烧蹄髈了。

在研究生阶段，确实没钱（钱少），所以要打造中国的贝尔实验室，一定要走产学研结合的道路。我记得我当时说，不做产业，就没钱把最优秀的中科大学生留下来。江辉到日本，工资是二十几万日元，那时候对应差不多一万五到两万元人民币；去美国的中科大学生，从来没有自费的，都有奖学金，低的一万三千美元，高的一万八千美元。钱是很重要的一个原因，买设备要钱，国内没有设备，还得到北京找语言所、声学所借。

假如当时能给博士生一个月两万元，工资一个月五万元，一批博士就会留下来，但是我们必须自己挣钱。

王仁华：中科大之前有个党委书记讲过一句话，叫"事业留人、感情留人、待遇留人"。这个次序我后来一直琢磨。在我们那个时代，关于"事业留人"大家没意见，关于"待遇留人"放前面还是"感情留人"放前面，大家意见不同。当时我的看法是，"待遇留人"要放在前面。

刘庆峰：现在要把它完善一下，还有"文化留人"——用文化和机制留人。

（王仁华和刘庆峰的对话，2023年）

一个教授和一个研究生，两个人在打造中国的贝尔实验室的路线图上默契达成了共识——那就是要想做一番事业，就必须留住人；要想留住人，待遇必不可少；那就必须走出实验室，走产学研一体化的道路。这个想法现在看好像顺理成章，但在当时是石破天惊的，更是一个充满勇气和智慧的答案。

王仁华和刘庆峰的那次实验室谈话还有一个重要的部分，那就是"要自己开公司"。

产学研结合到底该怎么结合？一个最重要的问题就是，产学研结合的主体是什么？这在当时没有答案。一开始我们仍是走"外协技术转化"的老路。但外协做项目想做大几乎不太可能，因为起点不够，眼界也很窄。

我跟庆峰说"我们要行动起来"，他提出自己办公司，这是一个好事情。我们后来开公司创业，初期并不顺利。一直到科大讯飞上市前一两年的时候，我们才找出答案——一个市场化的公司应该作为产学研结合的主体。

（王仁华）

在产业化的路径选择上，刘庆峰倾向于开一家公司，这在日后为打造中国的贝尔实验室奠定基础。实际上，决定留在中科大语音实验室读博士和决定开一家公司几乎同时发生，刘庆峰的两个决策几乎是同时进行的，对他而言，那是一段重要的心路历程。

第二节　自己开公司

1997 年，刘庆峰被中科大语音实验室派到福建做工商查询系统。当年，工商查询系统使用起来很麻烦，人必须到工商局才能查询企业相关信息。而刘庆峰去福建搭建的工商查询系统基于语音合成技术，只需要通过拨打电话，拨入企业注册号就可以实现查询功能。这也是语音合成技术在相关行业应用上的第一次深度探索。

中科大语音实验室在福建的合作方负责人是廖杰远。当年，中科大实验室的语音合成技术在国内领先，实验室工作站使用的是 UNIX 操作系统。但刘庆峰跑到福建一看，傻眼了。那边使用的是 PC 上的 UNIX 操作系统，跟实验室 SUN 工作站上的 UNIX 系统是两码事。字节关系完全不同，数据结构也不一样。更令刘庆峰崩溃的是，现场也没有任何 debug 调试工具。

"叫天天不应，叫地地不灵。"可是工商局等着用，要求一个礼拜全部搞完。

后来，我完全靠记忆把关键内容写出来，用"printf"来自己跟踪做 debug，完全静下心来，花了一个礼拜才搞定。

我那一个礼拜天天晚上熬到三四点，有时候到五点，早晨七八点起来继续干活。一个礼拜干下来，眼睛都睁不开了。

项目完成后，廖杰远送我去机场。临上飞机前，廖杰远跟我说："你这个礼拜太辛苦，那个项目 30 万元，给你 1000 元辛苦费。"当时我觉得 1000 元很多。

（刘庆峰）

此前，福建的合作公司已经与中科大签署知识产权转让协议，出一笔钱购买语音实验室相关成果的知识产权。不仅如此，公司还和中科大签约，每年都付一笔钱，购买实验室后继所有知识产权。当时在中科大科技处的王兵（后来任中科大资产经营有限责任公司总裁）经手了协议的签署过程。回到当年，这也是中科大语音实验室技术成果转化的探索之一。

这个合同当时是在我手里经办的。王老师觉得，有社会人士、企业愿意投资，把他的成果用到这个产品中、用到服务中，他就很高兴了。对知识产权这些经济利益也不太看重，把所有的权利都给了企业。

当时我为这个合同还跟王老师建议，应该保留一些所有权。但是王老师觉得，能够得到应用是最重要的目标，如果企业应用后得到利益，可以再给学校和实验室的老师反馈。可能恰恰是当时这样一个背景，使得成果的转化工作推进速度更快。

（王兵）

福建工商查询系统项目令廖杰远意识到，光拥有知识产权不够，如果没有真正可以驾驭这些技术的人，知识产权无法变现。廖杰远于是游说刘庆峰，让刘庆峰留下来做公司的总工程师，同时在合肥成立研发基地。

刘庆峰和王老师商量之后，觉得可以试一试。

1997年底，福建中银天音成立，刘庆峰一边读研究生，一边远赴福建担任总工程师。

1998年，王仁华开始跟福建中银天音合作，一起搭建"中科大中银天音智能多媒体实验室"。与此同时，合肥研发基地成立。

此次合作，不同于以往项目式的外协技术转化，而由企业出钱买下实验室的研发成果，再二次研发，去市场上推广，实验室分享经济成果。实验室的工作是帮助企业一起做产品开发。这段经历让王仁华和刘庆峰的心态都发生了变化。

联合实验室运行时间并不长，1998年夏天正式挂牌，到第二年春节前后，福建方面经营出现困难，连联合实验室员工的工资都发不出来，情况非常严峻。刘庆峰的领导力开始显现，他以个人名义签字借钱，给联合实验室员工发了工资和年终奖。

1999年2月，联合实验室的员工一起开会。大家一致要求刘庆峰不能只做总工程师，而要做总经理，不仅管技术，还要管钱、管人、管市场。

实验室的人说，要不然你来当总经理，要不然大家就散伙。这对我来说是勉为其难的。我不想管钱、管人、管市场，我觉得做研究才是创新。

但是我最后发现，交出经营权是不负责任的。别人不懂技术，合作方有很多想法，今天想搞语音PDA，明天又想做语音听写软件，市场开拓没有前瞻性，导致研发很吃力，失去了主导方向。

我最后成立硅谷天音当CEO的原因是什么？第一，我在前期产业化过程中看到了商业机会，语音虽然一直做得很辛苦，但是我越看越觉得这个产业前景巨大。第二，我好不容易把这些人聚在一起，王老师说从来没看到这么多优秀的中科大人才在一起。如果我不做CEO就太可惜了，所以我就决定当CEO。

（刘庆峰）

庆峰跟我说：如果没有主动权，就是在折腾。他的想法就是，自己开公司，自己把握自己的方向，要想实现理想，有自己的公司才能有机会。这也是他决定留下来读博士的一个重要因素。当然，开公司也有很大的风险。所以这在当时是很轰动的事情。回头想一想，下定决心开始自己做一家公司是一个很重要的转折点。

（王仁华）

成立新公司需要钱。刘庆峰去当时的安徽省经贸委、安徽省计划委员会"游说"，成功"拉"来60万元；他又去找福建方摊牌，说要在合肥做独立公司，不然大家就散伙，但他同意福建方继续担任大股东；团队又凑了一些钱——这才把公司开起来。

新公司成立后，刘庆峰特别给中科大留了20%的干股（无形资产），学校将其中的6%奖励给王仁华，这是后话。

1999年4月，安徽硅谷天音科技信息有限公司正式成立，刘庆峰担任CEO，第一大股东是福建硅谷电脑科技股份有限公司，第二大股东是科大实业，第三大股东是金安实业。这是一家注册资金300万元的小公司。硅谷天音真正挂牌是1999年6月。刘庆峰决定以硅谷天音为主体，主导中科大语音实验室成果转化。这也是科大讯飞的前身。

1999年11月，早期创业团队合影

第三节　梅影里：星星工作室

2016年，刘庆峰在科大讯飞年终总结大会上说："1998年底，我和（刘）庆升（刘庆峰弟弟）跑遍了中科大周围几乎所有小区，终于找到一间西园新村的房子。我们曾经把那里叫作'星星工作室'。因为每天看着星星升起再落下去，基本都是凌晨三四点睡觉。"

1999年春天，科大讯飞（硅谷天音）的创业团队窝在一间三室一厅的楼房里——龙河路23号西园新村的"梅影里"。它以前是合肥郊区长青乡和杏花乡部分生产队的菜民宅基地和蔬菜地，中央有口塘叫蔡大塘。1985年中房合肥公司开始修建西园新村时，仿照上海一些新兴住宅小区把蔡大塘改造成"西园湖"。这也是让早期在西园新村里干活的创业者印象深刻的景观。

刘庆升（SA9909，安徽淘云科技股份有限公司董事长）是其中一员，他这样描述那座房子。

两室一厅，厅小，主卧非常大。主卧可以放六台电脑加两张单人床。那时候我们把很多学生请过来，晚上帮我们加班写代码，经常加班到凌晨一两点，两张单人床根本就不够睡。最后不够睡怎么办？我就把两张床拼起来，不是竖着睡，而是横着睡，这样可以睡五个人。

学生晚上过来搞到一两点，早上八点还得起来到学校上课，因为不能逃课，上完课再回来干活。

（刘庆升）

这间民房当年月租金200元，但房子是空的，家具由学生们自行采购。刘庆峰咬咬牙，跟刘庆升商量，不能去家具城买，买不起，要去就去城隍庙买。1998年的冬天特别冷，两人穿着军大衣，里面揣了一万元，"把钱捂得紧紧的"。

后来，这一万元在"谈判"中发挥重要作用。价格僵持不下之时，兄弟俩把一万元拍出来,很硬气地说:"我们钱都带来了,你干不干?"这才顺利成交。为了杀价,所有家具都没买现货——而是先在工厂定做,再由刘庆升找车把货拖回"梅影里"。

"梅影里"自然舍不得装空调。1998年的夏天异常炎热,年轻人在闷热的空气中夜以继日地工作。"那时候几乎天天吃盒饭,有时候饿了就啃个黄瓜充饥。"

尹波、黄海兵、狄雨是"梅影里"的常客,后来陈涛(SA9511,现任安徽言知科技有限公司副董事长)和江涛(PB9310,现任科大讯飞高级副总裁)也在那里待过一段时间。当年中科大学生毕业或出国前夕都有一到两个月的空窗期,刘庆峰就拉他们给公司帮忙,付他们每月一千元至一千五百元薪水。

有个叫李强军(音)的青年,刚刚考上北京大学光华管理学院研究生,开学前被刘庆峰拉来打杂,工资一个月一千元左右。李强军在"梅影里"的主要工作就是买菜,从头开始学怎么讨价还价。后来聚在一起喝酒的时候,大家就笑,说这就是"北大的MBA来给科大讯飞买菜"。

刘庆升也买菜,不仅买菜,还要做饭。

> 当年实验室没钱,我哥就让我给大家搞点好吃的。我就去菜市场买点鱼、买点肉烧给他们吃。偶尔加个餐,就是去一家小店买湖南酱鸭,我记得店就在西园新村边上的"蜀王"(合肥一家本土餐饮连锁企业)旁边。那时候的蜀王东西太贵了,我们吃不起。
>
> (刘庆升)

1999年团队初创的仓促和凌乱可见一斑,但仍洋溢少年气。20世纪90年代的中科大如日中天,牛人扎堆,锋芒不逊于清华、北大。在这样的环境中,大家做出了杰出的工作。

记得那时候"梅影里"的一个主要工作是把中科大实验室语音合成技术与当时的IBM语音识别技术、台湾蒙恬手写技术,合成到一个软件中,名字是"天音话王98"和"畅言2000"。

当时大家觉得这是计算机信息输入的一个非常好的手段，因为那时候很多人还不会用输入法打字，大家或用语音，或用手写；还有一些人输入完之后，比如写稿之后，最后要检查稿子里有没有错字，对着计算机看得累，我们就把语音合成出来，有没有错字一听就听出来了。

有一个事情我现在还记得，黄海兵他们做完一套系统之后，我哥（刘庆峰）带着他们去找IBM，说要把语音合成跟语音识别结合起来。当时IBM合作最多的是中国的汉王。汉王是做手写的，它把手写和语音识别结合在一起，赚了很多钱。我们去找IBM，IBM有点不信，说几个学生怎么能干这个事。

我哥就说，IBM只要把它的接口给我们实验室，实验室做好再给IBM看就行了。

从IBM回来后，大概两个礼拜我们就把系统做完了，拿到IBM演示。我哥回来之后跟我描述：IBM的人一看，大吃一惊，问我们到底有多少人在干。我哥说三五个学生在干。IBM表示要做这个事自己至少要有两倍以上的人——十个人，要干两个月。当时IBM就觉得我们这帮学生特别厉害。

但我们确实也很辛苦，晚上干到一两点、两三点，在床上睡一会，然后起来再干。

（刘庆升）

刘庆峰在科学世界里的天赋自不待言，但他对现实世界的洞察力，也开始显现。科大讯飞最初创业的班底就来自王仁华的实验室。从王仁华身上，刘庆峰继承了一种能力：就是在自己周边寻找能力出众的牛人并吸引他们的能力。在这一点上，刘庆峰和自己的老师简直如出一辙。

第四节　王仁华的"开公司四原则"

1999年6月9日，一家名叫"硅谷天音"的公司在安徽省工商行政管理局注册登记，注册资本为300万元。

这是福建硅谷电脑科技股份有限公司（以下简称"福建硅谷"）、科大实业、金安实业3名法人与刘庆峰、王仁华等9名自然人共同出资设立的有限责任公司。在设计股权结构时，中科大以无形资产占股20%，这20%的股份分成两部分，由科大实业持有14%，剩下的6%则按规矩奖励给实验室主任王仁华。

如何分配学校这6%的奖励？王仁华决定把大头分给刘庆峰。但刘庆峰不同意，他找到王仁华说："奖励的股份你必须多拿，这是你毕生的心血。"最后双方妥协，这部分奖励王仁华拿4%，刘庆峰拿2%。

但在公司的整体股权上，刘庆峰比王仁华多。

不仅如此，王仁华还定下"开公司四原则"。

之前我一直待在学校里搞研究，但公司不能不开，所以后来我定了"开公司四原则"。

第一条，我们要完全按照公司制运作，这是最重要的。

这条是什么意思呢？按照公司机制运作，就不能完全听取学校的想法。

第二条，参加创业的学生也应该有股份。庆峰的股份应该比我多。公司未来也要融资。

当时很多人不理解这条，很多老师现在可能都不理解。但我们给学生分配股份，这一条是明确的。

第三条，我可以当董事长，但是我不会过度干涉公司的经营、生产等。年轻人比我做得好，我不会去干预他们，放手让他们做。

整个公司在建构、发展过程中，庆峰做得比较多。我的重心在中科大语音实验室，先保证技术的领先和产品研发，我还要协调公司和学校的关系，校长有什么事情一般先找我，再找庆峰。需要我出面的时候我也可以出面，那时候我毕竟是教授，庆峰他们才26岁事业刚起步。在学校里，我讲话还有点用，让他们去讲可能困难一点。

第四条，我想通过这个公司真正创造出一种高校产学研结合的模式。

当时研究成果很多，但缺少很好的成果转化，更没有公司像科大讯飞这样产出对国家有帮助的成果。我当时想法很简单，跟这些优秀的学生一块搞这件事情，我们要走出真正的产学研道路。

这就是我当时开公司的几个基本原则。

（王仁华）

四条原则中，第一条是总则，按市场原则开公司，奠定了科大讯飞的基础；第二条是股权分配；第三条是分工；第四条则拟定了公司的目标。

回到1999年，我们看王仁华的"开公司四原则"，展现出非一般的超前和清醒。

超前是他把搭建高校产学研机制和学生股权分配联系在一起。这种联系是石破天惊的。

清醒是他厘清了重要的边界。厘清边界需要胸怀和智慧。

问：按道理来讲，你是实验室老大，为什么要这样分配股权？

王仁华：之前我讲过，关于开公司，我和庆峰达成共识了。庆峰在这个事情上想得更透彻。他觉得不搞公司，就没钱，也无法留人。他的观点一直很明确。

开始我没有想到这一点，但后来我也觉得它很重要。后来的转变是为什么？我原来设想的产学研模式就是，成果转化以后，我这里挣到钱，就把实验室搞好一点，给大家多发点工资。我没想到这点工资留不住他们了。

我上次说过那个排序，事业留人、感情留人、待遇留人。当时学校里的政策就是这样。但我体会到，感情留人只是一方面。在我的学生加班吃着方便面的年代，出国的学生一个月就能赚两万元，差距太大了。

所以我决定搞公司，但该怎么搞呢？那时候也没有很好的典型，没有可以参考的例子。庆峰就慢慢琢磨这个事情该怎么做。一开始是和福建中银天音合作，我把技术卖给它，帮它搞点产品，它付点钱就结束了。

后来庆峰说这样做收效不大。我们手上应该有一个公司做主体，解决市场上的一些情况，产学研道路才有可能走得通。要不然产学研跟谁结合？怎么结合？我们得有掌控力。

如果建立一个公司作为产学研主体，那就不一样了，股权变得很重要。一般产学研是不涉及股权这些东西的。即使是和别人合办企业这种模式，一般只有老师可以持股，那个股份是学校奖励给老师的，学生是不允许持股的。

我的第二条原则就是，学生创业，应该有股份。学校不允许，我当时就跟学校说："实验室里的这些学生，我没有理由不给他们股权，而且不给他们股权也留不住他们。"

问：股权分配最后涉及公司控制权的问题，在一开始设计股权分配的时候，你有这个意识吗？

王仁华：我没这个意识。办公司归办公司，我没想到办公司要挣钱或者上市。那时候怎么可能想到这些？

我只是觉得我要支持他们做这件事情。学校奖励的股权是给我的，因为我是老师，他们是学生，学校不给学生股权。但是我们在商量的时候，我觉得在办公司这个事情上，庆峰比我做的事多，所以他的股份比我多是应该的。这个事情很简单，我就是这么想的。

而且，那个时候我有薪水，还能从外协项目里给学生发一点补贴。我觉得我不太需要（股份）。

（2023年 王仁华家中对谈）

王仁华和刘庆峰对股份的相互谦让，证明两人都不是把利益看得特别重的人，但这并不意味着刘庆峰对股权的稀缺性没有清醒的认识。相反，他看重股权的稀缺性，珍惜它，不舍得卖，不惜把身家性命都搭进来，这是属于刘庆峰的另一面——事关讯飞，孤注一掷。刘庆峰后来说："实际控制权，对我们实现以人工智能建设美好世界的梦想至关重要。"

1999年10月10日、1999年10月29日、1999年11月8日，硅谷天音历经三次股权变更，福建硅谷逐步退出。刘庆峰从最初的福建合作方手里收购股权，并在实验室创业团队内重新分配股权，大家的股份均以现金或者借款方式出资获得。

在三次股权变更之后，刘庆峰成为第一大股东，科大实业排名第二，王仁华排第四。从这时起，硅谷天音才真正意义上成为由创业团队实际控制的一家公司。2008 年，科大讯飞上市，此后的 12 年里，刘庆峰未曾卖出一股。这在中国上市公司，尤其是创业公司中极其罕见。

第五节　合肥出手

硅谷天音是一家注册资金 300 万元的小公司，一个月发工资就要 20 万元；基础研究资金投入也很大，当年，公司正在研发的技术有 AnyWhere 语音电子邮件系统技术、畅言 2000 技术等。

到了 1999 年底，钱花得差不多了。科大讯飞创业团队成员江涛回忆，年底账上就剩下 7 万元了。江涛是中科大自动化系的本科生，他通过招聘加入科大讯飞。

> 当时有一个同事的显示器老是坏，有一天他在过道里把庆峰拦住，说想换个新显示器。庆峰犹豫了几秒钟说："好吧，那就买一个。"这个同事又补了一句："我想换个 17 寸的可以吗？"庆峰就说："现在账上就剩 7 万元，你看着买吧。"最后那个同事没换显示器，每天就在煎熬的过程中硬扛。
>
> （江涛）

融资，是唯一的出路。电子部六所和彩虹集团有意投资科大讯飞，初步框架已经拟定，投资额高达 5000 万元，但提出科大讯飞不能待在合肥，应该去北京。福建等地也有投资人在跟刘庆峰接洽。

当时的合肥，还处于家电产业的黄金年代，荣事达和美菱如日中天，但有识之士已经认识到，必须紧握科教与创新两个拳头，加快科技成果转化，打造创新之城。

"科教兴市"是合肥发展的基本战略。1999 年是合肥科技发展的关键一年。这一年，合肥厚植科技创新的土壤。当年 3 月，《合肥市科学技术进步条例》正式颁布施行，从法规的角度确定了民营科技企业在科技三项费用、技术创新和技术升级等经费支持上与国有企业一视同仁，民营科技企业的地位进一步得到提高。1999年8月，合肥建设民营科技企业园及合肥高新区软件园。

  合肥市那时候正在争创"科教兴市"先进城市。我参加了市政府召开的发展软件产业的座谈会，我的发言吸引了分管科技的副市长的注意，他觉得我们思路很好。

  记得我当时跟他聊1999年刚刚出来的一本很火的书，比尔·盖茨写的《未来时速》，比尔·盖茨说，语音是人类最自然的沟通方式，同时又是文化艺术和民族的象征。

  我就说，语音技术前景无限，我们是863语音合成（评测）第一名，团队成员又年轻，都是中科大出身的。

  他一听觉得是那么回事。

  我接着说：这个团队，可能要离开合肥。

  他赶紧问：为什么？

  我就直接说：没钱。去北京可能有机会。

  我紧接着说：但我们背靠中科大，是想留在合肥的。

  他说，这么好的公司，这么好的团队怎么能离开合肥？他要留住我们。所以车俊书记（时任合肥市委副书记、合肥市政府代市长）就带队找我们来了。

（刘庆峰）

  车俊书记经过调研之后，力主留下这支年轻的创业团队。而要做到这一点，只有出手解决资金问题。

  他是个行动派。1999年底，他亲自将合肥美菱股份有限公司（下称"美菱集团"）、合肥永信信息产业有限公司（下称"合肥永信"），以及安徽省信托投资公司（下称"安徽信托"）的负责人带到硅谷天音的办公室，向他们展示语音合成技术。

  在合肥市委市政府的撮合下，三家企业决定投资，各投1020万元。时任中国科学技术大学副校长的程艺后来还参加了签约仪式。

地方党委政府帮助他们，我觉得看中的是两样。第一，看中了这支队伍，第二，看中了这项技术。把这两样看准，其他的投资机构就愿意投资。

（程艺）

融资对于学校来讲也是个新生事物，以学校实验室为基础竟然能够在市场上融到一大笔钱。当时我觉得很不得了，主要归功于合肥市委市政府的支持。

当天签协议的时候是我代表中科大去签的。当时我还在家里吃饭，校长跟我说签约没人了，喊我去顶一下。我就立马过去，打了一辆我人生中坐过的"最破"的出租车，甚至那个车座下面的弹簧都还扎屁股，我不得不借力用手撑着，才赶到签约地点，参与见证了科大讯飞的第一次融资签约。

签完协议已经晚上8点多。聚餐过程中，车俊市长说了一句话我至今记得，"我不求所有，但求所在"。就是说科大讯飞是谁的与他没关系，只要在合肥就行，他希望科大讯飞能够在合肥生根发芽，结出硕果。

所以在政府的大力推动下，那次融资成为非常重要的一个节点。直到今天我的印象都非常深刻。学校那时候对融资也给予了大力支持。按道理说，一旦融资，就意味着别人要来分一碗羹，毕竟人家投资了。所以在这种情况下，中科大是非常有远见的，知道要把它推进市场，不能老抱在怀里。

（程艺）

1999年12月30日，经过融资扩股之后，在原安徽硅谷天音信息科技有限公司的基础上，中科大讯飞信息科技有限公司成立（后改名为安徽科大讯飞信息科技股份有限公司）。这一天，三家新股东的3060万元投资到账。创业团队的资金危机暂时解除，公司也如大家所愿留在了合肥。

新公司股权结构大致如下。

第一，新公司总股本6000万元。王仁华担任法人代表、董事长；刘庆峰任总经理。

第二，安徽信托、合肥永信、美菱集团分别以现金1020万元、1020万元、1020万元真金白银作为出资，三家各占17%，共占股51%。

第三，原硅谷天音经评估后净资产为 2944.15 万元，折股 2940 万元作为出资，占股 49%。

其中，原硅谷天音净资产分为"净资产账面价值"和"无形资产价值"。其中，净资产账面价值为 303.82 万元，净资产出资比例占全部注册资本的 5%。

第四，原硅谷天音股东，包括科大实业在内，所持股份均被稀释，大约稀释一半。

2000 年，公司搬到合肥高新区软件园二号楼，有了第一个真正的独立办公场所。

王仁华在软件园的董事长办公室

刘庆峰称车俊为"伯乐"。

2000 年 6 月，市政府组团到美国"招商引智"，刘庆峰就作为企业代表加入招商引智团。在美国的 18 天里，刘庆峰先后参观考察了微软、波音、亚培、先灵葆雅、网讯、戴尔、思科、信网、奥瑞德、高通等 15 家知名的高科技企业，华盛顿大学、哥伦比亚大学、斯坦福大学、加州理工学院、贝勒医学院、得克萨斯大学奥斯丁分校等 8 所国际知名大学，参加了 7 场宣传合肥、合肥高新区、合肥软件园及合肥留学人员创业园的推介会。这是刘庆峰第一次出国，大开眼界，大长见识。在微软门口，代表团特意留下了一张合影。

2001 年 5 月，在《中国市长》杂志发表的一篇文章《事业留人是人才竞争的关键》，就提到了科大讯飞的案例。

事业留人是人才竞争的关键（节选）

中科大是合肥的骄傲，中科大是合肥人的招牌，中科大有7000多名学子在美国，有数千名学子在深圳、上海等大城市，但留在合肥的学生很少。大家都在问："为什么？"而中科大的学子也在问："我留在这里能做什么？"

人才的流动不以人的意志为转移，人才流动趋势是向最能发挥人的潜能的地方流动。留住人才的关键，是建立适合人才创业的环境和土壤。科大讯飞是年轻的（27岁）博士刘庆峰领头创立的高新技术企业。国家"863"项目智能化语音合成技术是其核心技术，具有自主知识产权。在推广科研成果产业化的时候，科大讯飞面临两种选择：走或留。走，外地特别是沿海地区欢迎它，海外欢迎它；留，要看当地政府的态度和具体的扶持。

可喜的是，中文语音合成技术在省、市领导的关注和支持下，在合肥完成了产业化的起步工作。科大讯飞在合肥诞生了。科大讯飞的事业在合肥，刘庆峰就留在了合肥。事业留住了刘庆峰，事业也留住了中科大112名博士、硕士、本科生。同时事业还唤回了前几年已去深圳、上海及海外的中科大学子（如科大讯飞的一位副总经理就是从深圳的华为回来的）。

刘庆峰及其伙伴在合肥创立了自己的事业，他们也对合肥这块热土充满了感情，这里激发了他们的聪明才智和创业热情。由于科大讯飞正在发展，更多的人才得以聚集，从而留在了安徽，留在了合肥。

（《中国市长》2001年5月　作者盛志刚）

2004年，车俊调任河北省委常委、政法委书记之前，在科大讯飞跟刘庆峰有过一次座谈。那时科大讯飞还没有盈利，周围有很多声音，车俊对刘庆峰说："不要着急，要做稳，千万不要拔苗助长。"

若干年后，人们以土壤和良种的关系来比喻合肥和科大讯飞。这粒当时还很小的种子现在已成长为人工智能领域的龙头企业，带动了合肥市智能语音和人工智能产业生态的发展。这一切得益于当年合肥市委市政府的高瞻远瞩和当机立断。

第六节　股权之争

1999年11月12日,《中国青年报》刊出一篇报道,引发轰动。

中科大6学生获668万元股权奖励

本报合肥11月11日（通讯员 赵如江）今天,中科大6名学生获准得到总计668.85万元的技术股权奖励,大学生智慧成果成了资本,这在全国高校中尚属首例。

这6名大学生是因参与计算机"人机语音对话技术"研究并做出创新成果而获此奖励的。据中科大人机语音通信联合实验室主任王仁华教授介绍,这些学生参与研制的中文语音合成技术,可与IBM国际领先的语音识别技术相媲美和互补,由此诞生了我国首台"能听会说"汉语的电脑,为我国在国际人机语音对话高技术领域赢得了重要一席。

中科大科技实业总公司等三家单位,已于日前以该项技术为主入股发起成立了中科大天音公司,吸引了安徽省信托投资公司等三家国有企业3060万元的现金投入。该项技术成果以2940万元参与股权分配,占公司股份的49%。

这6名学生,有博士生2人、硕士生1人、本科生3人。其中,博士生刘庆峰因做出多项关键技术创新,首次把中文语音技术推进到实用水平,为技术成果转化做出突出贡献,获得个人最高股权奖励,并被聘任为该公司的总经理。

（《中国青年报》1999年11月12日）

从这则报道可以看出,当年为了绕过学生持股的政策盲点,刘庆峰等人的股权是通过"奖励"才拿到的。1999年,中关村正刮起"知本家"风暴。中国新兴知识分子——靠知识创新获取财富的"知本家"已登上历史舞台。北大方正王选、联想总工倪光南和四通总工王缉志算一类,新浪网王志东、科利华宋朝弟等算一类。

知本家，是从"资本家"一词中派生出来的，是以知识为资本的人。这些人的共同特点是，知识是他们赖以立足的最大资产。

现在，王仁华和刘庆峰也成为"知本家"的一员。2000年3月，刘庆峰在接受《南方周末》记者采访时谈起过对学生持股的看法。那是一个极富远见、非常成熟的思考，很难相信出自一个26岁工科在读博士之口。

26岁的百万"知本家"刘庆峰（节选）

记者：现在社会上谈起你们这些学生老板时，常常说你们"一夜之间成为百万富翁"，你听了以后是什么感受？

刘庆峰：这个说法不是特别准确。任何的成功都离不开积累，不可能是一夜之间的事。人家知道我们六位大学生是百万富翁了，其实从某种角度说，这都是虚的，股权本身不是真正的钱。

我觉得股权现在值多少钱或将来值多少钱并不重要。我们更看中的是这个股权代表的在公司说话的分量。

我们最担心的是，我们把自己的科研成果放到公司，把我们的青春、我们的精力都投进了公司，把公司做到我们设想的那样，成为国内或国际的知名企业，产生很大的影响。

万一主管部门派一个不懂行的，或者仅仅是一个行政上的领导，由他来决定公司的发展方向；而我们在公司又没有非常合法的否决权和说话权，对我们来说这是一个非常大的危机，可能会影响我们做事情的热情。股权通过合法的方式，确定了我们在公司说话的地位和对公司运作的经营权，这一点我觉得是最关键的。

（《南方周末》2000年3月）

股权不仅仅代表财富，其本质是权利的集合，包括身份权、财产权和公司治理权。就像花束一样，它是一束，并不是一朵。

20世纪90年代，世界范围内公司内部治理体系的框架正逐步完善。科大讯飞一登上历史舞台，就展现出现代公司的治理意识。这也是王仁华反复强调的——"开公司四原则"中最重要的第一条:"我们要完全按照公司制运作"。

但新的治理结构究竟意味着什么?这是一道横亘在所有人面前的分水岭,也可以说是一座迷宫。最初,承受那种转换冲突压力最多的是王仁华。

1999年底,合肥三家国资企业的融资协议刚签,时任科大实业总公司董事长的校长助理陈宗海找到王仁华,说中科大占的股权太少,要求增加股权,不然就不让用"中科大"三个字。

> 融资之后,科大实业当时占了我们9.8%的股份(见第七章第五节)。学校想要增加中科大的股份,出发点是好的。
>
> 但当时是什么情况呢?
>
> 首先,学校并非技术入股,别的中科大创业公司都是以科大技术入股的,占20%。中科大那时候技术股权已经全部卖给福建方面了(见第六章第二节),所有成果的产业化权利都归福建方面。
>
> 科大实业9.8%的股份是怎么来的?简单来说,一开始成立硅谷天音时我们送了20%的股份给科大实业。本来这20%的股份可以直接送给我们团队,但我要求将它送给科大实业。
>
> 后来科大实业奖给王老师6%,自己还有14%,又投了28万元,扩股扩到20%,成为科大讯飞早期的第一大股东。
>
> 三家公司进来后,新投资人投了3060多万元,才占51%;我们之前的所有股东包括科大实业在内,算下来一共2940万元,占49%。这样,科大实业的股份就变成了9.8%,估值有500多万元。当年,这个估值已经很高了。
>
> 当年协议签的是中科大讯飞信息科技有限公司。协议刚签,学校就有人说,我们的公司名中不能有"中科大"几个字。但当时签约,省、市领导都出席了,中科大领导也出席了。中科大是签过字盖过章的,突然让我增加股份,这怎么可能?我也没法给公司交代。
>
> (刘庆峰)

1999年的刘庆峰还是个在读博士生,压力主要落在王仁华身上。1999年,高校行政体制与市场经济机制之间牵扯了很多历史问题。时任中科大党委书记的汤洪高回忆："学校为这件事特地召开了一次党委会，但是讨论归讨论，没有任何结论。"

谁也说服不了谁。王仁华的态度是顶回去，他跟学校说："你别找我。我们现在成立公司了，科大实业是股东，我们都是一个董事会的。有什么事你到董事会上去讲。"

这涉及到公司制度的问题。在现代公司制度下，所有权与经营权分离，董事会对股东负责，管理层对董事会负责，股东通过股东会行使选举权、监督董事和管理层的权利。

后来董事会真的开了，陈宗海在会上提出了增加股权的要求。刘庆峰也参加了那次董事会。"我们当然没说什么，如果大家都愿意的话就通过。但其他董事都不同意。"于是，这场股权之争不了了之。但是后遗症还是有的，王仁华的岗位津贴被取消。

可想而知，开董事会的时候，那些董事一个个跳起来，觉得哪有这么一说。这事现在想想很可笑，但对我是个考验，如果那个时候我没有顶住压力，大家跟我去搞科大讯飞这件事情的决心就会动摇，导致军心涣散。

学校找我，说我向着外面，外面的人把我搞定了，什么都解决了。我说，我做每一件事都是透明的，是按照公司制度来的，没有一件事是我私下跟他们决定的。

（王仁华）

一方面，学校要求增加股权的诉求不了了之；另一方面，王仁华和刘庆峰并不执着于公司名字里一定要有"科大"二字。

后来科大讯飞上市前夕，刘庆峰在和董事会讨论时反而建议名字不用"科大讯飞"而用"讯飞科技"，理由是"带大学名称的公司都做不大"。这也得到了王仁华的支持，并最终在董事会内形成共识。后来刘庆峰首次带队到证监会沟通上市事宜，本以为作为中科大核心技术起步的高科技公司会被高看一眼，没想到却受到很大质疑，证监会对中科大做产业化极不信任。从证监会出来，刘庆峰的雄心被激发出来。从证监会门口一出来右手边是个旗杆，刘庆峰就站在旗杆前说："我们不叫'讯飞科技'了，就叫'科大讯飞'。要让中科大产业从哪跌倒再从哪爬起来，一定要成为中国高校最好的上市公司。"

二十多年后，汤洪高对股权之争有一个格局更大的复盘。

当年有这件事，学校不让用"中科大"几个字，我记得学校要求扩股到30%甚至更多。

第一，有些人对科大讯飞的认识有分歧，说学校把技术都给科大讯飞了，其实科大讯飞的技术，绝大部分是自己研究成果的转化，没用多少学校的东西。学校提供的那点东西想要占30%、50%，是不可能的。

第二，目光不能太浅。如果这个蛋糕做不大或者公司"死"了，占51%又有什么用？这样的事情不少吧？但是反过来，即使学校只占1%，如果蛋糕做到像科大讯飞这样，达到千亿级别，拿到的钱也比占51%多得多。

第三，中科大和科大讯飞，谁的贡献比较多呢？我认为不能说谁沾了光，谁吃了亏。"科大"两个字，当然有含金量，在科大讯飞创业初期发挥了巨大作用，这不能否认；但是之前人们的印象是中科大基础研究好，成果转化不太好。现在不一样了，人家一听到这种说法马上说："谁说的？科大讯飞就不错。"这对中科大的影响是不是正面的？所以，要在思想上解开这个争论的纽结。

（汤洪高）

从高校实验室体制走向公司现代治理体系建设，不可能完全设计出来，而是这样一脚一脚，在一片混沌中摸索出来的，放在现实则是一场又一场的博弈。

第七节　中科大西区最成功招聘会

2000年3月的一天，95级力学系的于振华（PB9505，现任讯飞研究院杰出科学家）正在中科大西区闲逛，看到很多同学都在朝一个方向走。循着人流，他进入中科大西区的报告厅，这里正在举行一场招聘会，台上一个叫刘庆峰的学生正在激情演讲，说的是中国语音产业的事情，台上的人信誓旦旦，仿佛已经看到了未来。

于振华那时候刚刚拿到高薪offer，坐等上班。"老刘说'要把中文语音技术掌握在中国人自己手上'，我一听就来了感觉，之前的offer不要了，就跟老刘到创业公司民房上班。现在想想，冥冥之中自有安排。"

于振华虽然是力学系的，但编程能力很强，他后来和陈涛、王智国一起成为公司工程领域的主力军。没有那场招聘会，讯飞研究院就会少一位"大神"。

后来担任中科大党委副书记的鹿明（时任党委学生工作部部长、学生工作处处长）也参加了那次招聘会。很多中科大老师认为，那次招聘会是西区历史上最好的招聘会——阶梯形的礼堂当时全部坐满，连走廊上都站满了人。在招聘会之前，先演一场情景剧《错爱》，说的是学生和"会说话的电脑"产生感情的故事。气氛被带动起来之后，刘庆峰跳上主席台开始演讲。

2000年的时候，中科大学生毕业基本不会留在合肥。

我就讲两个事情。第一，语音技术为什么前景无限。第二，凭什么是我们？我们如何整合源头技术？如何制定标准？怎么成为产业的领导者？

我感觉那次讲得不错。大家一方面是好奇，另一方面，大家听完之后，感觉跟这个人可以干成事情。

（刘庆峰）

那也是科大讯飞在中科大办的第一场校园招聘会。虽然科大讯飞名不见经传，但刘庆峰召集了当年中科大BBS（瀚海星云）的版主给招聘会造势。瀚海星云BBS有八个版主，六个都加入了刘庆峰的创业团队。

后来担任过科大讯飞执行总裁的陈涛（BBS网名：绝地战警/Bad boy）对此印象深刻。

我当时已经从黑客版卸任了，黄海兵（BBS 网名：海娃/Sea Boy BBS 嵌入式版版主）接了我的班，还有张焕杰（瀚海星云 BBS 站长：james_zhang），一群版主级别的人都参与了那次招聘会。

那个年代，中科大人才辈出。如果刘庆峰自己跳出来说自己团队牛，中科大学生的理解就是：再牛也不过是六系牛，那我十一系就不牛了吗？但如果他们看到一批 BBS 版主都加入这个创业团队，而这些版主都是在各自领域拥有很大影响力的，那这个团队肯定有吸引力。"

（陈涛）

陈涛很早就加入了创业团队，他是中科大 BBS 黑客版的老大，"绝地战警"的网名如雷贯耳。1997 年，中科大搞了一次软件大赛，陈涛的"游戏蛀虫"获得第二名，第一名是胡国平（团队）的"游戏引擎"项目。刘庆峰邀请陈涛加盟的时候，陈涛正在盘算是单干还是拉团队一起干。陈涛还反过来挖刘庆峰："有一家日本投资公司给我投资办软件公司，你到我这里来吧。"

笔者："游戏蛀虫"是什么软件呢？

陈涛："游戏蛀虫"，类似于后来的"金手指"游戏，可修改游戏参数，改为无限生命、无限金钱，比如把财富值从 1000 改到 1 亿。庆峰他们当时在做畅言 98 的过程中发现盗版比较厉害，就通过黄海兵来找我，一开始说是帮忙，帮他搞软件加密。和我接触完了以后，庆峰可能觉得我不只能干破解或加密方面的活儿，就拉我入伙。

笔者：你当时面临选择吗？

陈涛：我是十一系的研究生，1998 年毕业，我是可以留校的，去六系或二十三系都可以。如果去工作，中兴和华为都给了我 offer。还有，我一直在做外包，接私活，一个月收入接近 4000 元，在当年是很富裕的。我 1996 年就买电脑了，CPU 还是从日本买的，总之生活很滋润。

我当时面临的主要选择是自己搭团队做"游戏蛀虫"，还是入庆峰的"伙"。当时我已经把"游戏蛀虫"的光盘刻好，准备对外卖了。后来我决定加入科大讯飞，就放弃做游戏的事了。八九个月之后，金山游侠（国内知名游戏公司）就出了软件，跟我的"游戏蛀虫"是一回事。

笔者：最后你决定"入伙"，打动你的是什么？

陈涛：老实说，我一开始就是抱着帮忙的心态，这在中科大是很正常的。那时候庆峰的感染力还没那么强。最后打动我的是什么呢？我记得庆峰跟我说："这个技术（语音合成）事实上做到了世界第一。而且我们现在有自主知识产权，将来能自己引领这个产业。你看现在所有（软件）技术实际上都是老外牛，你出去干得再好，也是给外国人打工。"

我哪能咽下这口气？我一直都爱国，想做"侠客"，侠之大者，为国为民。我回去一盘算，"游戏蛀虫"怎么做也做不到世界第一，不如跟庆峰一道做（语音产品），他们搞研究，我搞工程，正好互补。

（陈涛）

刘庆峰那时的演讲水平还没有那么高，但是他对于人和事的洞察是细致而深刻的。因此他的话虽然不多，但都是经过深思熟虑的，直指要害，能让人听进心里。

刘庆峰的另一个同乡吴晓如当年在中科大读研究生，也面临毕业选择的问题。

我本科在合工大，后来读研究生来到中科大九系（精密机械与精密仪器系）。我研二的时候，庆峰有时会到我们寝室，和我们一起聊天。他就讲他的"语音合成"，我研究生的时候做的是汽车变速箱的噪声检测，跟声音有关系，也对声音做各种信号处理，所以他讲的时候，我能对得上。

他那时不是特别喜欢说话。话少，但他说的东西大家都能记得住。那时候我寝室的同学就跟我说："你老乡口才不得了。"

他后来还带我到王老师的实验室参观，那时候实验室里面还没用PC，而是一个大的UNIX服务器，在上面敲一些字，它能够把字读出来。那是二十年前，能把文字读出来我觉得无比神奇。

他要创业，我本身也准备在中科大念博士，到底在自己系里还是到他那里？我记得他很神秘地跟我讲，初敏（中国科学院声学所）怎么做，他是知道的，微软怎么做，他也是知道的，但是他们实验室怎么做，别人却都不知道。意思就是他的方法最牛。我就觉得他这地方太强了！

庆峰后来带我去见王老师，王老师面带笑容。聊了一会后王老师讲："你考我的博士吧。"我就去考了王老师的博士。

（吴晓如）

另一位从中科大九系投奔而来的是王智国。王智国当年是内蒙古锡林郭勒盟高考理科状元。1993年，他在一本名为《中学生数理化》的杂志上看到介绍中科大的文章，于是放弃清华、北大，毅然报考中科大。

进校之后，我才发现被九系的名字骗了。高中的时候我喜欢打游戏，就想学电子元器件相关的专业。精密机械与精密仪器系（九系），实际上跟电子元器件半毛钱关系都没有。

1998年毕业我签了北京的银泰集团，它当时刚成立"金蜘蛛"公司做财务软件，据说要用当时最先进的Java做。为了加入公司，我还特地买了一本关于Java的书，看了一个多月，考试通过了，月薪5000元。三方协议都签了，结果"金蜘蛛"因为融资不顺利，违约了。

等于说我还没毕业就失业了。当时就业形势很严峻，学工部老师就让我去中科大BBS看看，BBS上刘总发了不少帖子招兼职。

我照帖子留的电话打过去。那个电话号码是3603645，现在我还记得，后来才知道是实验室的电话。我当时根本不知道帖子里面的"刘庆峰"是个学生，我就说找刘老师。

刘庆峰就说："你来面试吧。"

面试我的是陈涛，我们都喊他"老大"。陈涛就给我露了一手。我当时一看，这不就是我梦寐以求的东西吗？

（王智国）

刘庆峰的另一位老乡胡郁的加入则毫无悬念。刘庆峰和胡郁两家是世交。高考成绩出来之后，刘庆峰面临着选择清华还是中科大的问题，他最后选定中科大，胡郁的父亲对此大加赞赏。后来胡郁成为高考全市状元，胡郁家里给的意见是，刘庆峰去哪，胡郁就去哪。

于是，刘庆峰进实验室，胡郁也进实验室。刘庆峰创业，胡郁也跟着创业。

早期创业者一起开会

另一位95级宣城籍学生胡国平高考时是宣城市的榜眼。胡国平加入科大讯飞的故事也颇具传奇色彩。他从十一系（计算机系）保送到中国科学院自动化所，最后直接放弃保研，重新考回王仁华的语音实验室。

我不是六系的，是十一系（计算机系）的，但我本科阶段就在王老师的实验室干活。当年，中科大有个不成文的规定：十一系（计算机系）的学生不能保研到六系（电子工程与信息科学系），而且成绩最好的学生保送到北京（中国科学院），剩下的学生留在合肥（中科大）。

实际上，我很早就拿到中国科学院自动化所的保研名额。但想来想去，加上当时加入了创业团队，还是想回王老师那儿读研究生。我就放弃了保研，想再考回去。记得当时放弃保研资格还要副校长同意才可以——要签承诺书，承诺第二年一定要考，副校长这才愿意签字。毕业后，我在公司干了一年活儿，请了三个月假备考，再读的研究生。

（胡国平）

如果没有王仁华和他的语音实验室，这群中科大的年轻人不会聚集在一起。即使刘庆峰个人魅力再强，可能都不行。

科大讯飞创业成功是偶然性与必然性的叠加。偶然性在于我们有幸到中科大读书，当年没选择别的学校；王老师回国后，那么多地方抢，但他最后选择了中科大，正好和一帮年轻人聚在一起。

胡郁当年是1995年宣城高考状元。他爸说，我到哪读他就到哪跟着，然后我进实验室，他也进实验室。

胡国平是宣城高考第二名，实习完以后，本来他保送到中国科学院自动化所，当年自动化所长谭铁牛后来成了院士。但是国平为了来我们实验室放弃保研，重新考回来，以第一名的成绩进实验室。

郭武（PB9006 中国科学技术大学电子工程与信息科学系副教授）当年是湖南省高考第二名，进了近代物理系，觉得被中科大骗了。那时候郭武不知道还有比他牛的人，然后他转到六系，看了我做的数学作业，从此就跟我成了好朋友，（可能）觉得这个人数学还是很牛的。毕业后郭武冲着高工资去了东方通信，工作一年以后又考回来，考了第一名，400多分。为什么选我们实验室？源于我跟他聊王老师，聊我们的语音技术。

晓如加入我们，是因为我告诉他，我们产业化的前景广阔，全世界做的东西我都知道，其他人却不知道我们是怎么做的。

我们第一年创业，软件老是被盗版，一周正版只能卖一两套，结果市面上有几百套都是盗版的。我们觉得把"绝地战警"陈涛请过来，大事可成。我就去找陈涛谈。陈涛本来还想挖我，最后是我挖了他。

江涛、严峻、王智国都是有故事的，他们当年找到了工作，然后被裁了。江涛从中科大去了北电，当年觉得欧美公司好。结果北电裁员，科大讯飞就把他招来。严峻是中科大物理系班长。智国是当年内蒙古锡林郭勒盟高考理科状元，也是状元。我那时候正在召集人，一看，这几个都是中科大优秀毕业生，就赶快和他们谈了谈，就这样大家聚到一起。

（刘庆峰）

1999年的世界正在悄然发生变化。

这一年，亚洲金融形势基本恢复稳定，东南亚地区的经济增长率从1998年的负百分之七点五上升到正百分之三。

互联网的浪潮正在翻滚。美国得克萨斯大学10月公布的一项研究报告称，1999年因特网经济为美国经济增加了五千零七十亿美元的产值，为美国社会增加了两百三十万个就业机会。1998年，因特网经济规模已经超过了电信（三千亿美元）和民航（三千五百五十亿美元）等传统产业规模。

1999年7月1日，《中华人民共和国证券法》开始实施。

中共中央、国务院也在8月发布《关于加强技术创新、发展高科技、实现产业化的决定》。《决定》分四个部分：一、加强技术创新，发展高科技，实现产业化，推动社会生产力跨越式发展；二、深化体制改革，促进技术创新和高新科技成果商品化、产业化；三、采取有效措施，营造有利于技术创新和发展高科技、实现产业化的政策环境；四、加强党和政府的领导，全面推进技术创新，发展高科技，实现产业化。

这份文件提出，发扬当年搞"两弹一星"的那种团结协作和艰苦奋斗的精神，发挥科技第一生产力的强大作用。这种提法显然是面向科学工作者的，也是新鲜的，让人感受到一种决心。

1999年，当美国的炸弹落在中国驻南斯拉夫大使馆时，中国在未来需要用实打实的硬功夫与西方"掰手腕"这件事，就已经注定了。而这个硬功夫，核心就是高科技，翅膀就是产业化。

在合肥，人们可能没有那么深切的体会。但有一件事可以确定——也是王仁华的感受：中科大历史上好像从来没有这么多厉害的年轻人聚在一起过。

> 跟大家都谈好以后，我跟王老师汇报，说有很多人参加。王老师说了一句话："庆峰，这件事情能成。"他说，中国科学技术大学从来没有这么多优秀的年轻人团结在一起干一件事。当年中科大的风气多为单打独斗，个个都是英雄，个个都是高手，但我们可以团结在一起。
>
> （刘庆峰）

第八章
Chapter 8

弯曲的直线

> 这九年对科大讯飞来说是艰苦的九年。那个时候语音技术比较超前，如普通话测试、用于教育的点读笔等，现在看来稀松平常。但在2008年以前，这些都很超前。如果科大讯飞当时放弃这种超前的技术，转而去做一些普通产品，如点读机、录音设备等，那么科大讯飞可能就很难在后来占领制高点。所以我觉得，科技创新在某一个时代可能会超前于社会需求，但是如果坚持到某个时候，它就能发挥重要作用。
>
> （程艺）

第一节　革命乐观主义

1999 年年底，融资成功后的刘庆峰兜里"揣"着 3000 万元，信心满满。他在内部会议上提出"三年可挣很多，五年可上市"。

当年，科大讯飞制定的近期经济效益目标是：2000 年销售收入 3000 万元；2001 年销售收入 1 亿元，利润 4000 万元；2002 年销售收入 5 亿元，利润 2 亿元。

王仁华也认为，以当时的发展速度，科大讯飞在 2001 年上市的目标是完全可以实现的。

整个公司呈现出一种浪漫的"革命乐观主义"。那句著名的"燃烧最亮的火把，要么率先燎原，要么率先熄灭"就是刘庆峰那时候提出的。既有紧迫感，又有蓬勃的斗志，年轻人无不为之热血沸腾。2023 年，讯飞认知大模型得名"讯飞星火"，就是当时埋下的种子发芽的结果。

刘庆峰和他的伙伴认为"天下苦无语音"久矣，只等他们登上历史舞台，振臂一呼，干柴烈火，何愁大事不成？

要在哪里点火？刘庆峰选了两个地方，一近一远。

近火是产品之火。团队研发了一款软件"畅言 2000"，作为爆款，意欲打响全国市场。这是一款针对个人电脑的全新中文信息处理系统。既可以通过语音下达操作指令，又可以文本输入，同时支持语音识别和模式识别（手写）。

当年"畅言 2000"的宣传语写道：把手写输入的随意性、键盘输入的准确性和语音输入的高效性完美结合起来的软件，让人耳目一新。

另外，技术部门加快研发速度，相继推出"听网""开口上网""火眼金睛""国语通"等桌面应用产品，形成产品系列。

当年，科大讯飞迅速在全国各大城市建立办事处，以主要省会城市和沿海经济发达地区为中心搭建起销售网络。北京、天津、上海、广州、深圳、西安、郑州、成都、武汉、济南、沈阳、哈尔滨等城市都建立起正式的销售办事处和代理销售网点。同时科大讯飞在全国十几个省市打广告，接着招商，发展各省市代理商和承销机构，并邀请代理商来合肥参观考察。目标就是令"畅言2000"一炮而红，快速盈利。

远火则是基础研究之火。当年，国内语音技术的发展瓶颈在于机制分散。语音技术是一个典型的综合学科，涉及数字信号处理、声学研究和实验语音学等诸多领域。中国科学技术大学、清华大学和中国社会科学院都只擅长某一领域，且合作较少。与此同时，大量人才被国际巨头挖走，民族语音产业岌岌可危。

王仁华、刘庆峰是有远见的。他们认为，长远来看，中国公司要想抗衡IBM、Intel、微软等国际巨头，必须整合多种核心源头技术。

当年IBM、Intel、微软在中国建立研究院，都是以语音技术为立足点和突破点的。

中国怎么对抗它们呢？不如把各种力量拧成一股绳。我那时就逐个拜访科研院校，主要跟老师们说三层意思。

第一层意思，中文语音产业已经被国外卡住咽喉，必须联合起来才能有所发展；第二层意思，科大讯飞可以向他们提供项目经费，比国家划拨的经费还要多；第三层意思，各个机构只需要专注于自己擅长的研究领域，科大讯飞来负责产业化整合，同时给各个机构股权，真正实现成果共享。

（刘庆峰）

三层意思层层递进，晓之以义，动之以利。中国语音的"统一战线"就这样被科大讯飞构建起来。

2000年5月，在中国科学院、国家科技部、信息产业部和中国软件行业协会、国家"863计划"306主题专家组等单位的大力支持下，由科大讯飞倡议发起的"中国中文语音技术创业联盟"正式启动。

创业联盟的组成者包括致力于语音技术研究的科研院所、企事业单位和专家学者，首批成员有科大讯飞、中国科学技术大学、中国科学院声学研究所、中国科学院自动化研究所、中国社会科学院语言研究所及多所著名大学。

科大讯飞与中国科学院声学研究所共建了语音合成联合实验室，使得实验室在多年技术积累的基础上，集中力量对中文语音技术的深化和创新发展进行突破，带动提高语音合成技术产业化能力和市场竞争力。

科大讯飞与中国科学院自动化研究所共建了联合实验室，就语音识别技术融合与智能中文平台、语音芯片进行合作，力争使中文语音技术的整体水平有大的突破。

科大讯飞与中国社会科学院语言研究所共建了语音合成联合实验室，通过合作，有效从边缘学科和交叉学科的角度为中文语音的创新发展提供强有力支持。

这样，科大讯飞将国内语音合成研究在自然语言理解、汉语韵律规则、汉语声信号分析及汉语言模型方面最强的机构紧密联系在一起，并独占其技术的产业化权利，为科大讯飞创造品牌效应和确立在中文语音领域的龙头地位奠定了基础。

在此之上，科大讯飞将各研究机构的局部优势汇聚成整体优势，为企业和基地扩大领先成果和保持科技创新、促进语音技术成果的软件产业化提供坚强后盾，并利用从联盟中获得的最新技术成果，将语音产业化推向更高层次和更大规模。

（王仁华《科大讯飞公司致汤洪高书记情况汇报》）

王仁华的开放战略和"合纵连横"之术显然被科大讯飞继承下来并发扬光大。

后来，由于中文语音创业联盟的成功运作，国家信息标准化委员会、国家技术监督局和国家"863计划"专家组一致同意由科大讯飞来撰写中国中文语音技术的接口标准和接口规范。与此同时，新一轮国家S863计划（Super863计划；是"863计划"的延续）智能中文环境项目的发展规划也交由科大讯飞研究人员起草。

两把火都烧得轰轰烈烈。从结果来看，远火烧出了发展空间，近火却隐隐有熄灭之势。

简单来说,"畅言 2000"走不动货。

一开始"畅言 2000"备受欢迎,尤其是深受退休老干部的欢迎,他们对电脑接受度低,用键盘打字速度很慢。但这显然和刘庆峰想象中的目标客户存在很大差距。大部分老年用户,操作电脑的能力差,时常因为电脑本身的硬件问题寻求售后服务。科大讯飞的技术人员跑两趟售后,利润就被透支完毕。

江涛分析如下。

当时我们迅速在全国各大城市建立办事处,在全国十几个省市打广告,然后招商。

这个软件不便宜,一套要两千元。我们把代理商请到合肥,跟他们讲这个软件很好,我卖你一套一千元,你卖两千元。代理商觉得挺神奇的,各自囤了一些货,但很快就把货退回来了,一是不好卖,二是盗版很多。第一年卖了一千多万元,但大部分产品都积压在代理商那里,让代理商叫苦不迭。

当时我们只想改变人们使用电脑的习惯。现在看来,这显然超出我们的能力范围了。

首先,PC 已经比较好地解决了人机交互问题,人们对语音的需求没那么迫切,而且换一台电脑就得花时间重新训练;其次,商业环境不成熟,那时候没有电子商务,得靠一级一级代理,经过一级一级加价,价格就比较高;最后,盗版产品大面积涌现。结合技术、需求、商业环境来看,各方面都不太成熟。

(江涛)

曾担任科大讯飞人工智能研究院执行院长的王智国从 1999 年开始参与包括"畅言 2000"在内的系列桌面软件的研发。他的看法则更为直接。

我认为那东西是必然卖不好的。因为技术不成熟,没有解决用户的核心问题。语音识别不准,合成语音也很难听。说是为了提高人的效率,其实没有实现。

比如,有个功能是照着《人民日报》念报纸,听起来很神奇,但用户实际使用的时候，识别率只有百分之六七十。

我认为这就是最本质的原因。

"畅言2000"好像总共卖了一万套，这个数量简直就是个奇迹。我觉得大部分中国人在1998年到2000年这个阶段，对科技还没有辨别力，没有一个实实在在的认知。

当时，科技有种神秘色彩。"动动嘴就能打字""念个报纸还挺准"，用户会觉得这个东西很牛。但它真的提高用户的工作效率了吗？没有。但当时科技就是有噱头。

（王智国）

一个优秀的科研工作者初次面对波诡云谲的市场时，难免会有"英雄气短"之感：为什么这么牛的东西大家不识货？但这也正是接受现实的阵痛时刻——技术牛和产品牛之间存在着巨大鸿沟，而"市场先生"永远是对的。

刘庆峰也陷入沉思，他的结论是：语音产品暂时不适合大众消费市场，科大讯飞应当转而主攻企业级用户。

第二节　华为之战

2000年，中国电信的168电话信息平台铺向全国。

这种名为"168声讯台"的服务是建立在现有公用电话网上的一项电信业务，以电话语音的形式提供各类信息。在那个年代，这相当于搜索引擎，你拨打相应号码，就可以查到股票收盘价格、考试分数、火车与飞机的班次和天气预报等各类热门资讯。

拨打"168声讯台"后，与你对话的并不是活生生的人，而是由"人工录音"接听。"168声讯台"的查询项目非常繁杂，使用人工来录音，很难应对海量和动态信息，科大讯飞的语音合成技术正好可以解决这一问题。

刘庆峰找到合肥电信和上海电信"168声讯台"的负责人，提出合作意向。

对方答应试验成功后可以商量合作。最终，实验效果相当理想。这让刘庆峰精神大振。他正琢磨如何从 C 端（个人消费端）杀向 B 端（企业端）。如果真能和电信合作，一个省会城市的单子就有一千万元，十个省会城市单子就能破亿。

志在必得之际，电信却拒绝了刘庆峰。

理由很简单，大型企业不仅需要单点技术，更需要系统集成能力和综合实力。以上两点，科大讯飞都不具备。当年科大讯飞只有十几个人，电信怎么敢把上千万元的单子交给几个还在读书的娃娃？电信要合作也是跟华为这种级别的企业合作。

刘庆峰的脑子转得极快，既然电信说可以跟华为合作，那科大讯飞为什么不能把技术嵌入到华为的系统上再卖给电信？这生意不就成了吗？

再想下去，既然科大讯飞暂时撬动不了语音消费市场，那为什么不把语音的核心能力提供给合作伙伴，让合作伙伴来做具体应用？

这就是"iFLY Inside"模式的由来。在 20 世纪 90 年代，几乎每台电脑上都有一张"Intel Inside"的标签，意味着这台电脑嵌入了 Intel 出品的 CPU。这是 Intel 的一种行销战略。"iFLY Inside"则意味着将科大讯飞的语音技术或系统嵌入合作伙伴的平台并对外售卖。

当年，华为已经是中国各类声讯台、呼叫中心系统集成的领军企业，而能否将科大讯飞的语音技术嵌入华为的平台，就成为决定"iFLY Inside"成败的关键一战。

为了和华为合作，刘庆峰多次去深圳拜访华为。当年，一帮学生的竞争对手是大名鼎鼎的微软。最终在技术比拼上，科大讯飞获得"自然度第一"。华为也答应在系统平台上试用科大讯飞的语音合成技术。

2000 年，我们在深圳参加高交会，华为的人看到我们演示的语音合成系统，觉得比他们的好，就把我们带到蛇口的那个楼里，十几个研发人员围着我们问了一下午。后来，华为就决定跟我们签约了。

（江涛）

此次签约意义重大。对科大讯飞来说，这是第一次把语音合成技术成功卖给华为这种 B 端领军企业，竞争对手还是微软。如果科大讯飞语音技术成功挺进华为负责建设的呼叫中心，就可以在全国各地区各行业进行复制。

但挑战也同样存在——最主要的挑战不在技术，而在工程。此前科大讯飞语音合成系统只实践过实验室级别的代码，应对华为电信系统级的应用，能不能撑得住是个问题。实际上，在华为的真实测试中，科大讯飞的语音合成系统只能撑几分钟。

华为那时候做"call center"，其呼叫中心主要用在银行、保险和"168 声讯台"上，用户查询，检索到文本后，再播报给用户，要用到文本到语音的转换。我们当时有技术，但是不知道自己的技术要达到什么样的交付标准。

华为在技术选型方面认可我们，但提到两个问题。

第一个，我们的系统缺点是易崩溃，不稳定。

华为对产品的稳定性要求极高，我们写的是实验室的代码，一是有内存泄漏问题，比如跑半个小时，整个机器就崩了；二是在各种怪异字符的处理上存在问题，输正常文字没问题，但如果输怪异字符或者输半句话漏打一个字，内存越界"砰"就崩了，问题太多了。电信级服务强调的是 7×24 小时不宕机，所以我们远远满足不了这种需求。

第二个，华为那时候使用的是负载均衡技术，不是说用单台机器来查询，而要用多台机器一起查询。

也就是说，我们要提供并发服务，可能是 300 线同时进行。事实上我们一台机器只能支持十几线。华为要求必须达到 300 线同时并发，必须同时处理，不能出错，也不能崩。

这些工程问题出现的时候，我们是很焦虑的。因为相当于这个（华为的）门已经被我们踢开了，工程上却卡壳了。

（陈涛）

最后，华为给科大讯飞发来一张很长的表格，上面密密麻麻全是问题，要求科大讯飞在两个月内把表上所有问题搞定，这相当于"最后通牒"。科大讯飞当时的技术中心语音产品部负责人严峻（PB9302，安徽百得思维信息科技有限公司总经理）在深圳蹲点，发誓问题不解决人就不回来。当年，百万级的项目简直比天还大。参与过"华为之战"的有吴晓如、胡郁、陈涛、胡国平、王智国、于振华等，可以说是精锐尽出。

我们的第一个语音合成引擎在华为那边做集成应用，20多天我都在现场做支持。测出来很多问题，我很焦虑，给陈涛和王智国打了很多电话。我那一段时间吃睡都在现场，饿了就吃点东西，困了就在地上铺个东西睡会儿。

多亏大后方有这样一个团队，一群兄弟在拼命解决问题。我们那个时候才知道电信级应用对稳定性的要求，在这个过程中我也了解到华为怎么做研发性工作，怎么进行工程化及标准化代码测试。

（严峻）

陈涛那段时间天天通宵，吴晓如到现在都认为那是他职业生涯"最狠的一次加班"。

华为让我们两个月内搞定，但我们没用两个月，大概三四个星期就把全部问题解决了。

那三四个星期，白天和晚上对我来说没有区别，反正我坐那儿搞，困得不行了就在旁边睡一会儿。每天都这样，一直到通过华为测试才算结束。

后来我终于回到可以踏实睡觉的地方，我记得那一觉大概睡了14个小时，起来以后刚好中科大西区的广播在响，那时候上午、下午已经颠倒了。

（吴晓如）

江涛后来总结："'华为之战'是'脱了一层皮'。但是这一层皮脱掉了以后，再有谁测我们的系统，我们从来没倒过。除了华为，当时的中兴、神州数码等国内做智能网、呼叫中心、业务系统的企业，如果需要用语音引擎，就都买科大讯飞的。"

"华为之战"的对手是微软。对科大讯飞的"语音王国"来说，这一战是"立国之战"，关乎物质层面，也关乎精神层面。

今天再看，如果当年我们没有那么豪气地要与 IBM、微软比拼，就没有后来的科大讯飞。华为的产品平台在竞标中没日没夜地干，最后把微软干掉了。那时候前线形势严峻，刚开始做这个平台的时候，谁能相信我们会干掉微软？要知道那时候优秀的毕业生都以进入微软研究院为最大的光荣——既能出国，还能进入微软开展研究。

（刘庆峰）

科大讯飞重视应用平台开发的传统也在这时埋下线索。平台类产品的目标客户广泛分布在各行各业，覆盖软件开发商、系统集成商、运营服务商。

2000 年下半年，与科大讯飞签订合同的开发商达 50 多个，包括与中国最大的 PC 厂商联想电脑公司达成在其"幸福之家"中全面捆绑讯飞语音平台的协议。这也为科大讯飞的第二轮融资埋下伏笔。

与此同时，科大讯飞与中国最大 CTI 厂商深圳华为签订合作协议；与中国最大 168 声讯平台集成商广州新太公司签订协议，在其 160/168 系统中全面推广且只推广科大讯飞语音合成技术；与全球最大移动互联网公司美国美通公司签订协议，在其网络移动信息服务中使用科大讯飞的语音合成技术；与全球最大语音卡公司美国 Dialogic 公司（占中国语音卡市场 80%）签订协议，捆绑销售科大讯飞的语音合成模块，并共同推出入门级语音查询产品；与中国最大的网络集成商亚信公司签订协议，在其 UnifyMessage（统一消息服务）系统和 E-mail 系统中使用科大讯飞的语音合成技术。

没有"华为之战"，就不会衍生出"iFLY Inside"——二次开发厂商和科大讯飞携手合作，利益共享——这也被认为是科大讯飞第一个成型的商业模式。

第三节　半汤会议

在科大讯飞的发展史上，半汤会议是一个"梗"。

科大讯飞的官方网站在"讯飞历程"里列出了重要年份的大事件，起点就在2001年——"科大讯飞'半汤会议'正式确定了专注于语音产业的发展方向"。寥寥数言，却字字千钧。可见在官方叙事语境中，这次会议非同一般。

2001年的科大讯飞处于这样一个阶段：随着"畅言2000"遇冷，一炮而红的"革命乐观主义"遇挫，人们开始逐渐清醒。与此同时，科大讯飞在核心源头技术的整合上花钱大手笔，挣钱却毫无头绪，公司里的"怀疑主义"和"失败主义"开始盛行。

有些股东直接问刘庆峰："你不是说公司今年能破亿吗？"

这让刘庆峰夜不能寐。股东们当初是拿出真金白银的，同事也是放弃了唾手可得的高薪，领着两三千元的月薪跟自己拼命。

大家私下里争论的还有"路线问题"。具体来说，就是如何让公司挣钱。大致分为两条路线。

"核心技术派"认为，语音技术是优势，要想办法用核心技术挣钱；"风口派"则认为，不必执迷于所谓的"核心技术"，而应该什么挣钱就做什么，挣钱是第一要义。

2001年的巢湖"半汤会议"就是在这样的气氛下召开的。大家关心的核心问题是：科大讯飞到底应该做什么？

刘庆峰一开始没表态，等所有人都讲完，他才慢条斯理又不容置疑地说："好，你们都说过了。现在我归纳一下，一共有五个领域科大讯飞有机会进去赚钱。但在这五个领域里，只有一和二允许做，三、四、五不允许做。"

一和二都和语音相关，和语音不相干的三、四、五则被掐死。"两条路线"之争一锤定音，"核心技术派"大获全胜。

有人在会上提议做网站,那玩意有啥意思?不就是美工那套东西。

有人说倒腾网络设备、做区域代理。2000年左右,通信很火爆,处于风口。但这些我一律反对。如果我想做网站,干嘛在科大讯飞做,对吧?

(陈涛)

在科大讯飞早期团队中,有人认为应该趁热搞网络设备,如果核心技术挣不到钱就不要搞了。刘庆峰当然也希望盈利,但他的思考更深入。

当年我和陈涛、晓如、胡郁他们一起创业。我以为三年后能挣很多钱,五年左右就能上市,结果年年亏损,每年都达不到预期。

2000年年底2001年年初,我们在半汤开会,讨论科大讯飞到底应该做什么?有人说要做银行服务器,有人说要做房地产,有人说要做系统集成等。最后我们决定做语音,不看好可以走人。

我说将来科大讯飞可以有多种选择,从内涵到外延的层次可依次为:

一、只做中文语音合成方向;

二、从中文语音合成到全世界的多语种语音合成;

三、做语音合成加语音识别;

四、做语音编码语音通用技术;

五、做自然语言理解;

六、做整个智能接口;

七、做整个IT;

八、做所有行业。

外延越大,内涵越小。我说今天来拍个板,大家讨论讨论,结果讨论不休。最后我画了三条底线作为判断标准。

第一,这件事情代表未来。

第二,这件事情我们喜欢,能成为行业第一。

第三,这件事情能做到100亿元。

用这三条来推,该做什么,不该做什么就清清楚楚了。

当时确实年年亏损，没有达到我们的预期，但是说到底，语音是不是人类最自然的沟通方式？是不是前景无限？回答如果是"是"，这就是前景。

接下来，我们是不是有希望成为龙头？虽然业绩没达标，但我们的行业领先地位是不是越来越强了？国家标准由我们制定，源头技术由我们整合。我们还把声学所、语言所整合起来，力量越来越大。

于是我们就定下来：科大讯飞必须做语音，不看好可以走人。

半汤会议，我最后安慰自己，也是稳定大家的心。我们最大的风险是什么？是"盈利延迟"。盈利空间一直就在那，而那个空间就应该是我们的，这是有必然性的。

当时我们还出了一本《科大讯飞战略发展规划》，非常稚嫩，但是关键内容十分清晰。第一步，科大讯飞要成为全世界最大的中文语音技术提供商；第二步，科大讯飞要成为全世界最出色的多语种语音及语言技术提供商；那么做到这一步，科大讯飞就有100亿元了。

后来我们基本上没有偏离这个规划。从2000年左右开始，我们坚持了20多年。只是在2015年后，我们又扩展了一下，从"能听会说"拓展到"能理解会思考"，进入人工智能时代。

（刘庆峰）

"半汤会议"的争议性后来被夸大了，但是它的重要性在于确立了公司发展的总路线，也可以说是科大讯飞的"隆中对"：天下大势如此，科大讯飞要往何处去？

引用任正非《华为真相》里的一句话：股票、房地产起来的时候我们也有机会，但是我们认为未来的世界是知识的世界，不可能是这种泡沫的世界，所以我们不为所动。

即使在2008年上市成为一家公众公司，科大讯飞的不少决策和争议，依旧可以溯源至"半汤会议"。

不光要有具体的目标，还要有明确的产业理念。也就是说，有具体的产业理念才能够真正走得远，而不是挣快钱。

这也是科大讯飞成功的原因。从20世纪90年代开始，中国诞生了许多伟大的公司。不少公司都肩负伟大愿景，但不少愿景在其成长为巨头之后才被归纳出来。科大讯飞是一家有个性的公司，在年年亏损时它没有放弃志向，始终身肩宏大的使命。

这种执拗的使命感，和中科大语音实验室的传统一脉相承，一直留在讯飞人的基因里。

如果"半汤会议"不定下来这些事情，会发生什么呢？

科大讯飞可能这个风口来了做做这个，那个风口来了做做那个，可能也做得不错，也能上市。但如果没有语音交互系统，没有语音输入和对话，就无法生产智能设备，所有穿戴式设备、智能家居、汽车电子也就没法出口，公司发展直接在语音这个关键点上被卡住。

当年我虽然看到人机交互、语音交互前景无限，这是必然。但是谁能拿下来？不见得非得是我们。

1998年和1999年，IBM、微软、Intel在中国语音领域风靡一时。IBM中国研究院就是做语音起步的；李开复回北京成立了微软亚洲研究院，后来任亚洲研究院第一任院长，也做语音；Intel也做语音，Intel中国研究院院长、首席研究员颜永红后来带着团队"跳槽"到中国科学院声学研究所，组建中科信利语音实验室，一度成为我们的重要竞争对手。

王老师实验室的毕业生当年被外企整个挖了一遍。微软设立奖学金后，第一人选就想到我。

IBM、微软、Intel三大中国研究院都是以语音切入的，当年谁都不可能想象我们能把它们干掉。但当年如果没有这种豪气，今天中国的语音就得从头开始做，面临被"卡住脖子"的难题。

就像现在光刻机、车载芯片及很多新能源关键技术，都被"卡住脖子"，中国又得在这个点上重新开始。要再等5年、10年、20年，进行自主研发，然后摆脱困境。

（刘庆峰）

第四节　战略投资者

柳传志："庆峰，你最后的目标是什么？企业要做多大？"
刘庆峰："我希望超过联想。"

（2001年柳传志对话刘庆峰）

2000年，柳传志把联想一分为二，分拆成立联想电脑（联想集团）和神州数码，分别由杨元庆和郭为掌舵，他自己则担任联想集团和联想控股董事长，开始拓展多元化业务。

联想是中国科技产业化的先行者，柳传志是刘庆峰十分敬重的企业家。柳传志在1984年创立联想，在与国际个人电脑巨头的竞争中赢得胜利，带动了民族信息技术企业的创新发展，联想也是中国第一个走向世界的IT品牌。

当年，柳传志创办联想投资（2001年4月正式更名为君联资本），第一期基金来自联想控股的3500万美元，希望"用资金与管理帮助和促进中国创业企业的成长"。

那时摆上柳传志董事长办公桌的企业资料如过江之鲫，但他在全国300多家企业中相中了科大讯飞。君联资本的第一个投资企业就是科大讯飞。

柳总（柳传志）是我十分敬重的企业家。我第一次见柳总是在2000年。中国科学院组团去香港考察，中国科学院原副院长杨柏龄带队。我是最年轻的一个团员。那一趟考察我就特别活跃，提问题活跃，发言也活跃，还做了报告。

联想是中国科学院计算所走出来的，所以就做东请代表团吃饭。我和柳总坐一桌，这对我来说是一个非常难得的机遇。我就专门找了柳总，介绍了科大讯飞，送给他一本科大讯飞画册，说我们想跟联想合作，如果有可能可以投资我们。

柳总对我很客气，杨院长也对我印象不错，这是我和柳总的第一次接触。

后来，联想投资成立。柳总就让手下的人先跟我们谈。后来，他又亲自找我和王老师到北京聊了聊。

对于那次见面我印象特别深刻。我们和柳总一边吃盒饭一边聊，一共谈了两个小时。谈完之后他表示非常认可科大讯飞。他后来讲，一定要投资，价格贵一点没关系，要争取投资300万美元。科大讯飞也是他投资的第一家企业。

（刘庆峰）

联想投资签约现场

刘庆峰回忆，"半汤会议"形成的《科大讯飞战略发展规划》成为打动联想的关键要素。君联资本当年的联席总裁陈浩后来列举了投资科大讯飞的三大原因。

第一，核心团队是很有想法的一群年轻人。

第二，语音技术在中国的行业前景广阔。

第三，核心技术过硬。科研创新技术往往需要时间和市场的检验，与多家处在萌芽阶段的公司相比，科大讯飞的技术已经日趋成熟，这成为占领市场得天独厚的优势。

在联想投资之前，复星集团的郭广昌董事长也看中了科大讯飞。刘庆峰后来回忆，科大讯飞一开始只打算在"桌面业务"上和复星合作，他去上海给郭广昌董事长演示"有声 E-mail"的功能是"打电话、听电子邮件"，结果演示失败。

但郭广昌不以为意："刘庆峰无比聪明，我们就要投他，而且不投分支业务（桌面业务），要投就投总公司。"

从 2000 年 11 月至 2001 年 12 月，科大讯飞历经三次股权变更，总股本扩至 7000 万元。三大战略投资者复星高科、联想投资和英特尔先后进入科大讯飞。

2000 年 11 月 30 日，安徽信托、美菱集团、合肥永信分别与上海复星高科技（集团）有限公司（下称"复星高科"）签订了《股权转让协议》，约定安徽信托、美菱集团、合肥永信分别将所持科大讯飞 510 万元、420 万元、360 万元股权转让给复星高科，转让价格分别为 663 万元、546 万元、468 万元。

2001 年 6 月 6 日，联想投资、火炬高新技术产业投资有限公司（下称"火炬高新"）对科大讯飞分别增资 800 万元、200 万元，科大讯飞注册资本由 6000 万元增加至 7000 万元。

2001 年 8 月 3 日，安徽正信会计师事务所对科大讯飞增资情况进行了审验，审核确认联想投资投入 2533 万元，折合注册资本 800 万元，火炬高新投入 633 万元，折合注册资本 200 万元，本次增资后科大讯飞注册资本变更为 7000 万元。

2001 年 12 月 31 日，合肥永信与英特尔（中国）有限公司（下称"英特尔"）签订了《股权转让协议》，约定合肥永信将所持科大讯飞 200 万元股权转让给英特尔，转让价格为人民币 430 万元。

（《安徽科大讯飞信息科技股份有限公司首次公开发行股票招股说明书》）

如果对实际出资额和占股做一个粗略计算，2000 年底，复星高科用 1677 万元拿到科大讯飞 21.5%（扩股后稀释至 18.43%）的股权，此时科大讯飞估值约为 7800 万元；半年之后，联想投资就需要用 2533 万元才能拿到科大讯飞 11.43% 的股份，以此计算，科大讯飞估值已经到达 2.22 亿元。

资本用钱投票。尽管依然处于亏损状态，但科大讯飞在资本市场中的价值不断提升。

科大讯飞和联想投资签约当晚，柳传志和刘庆峰及科大讯飞创始团队在安徽饭店有过一次长谈。柳传志对刘庆峰讲了他著名的管理三段论：建班子、定战略、带队伍。这让年轻的刘庆峰开阔了眼界，也在其后来的管理实践中反复强调。两人还聊起时间管理。刘庆峰之前觉得，花 30% 的精力跟团队沟通已经很多了，应该把更多精力放在技术上。但柳传志说，自己会花 60% 的精力跟团队沟通。"后来我照着做。这才明白前期沟通越充分，后期执行越有效，反倒是执行不到位后再来沟通，会浪费更多精力。"

在联想投资科大讯飞的第二年，柳传志跟刘庆峰说："做一个行业，第一个痛苦的是所有产品都变成了白菜萝卜，完全处于红海。第二个痛苦是只有你一家在做。其实最好的状态是，有好几家在做，但是你是做得最大的。"这个观点后来也被刘庆峰多次用来陈述科大讯飞和百度在人工智能领域的竞合关系。

2002 年，我们搞全国巡展，联想跟我们一起，现场怎么搭，礼仪怎么排，联想手把手教我们。

联想强调管理，聚焦专业化，复星又是另外一种风格。这两个公司正好是中国民营企业非常优秀的两种截然不同的代表。

复星的口号是专业的多元化。复星最强的能力是对大趋势的判断，在投资科大讯飞的时候，其旗下有七个上市公司。复星最早做医药起家，后来判断未来几年房地产有大的发展，就果断把赌注押到房地产上，之后又很快判断下一个增长点，投了几个钢铁上市公司。这种大手笔的资产运作，对于整个产业形势的判断，对庆峰的影响很大。

联想在管理上很细致，每个月投资经理都会来看数据。

但复星的投资经理一年来一次。有一次，他们的副董事长（梁信军）在合肥跟庆峰说，"你们不能把自己搞得太苦了，可以给自己多发一点工资。"当时科大讯飞还处在亏损阶段，而他们的关注点竟然在这儿。

在科大讯飞的亏损阶段，这些战略投资者的表态是非常重要的。当时我们也在持续反思，为什么我们没能兑现他们投资时的承诺，直到 2004 年才实现盈亏平衡。在这之前，每年总是画一个饼，完成几分之一，第二年再画一个饼，完成几分之一。相对来说，这些投资者眼光比较长远。

（江涛）

1999 年我们创业那会儿确实什么都不懂，过于乐观，以为世界就在脚下，很快就能挣大钱。到了第二年，我才开始明白，要让社会各界支持我们，就要从过度乐观回归到艰苦创业的状态中。

大学生创业很有可能对困难估计不足，对实验室产品落地变成商品的周期把握不足。此外，大学生办企业要用开放的态度吸引优秀的股东投资，以弥补对社会的不了解。

我从柳传志董事长和郭广昌董事长身上学到了很多。大学生创业以后就不要把自己当成学生了，要对股东负责，对社会负责。市场不相信眼泪，不要把自己定位成学生，不要寄希望社会给你特殊待遇。

（2013年刘庆峰接受《京华时报》采访）

第五节　弯曲的直线

联想投资科大讯飞后第一个月，其财务部经理杨琳来合肥参加科大讯飞的月度会，回去以后就哭了："没想到科大讯飞的业绩这么差。"

并不是所有人都看好科大讯飞。2000年，IDG合伙人林栋梁想投资科大讯飞，IDG约刘庆峰谈，聊得正热火朝天，另一位合伙人熊晓鸽却撂了一句话："看起来很热闹，就是不挣钱。"

熊晓鸽说的没错。当年科大讯飞确实在年年亏损中挣扎。一直到2004年联想的一次投资项目总结会上，科大讯飞还被当作不赚钱的反面教材。

刘庆峰当年去参加联想的CEO Club，一位联想投资经理跟刘庆峰半开玩笑说："科大讯飞的融资是不是也跟'大神卖产品'一样，把稻草当成金条卖掉？"

刘庆峰很严肃地跟他讲："如果是稻草我绝不当金条卖，不符合我的价值观。但如果是个和氏璧，我一定告诉你这是块美玉，但你想买也得照玉的价格买，不然就别买。虽然说我们目前处于亏损状态，但我相信科大讯飞一定会为联想挣大钱。"果然，2008年科大讯飞上市，一下就成为联想一期基金投资企业中回报率最高的企业。

从实验室到公司，从亏损到挣钱的过程，刘庆峰有两个心得。

第一个是"元帅和神枪手"。讲的是做科研和开公司的关系。做研究越做越好，相当于神枪手越打越准；而真要打赢语音产业这场大仗，就需要有元帅指挥成千上万的神枪手朝同一个方向射击。科学家办企业，这种身份转变至关重要。

第二个就是"弯曲的直线"。讲的是从理想到现实的鸿沟如何跨越。

弯曲，是指具体的路径非常曲折；直线，是指目标和战略明确且清晰。必须学会走弯曲的直线。

（刘庆峰）

"半汤会议"之后，科大讯飞的目标逐渐清晰：从全球最大的中文语音技术和语言技术提供商，发展为全球最出色的多语种技术提供商，将来要代表中国参与全球竞争。

但追求市场份额的路径选择，却有很大的讲究。

中国软件产业总体起点低、存在大量盗版、消费者对软件价值的认可度不高，投资者对软硬件投资的理念存在偏颇，这些问题都让科大讯飞的发展道路充满变数。

科大讯飞从创业开始，就面临两种舆论。

一种是所有人都说我们是天之骄子；另一种是质疑，说我们这帮人就是草台班子，根本不懂产业。

苦尽甘来，因为产业爆发，万物互联和人工智能时代到来。但在这个过程中我想说，其实我们经历了很痛苦的商业模式的探索。最早提出产品主要针对个人电脑，要用语音来控制电脑。我们的口号为"只要会说话就会用电脑"。

结果我们很快发现，18个人的学生创业团队，当时根本没法做消费类产品。

记得雷军说过一句话，说在1999年、2000年，买过一次正版软件的就是好人。

所以我们做消费类产品，做出来人家都说好，但盗版问题严重。我们也不知道营销渠道该怎么建。今天一般的科技创业者也不具备搭建渠道的能力和经验。

痛定思痛，我想明白了，别人不信没关系，有联想、中国电信认可我们，那我们就把技术卖给它们，由它们来推，我们分成，科大讯飞这才赚得第一桶金。

这个过程我们摸索了将近两年时间，可以说即使同样一个技术，不同的产品形态也会决定企业的生死。

我想对创业者说，千万不要因为某一个时期痛苦、没有收入、被质疑就放弃。只需要放眼整个产业链，看看到底是技术管理还是商业模式有问题，补上这个环节，你就活过来了。

（刘庆峰）

此时，刘庆峰已经彻底清醒，语音产业距离爆发至少需要十年的技术积累。而科大讯飞不仅要活下去，还要把技术优势保持到那个时刻，始终掌握价值链的主导权。

人们对此并不感到陌生。当年，中科大语音实验室也走着"弯曲的直线"，从录制语音数据库开始到做语音评测，一步一步成长起来。

因此，"弯曲的直线"，就是保持战略耐性的方法论。

"半汤会议"之后，我们就聚焦语音技术。不光搞技术、卖技术，也去做工程。那时候的说法叫作走"弯曲的直线"。

比如我们开始做电子政务。我们为什么要搞电子政务？因为电子政务里面有一项内容叫"批量化采购电脑"。我们做的电子政务特点是什么？我们的电脑里有各种便利的输入法，包括语音、手写功能。我们给别人讲电子政务，让大家愿意用且会用这套系统。

否则，如果我只推销单个语音系统，一个C端产品，人家可以采购，也可以不采购。

再比如，我们当时还参与农村远程教育工程。农村教育是个大工程，我们希望把语音技术用到农村普通话教育中。但是如果直接去农村卖语音产品，谁都不会买。

只卖一个核心技术，实际上是非常费劲的。为了卖这个核心技术，我先要卖好多其他的东西,再把核心技术一道卖出去。我们等于绕了一个圈。

但在那个时候,这条"弯曲的直线"能够养活科大讯飞,让科大讯飞能够不断地发展。

(陈涛)

虽然过程曲曲折折,失败更是常有的事,但是坚持下去就能修成正果。电子政务后来成为科大讯飞的"智慧城市";农村普通话教育后来衍生为普通话标准评测,科大讯飞更由此切入教育领域——曲线也就变成了直线。

2017年6月19日,刘庆峰在科大讯飞18周年庆上这样总结"弯曲的直线":"18年的体会就是一句话,走着弯曲直线,每一步成长都充满艰辛和曲折。但凡有前瞻性、有重大意义的技术,无不经历这样一条曲线。回过头来看,科大讯飞的发展是非常健康的,这个成长变化中可以看到科大讯飞的张力。"

刘庆峰常说"做大事者不委屈"。科大讯飞每向前走一步都很痛苦,但隔一段时间回过头来看似乎都很顺。这是因为愿景、使命是清晰的,主航道不变,即便有短期挫折,总归还是迂回前进。

1999年我们的口号是"中文语音技术由中国人做到全球最好";2000年,巢湖"半汤会议"上,科大讯飞发布《讯飞产业规划》,原话为"语音是人类最自然便捷的交互方式应用,一定可以进入到社会生活每一个领域,我们的使命是实现人类和人机信息沟通无障碍"。很多人都会质疑:语音到底有没有空间和前景,到底能不能支撑一家上市公司。2006年我们首次参加暴风雪竞赛全球英文合成大赛,成为最大的黑马,拿到所有指标第一。此后的每一年胡郁都问今年还参不参加?万一得不到第一名怎么办?我说一定要参加!竞争精神逼着我们不断地往前走、往源头走。2012年的年度发布会上,我告诉大家未来每部手机、每台家电、每个玩具都能听会说。那时候很多人说我是大忽悠。2015年我在发布会上说,万物互联时代,语音交互将成为人机交互的新常态。这句话科大讯飞讲了15年。2016年MIT"全球十大突破性技术"中,语音排在前三名,全球互联网报告开始浓墨重彩描述语音,认为这已经不是一个计算技术,而是交互入口。科大讯飞在智能语音领域已经坚持了18年，初心不改。未来，依然坚守理想。

变化和成长是唯一不变的！我们原来是没有语音识别的，很多人质疑，一个语音合成公司能做到吗？早期我跟胡郁还有吴晓如拼命地跟Nuance谈合作，那个时候签了Nuance的中国代理，是我们的荣幸。

2006年我们做了一个艰难而又伟大的决定，在公司上市前我们正式函告Nuance，决定自己做语音识别。当时有几条路：第一，我们不做，继续用它的技术，风险最小；第二，我们悄悄地做；第三，做一个有诚信的公司，直接跟它说对不起，我们要自己做，不给自己留退路。我们选择了第三种。

再看翻译。最早我在实验室的梦想就是做自动翻译电话，2013年我们首次发布了翻译功能，到了2014年、2015年，我们改写了历来日本汉英翻译第一、美国英汉翻译第一的格局，科大讯飞获得第一。2016年，有一个翻译神器大家都开始关注，那就是我们发布的面向"一带一路"的晓译翻译机。

这都是18年前科大讯飞创业之初根本没有的东西，我们要做就做到全球第一！我想跟大家说的是在这个过程中我们的角色定位，原来是要做最出色的多语种技术提供商，但是随着眼界的开阔，我们想要引领万物互联时代的发展，我们正在从一个技术提供商成为一个在特定领域引领未来的公司。只有真的能够引领未来，才能够成为伟大的公司。

（刘庆峰）

2017年，刘庆峰在湖畔大学出品的一档节目中对照"Gartner技术成熟度曲线"，讲述了他对"弯曲的直线"更原理性的思考。

这个曲线是每年的新兴技术成熟度曲线，在这个曲线上我们可以看到，历来一个新技术的发展，必须经过这样一个过程：概念导入期；梦幻期，所有的资本和所有的创业资源都扑进来，认为这个产业马上就会腾飞；发展到第一个顶点后，开始破灭，很多公司就此倒闭；到了冰点，坚持下来的公司慢慢才能苦尽甘来。

假如你要做源头技术，或者说真正原创性的技术，心中一定要有这样一个曲线，一定要知道当很多人追捧你，很多人投资的时候，其实你还会经历一个梦幻破灭期，你能扛住就可以走到未来，真正美好的产业的未来。今天的智能助手、语音翻译及解答问答系统等，都在这个曲线上。

所以你去做一个源头技术，如果不做未来三五年的创新，那你始终只能跟在人家后面。

在全世界，你总是在价值链的末端，只能靠规模取胜。你要想将来获胜，有时真的要有核心竞争力、交易布局。布局前就得想清楚有这样一个曲线存在，你能不能扛得住？否则到了那个时点上，大家都走了，你也逃跑了，那钱就白花了。

绝大部分团队在这个阶段就走了。这是一个普遍现象，核心技术都有这个基本趋势。

基本上任何一个新产品，在早期市场和主流之间都存在一个巨大的"鸿沟"。"鸿沟"是什么？比如科大讯飞的语音输入法，早期用的人都是发烧友、极客，对技术特感兴趣的人才会下载使用。而今天基本上一天有1.4亿人使用，跨越了这个"鸿沟"，实用主义者就觉得它真有用了。

用户量全部增长起来后，产品就会爆发，爆发完了，那些跟风的用户才会来，这是保守的用户。就像微信用户做到一两个亿以后，后面的人就开始跟上了。

接下来还想强调一下战略耐性，因为我们有时候说，今天中国最大的问题是过于急功近利。创业者以为今天创业，明后天就可以挣大钱。投资人觉得，我今天投了钱，明后年就得溢价百分之五十、百分之百进入A轮，然后迅速上市，其实这真的是很难的事情。

（刘庆峰）

曙光即将到来。科大讯飞盈亏平衡出现在2004年，扭亏为盈则是在2005年，之后就是连续三年盈利，接着就IPO。赛富投资基金首席合伙人、知名投资人阎焱曾说，做投资最遗憾的一件事情是没投成科大讯飞。

没投成的原因据说是他手下的一位投资经理希望对赌业绩，但刘庆峰的价值观是长期主义，坚决不同意对赌："你不看好就别投"。阎焱后来在2015年科大讯飞年度发布会上接受采访时说："我当时在国外，不知道这个事情。后来我就把他（那个投资经理）开除了。"

第六节　魏思和刘庆升的博士论文

让我们回到 2005 年前后，去看技术发展的故事。

王仁华最重要的工作还是在语音实验室和讯飞研究院做研究，他要保证技术领先和推进产品研发，衔接产学研，让科大讯飞在市场上有东西可以卖。

2003 年的一天，王仁华突然把实验室的两个年轻人叫到办公室，跟他们长谈了一次，并交给他们一个研究题目：计算机辅助语言学习。

两个年轻人中一个叫刘庆升，是刘庆峰的弟弟，1998 年就跟随科大讯飞创业。那时他才刚考上九系研究生，还不是王仁华的学生。2003 年，他从九系（精密机械与精密仪器系）考入六系（电子工程与信息科学系），正式师从王仁华攻读博士学位。

另一个年轻人叫魏思，1999 年考入六系，在实验室实习，2003 年保送六系，开始硕博生涯。

刘庆升后来成为科大讯飞旗下面向玩具软硬件一体化的创业公司淘云科技董事长，魏思则成为讯飞研究院首席科学家，是讯飞星火认知大模型的主导者之一。但在 2003 年，两个年轻人名不见经传。

什么叫"计算机辅助语言学习"呢？就是利用计算机，帮助人类学习语言。王仁华希望两个人做"（文本相关）发音评测"方向的研究。当时，这是一次非常普通的实验室谈话，几乎每周都会在中科大西区电三楼发生。但正是这次谈话，直接改变了全中国的普通话水平测试。

程艺后来调任安徽教育厅，担任安徽省委教育工委书记、省教育厅厅长、党组书记，他对传统普通话人工测试存在的缺点心知肚明。

过去普通话测试是怎么测的呢？你走进来，给你一个情景，让你念三分钟的稿子或者口头表达，然后三个老师根据你的讲话打分。这中间有两个问题。

第一是人为因素。同样一个测试，不同人打分标准不同。我可能比你打得高，也有可能比你打得低。

第二是效率。三个老师等待一个学生走进来，3分钟测试再加上进出，大概5分钟才能测试一个人。

这是原来我在（安徽省）教育厅很头痛的事情，老百姓对此也抱怨声不断。

很多刚刚毕业的大学生要当中小学教师，还有一些服务行业都要求必须持有普通话等级证书。这些年轻的学生就向我抱怨说："考这个等级证书很麻烦，排队都不知道到什么时候，而且很浪费时间。"而我不可能把三个老师布置在全省各个地方，只能集中在合肥或者一些中心城市。这些学生得赶到这个城市的测试点进行测试，效率极其低下。

（程艺）

为什么不能让机器来替代人当考官？王仁华是中国语音识别评测的奠基人之一，站在他的角度，一眼就看出发音评测的巨大应用前景。他跟刘庆升和魏思交代完之后，特地说："这个做得好，就可以当成你们的博士论文题目。"

我的习惯，是不会在一开始就给学生定博士论文题目的。定题目一般是在（读博）一年半以后。我的看法是，一旦题目定下来，论文就写好了一半。

但是刘庆升和魏思那次，是我少数在开始就定的题目。因为我看到了它的应用前景。当年我做语音识别评测的研究，感觉语音识别离实用尚有差距，但是"计算机学汉语"的应用是有实际需求的，和语音识别有不同又有相同之处。这是一个既有理论意义又有实用价值的课题。前景好、分量足，只要做得好，完全可以做博士论文的题目。

那我为什么选这两个人来搞这个计算机辅助语言学习呢？

计算机辅助语言学习的理论外国有一点基础，但都没有达到能够发音评测的程度。用计算机给人的发音分甲乙丙级，这里面不光是一个理论问题，还有很多工程实践问题。

魏思是保送的，他的理论研究是强项；庆升有机械背景，他喜欢动手搞东西。一个是纯粹地做研究，魏思就是这么上来的；另一个在外面转了一大圈，庆升读研时做语音识别的一些玩具产品，知道实践怎么弄，怎么跟人打交道。因为这个事牵扯到应用，比如说麦克风怎么用，麦克风如果不对，暴露的很多问题你根本不知道怎么解决。

我就想：两个人很般配。他们一块来做这件事情，也许这件事情能做成。

（王仁华）

在此后两年里，刘庆升和魏思付出了巨大努力。两个人先去调研国外相关研究资料，发现数据的重要性。刘庆升决定先搞数据。

我当时就去找安徽语委办（语言文字工作委员会办公室），语委办下辖一个普通话水平测试中心。我天天找老师们聊天，当时这个技术叫作"计算机辅助语言评测"。

我说我们可以用计算机来测人的普通话发音水平。语委办老师都说这个很好。但那是表面客气，其实他们都不信。

后来我说不管你们信不信，我们先去采集一些数据。我当时就跑到普通话水平测试的现场去采集，采集到一堆"实战数据"。

然后我就拿着这些实战数据找语委办的一个国家级评测员帮我们标注，哪一个字发音有缺陷，哪一个字完全读错了。为了让他帮我们标注，我们还专门开发了一个软件工具给他（标注）用。打开一段声音，这段声音说100个汉字，这个字是"对""错"还是"缺陷"，三个选项可以直接在软件上标出来。

后来那个国家级评测员又推荐了其他几个国家级评测员给我们标注，有合肥幼师的老师，还有合肥几所中学的老师。

那个过程是非常辛苦的，也很磨人。

我们那时候既要去现场录音，还要把录音材料送到这些老师家，喊他们去标注。我们约好一周标注完，结果一打电话才发现他还没搞完。我说没关系，下午我过去，我帮你一起做。

下午过去后，他的计算机有一些问题，比如杀毒软件没装好，我还要帮他修一修电脑。

这样建立关系之后，我才有一些机会跟老师们请教。他们作为国家级的评测员，在发音方面很专业。他们靠听觉，不看数据。我就跟在他们后面研究，看看为什么这个地方是错误的，为什么这是个缺陷。这是个什么错误，这又是个什么缺陷？一点点来学。我也会买一些书看，不懂再去问。

搞到数据之后，我就拿回来跟魏思一道分析。我们两个有分工。我拿国际上已有的方法来分析，试完之后，魏思就想怎样创新。魏思在这方面很厉害，可以说他加速了整个发音评测研究的进程。

在这个过程中，王老师对我们的帮助很大。

早期我们想用一些创新的方法去训练这些数据，但效果都不理想；后来又用国外的一些算法去训练，但效果提升很有限。就是说，从算法突破上来讲，很难。当然从工程应用上来讲，拿着国外的算法，用这些数据来训练，基本上能做出一个可用的系统。但真正的理论创新并没有，这让我和魏思很头疼。

实验室的传统就是王老师每周六、周日都会跟我们开学术探讨会。我们讲来讲去，总感觉底气不足。

有一次开研讨会我就很泄气地讲，我们的创新性其实还不够。

但王老师当时给我们很大的鼓励，这个事我印象很深刻。王老师说："这个事情也不可能那么快。"他接着说，"有的时候就是要扎扎实实地把别人的东西全部都搞一遍，你才可能有所创新。"

这番话让我们的焦虑少了很多，心里也更笃定。后来魏思就带着大家做了很多创新性的工作。

（刘庆升）

用两年时间，两个年轻人完成了特征处理等方面的一系列重要工作，主要包括 CMN、SBR、VTLN 等；同时完成了针对评测的选择性的 MMLLR 技术，有效消除了声学模型和待测人员之间的不匹配问题。

同时，产业化进展更深。吴晓如找到国家教育部语信司（教育部语言文字信息管理司）司长李宇明，大谈如何用计算机辅助语言评测。但这事可不是小事，人家很难一下子信任你。

后来，刘庆峰又去北京找李宇明加码谈。当时的国家语委普通话与文字应用培训测试中心主任姚喜双也在场。他当时就跟刘庆峰说："这个事情太难了，我觉得你做不成。"

刘庆峰回答："我今天来找你谈，我就是要把自己放在火上烤。3年做不成就5年，5年做不成就10年，总之一定要把它做成。"

在教育部的支持下，王仁华和刘庆升开始组建团队，搭建我国第一个"普通话水平测试自动评测系统"。

凭着前期研究和数据，我们后来拿到了国家教育部语信司的一个国家项目。当年李宇明是司长，后来去了北京语言大学做党委书记。

李宇明对这个事非常支持，记得他跟我说：机器打分对推广普通话而言将有极大帮助。

从实际资金来说，教育部项目的资金非常少，我记得只有二十万元。我们光采集数据就已经花了不止二十万元。但是国家至少对这个方向是支持的，大家就很高兴。

我们2003年开始做普通话水平测试自动评测系统，2004年上半年开始就在安徽省语委办做现场测试了。

现场测试怎么做呢？一个考生进来考普通话，我们就在现场录音，然后机器在现场打分。老师打分之后，机器三分钟之后也会给一个分数。

我们跟单明老师（安徽省语委办技术负责人）在他的办公室很紧张地盯着测试结果看，一上午都在比对机器打的分数和老师打的分数。第一个结果出来之后，分数很接近，再出来一个，分数又很接近。半天的工夫，老师一共测了15个人，我一看机器给出的15个分数基本上与老师给出的分数非常接近。

我这才把悬着的心放下来。

单明老师特别高兴，当时就说请我们吃饭。我们科大讯飞三个人，我是做研究的，还有一个做产品的，一个做市场的，中午喝了酒。那天中午喝的是啤酒，做产品的那个同事把自己灌多了，因为太开心了。

（刘庆升）

2004年，时任教育部副部长、国家语言文字工作委员会主任袁贵仁陪同中央领导同志来科大讯飞视察，他提到全国普通话水平测试面临很多实际问题，希望科大讯飞的语音识别技术能够应用于普通话考试，解决测试标准这一问题。这成为科大讯飞语音识别技术产业化的一个重大契机。

2006年1月，"智能语音技术在普通话辅助学习中的应用研究"项目实现了计算机对单音节、多音节、朗读等三个测试项的自动辅助评分，首次达到国家级评测员水平，被国家语委鉴定为"普通话推广历史上的一次重大技术创新"，教育部则评价"智能自动评测意义重大，是我国推广普通话历史上的一次重大技术革命"。

从2007年起"机辅测试"在实用层面迈出步伐，安徽、上海成为第一批试点省市。2007年9月"国家普通话水平测试管理系统"正式启用，实现了全国范围内测试管理的信息化。普通话水平测试信息化工作迈上了新台阶。

我们的机器在上海语委做了一次对比测试。

二十个评委中，十九个是人，一个是机器。针对两百个学生进行普通话评测，评测结束，看谁测得准。

最后机器在二十个评委里排名第二。

我后来说，我们的机器实际上是第一。因为只评了两百个考生，人不那么感到疲劳；如果测两万个考生，机器肯定比人好，人是会累的。

即便如此，机器已经是第二名了，超过了十八个人。所以对比测试后，这套系统在中国就更大规模地推行开来。

（刘庆峰）

2009年11月，王仁华被国家语委普通话培训测试中心授予"计算机辅助普通话水平测试特别贡献奖"。

更重要的是，科大讯飞开始迎来真正的转机，从ToG市场切入智能教育，并开始扭亏为盈。这也是科大讯飞ToG业务的经典一战。吴晓如这样形容王仁华的高瞻远瞩。

袁部长视察科大讯飞以后，大概是 2006 年我们才从技术上真正解决这个难题。自此，科大讯飞以普通话测评切入智能教育，也就是在这一年，科大讯飞实现了扭亏为盈。

在对普通话水平测试这个项目做分析时，我们在思考一个问题，在大班式教学背景下，老师并不能完全精准地掌握学情，很难给学生提供个性化的指导。从这个点出发，我们发现了两个方面的可为之处，一是通过实时评估、反馈，可以更有效地帮助老师发现教学中的问题并纠正问题；二是教学可以走向个性化的教与学。

那时候我们走访了很多大学，推广这套产品，其没有把我们当成一个企业供应商，而是把我们当成帮助其解决实际问题的科研机构。对于大学生创业团队的我们来说，还是非常有成就感的。之后，科大讯飞逐渐形成了很好的技术应用成果，一步步进入了教育领域。

（吴晓如）

这一步，王仁华走得恰到好处。当年，在语音识别技术层面，中科大语音实验室可能并非最强。最后，王仁华对技术和市场的整体理解占据了上风。

科大讯飞在市场上一直以"语音合成"技术见长。刘庆峰后来评价："那（普通话评测）是我们切入'语音识别'的关键一步。"

2008 年 4 月，魏思完成了他的博士论文《基于统计模式识别的发音错误检测研究》；两年之后，刘庆升也完成博士论文《计算机发音评测关键技术研究》。在论文致谢中，刘庆升特别写道："在本文的研究过程中，王老师对科研方向的高瞻远瞩，对技术趋势的灵敏把握以及对具体问题的深刻见解都使我受益匪浅。"

第七节　告别 Nuance

2004 年，时任教育部副部长的袁贵仁来科大讯飞视察，给科大讯飞带来了一个新的契机。科大讯飞将语音识别技术应用于普通话考试，后来再以普通话测评切入教育领域，终于找到了一块盈利的基石。

几乎同时，科大讯飞迎来另一个契机。

科大讯飞初期的语音识别，集成的是 IBM 的 ViaVoice 语音识别系统。

那时候，我们能跟 IBM 合作，觉得很棒。后来我们发现，IBM 还擅长电脑端的应用。当时中国结合 IBM 技术做得最好的有两家，汉王和科大讯飞。汉王是把手写板和语音识别技术结合起来，大卖；科大讯飞做"天音话王"和"畅言2000"，但没有好渠道，也没钱做推广，盗版也多。于是，我们开始涉足运营商业务，做"168 声讯台"，主要使用语音合成技术。

然而，在做"168 声讯台"的过程中，我们发现音乐板块很火，很多人都发信息、打电话、下载炫铃和彩铃。这为我们使用语音识别技术，带来了新的灵感。

（刘庆峰）

2004 年 1 月 6 日，歌手刀郎发表了人生第一首王炸歌曲：《2002 年的第一场雪》。"停靠在八楼的二路汽车，带走了最后一片飘落的黄叶"的歌词让人印象深刻，描绘出城市冬日的景象。其实，"八楼"是刀郎打零工时租的房子附近的公交车站名。《2002 年的第一场雪》一推出就大卖，正版音乐唱片、卡带，卖出 270 万张。做音乐也要考虑历史进程，真正让刀郎有所斩获的是适时到来的"彩铃"业务，卖掉一张 10 块钱的正版唱片，唱片店能挣 1 块 5，音乐人分到的少得可怜，而彩铃救了中国音乐人的命。

手机的铃声是手机用户自己能听到的声音，而彩铃恰好相反，它是别人给你打电话，别人能听到的"等待音"。

韩国电讯运营商 SK 电信是彩铃业务的发起者，随后彩铃业务在亚洲地区火爆。中国通信运营商也在 21 世纪初推出彩铃业务，但市场始终波澜不惊，直到杨臣刚的《老鼠爱大米》以超过 600 万的下载数据爆发，才敲开彩铃市场大门。各大运营商的彩铃业务，开通需要每个月 5 元月租，送的是你一定不喜欢的歌。但你每换一首歌，就得再交两到三元。

2006 年，福布斯"中国名人榜"揭晓，庞龙之所以以 1800 万元的收入进入此榜排名第 8 位，彩铃功不可没。他的一首《两只蝴蝶》在 2005 年光彩铃下载就收获 2.4 亿元的毛利润。

彩铃的火爆，意外令科大讯飞找到了语音识别最好的落地点。

2005 年手机的功能还很单一，只有打电话、发信息、简单游戏等功能。2004 年，湖南卫视《超级女声》大火，节目中穿插大量彩铃下载的广告。当年，电话只能通过按键选择 1 至 9 之间的 9 首彩铃，这让彩铃业务发展受限。如果用户能对着电话说出彩铃名称，系统就能识别用户需要下载的彩铃，那彩铃的业务量将大大提升。

科大讯飞就想开发一套让用户对着手机"说话"，即可实现让用户使用语音选择彩铃的系统，这就是鼎鼎大名的"声动炫铃"系统，后来被联通、电信、移动三大运营商争相采用。

当年，科大讯飞自主研发的语音识别技术还未成熟。但是，为了做成"声动炫铃"，刘庆峰把目光投向了当年全球最大的语音识别技术公司——Nuance。

Nuance 是一家美国公司，最开始并不叫 Nuance，其前身是一家叫作 ScanSoft 的上市公司。ScanSoft 最初提供 PDF 的图像文本互转方案，几乎是一家 PDF 图像软件公司。ScanSoft 最初也不叫这个名字，而是一家成立于 1992 年的叫 Visioneer 的公司。1999 年，Visioneer 更名为 ScanSoft。

语音产业在 2000 年前后正好开始具备想象力，很多行业都开始接入智能语音服务。ScanSoft 先是在 2001 年通过拍卖取得 Lernout&Hauspie 的语音和语言技术和业务，进入语音市场；然后在 2003 年 1 月收购了荷兰皇家飞利浦的语音处理电话和语音控制业务部门，并收购了 SpeechWorks，获得其声纹识别等技术；2005 年，ScanSoft 正式将 Nuance Communications——当时的强劲竞争对手收购，宣布正式更名为"Nuance Communications，Inc"，基本完成了在语音产业技术上的布局。新公司仅在家庭图像应用领域继续沿用 Scansoft 的名称。（Nuance Communications 脱胎于斯坦福大学国际研究院，20 世纪 90 年代中期从 SRI 语音技术与研究实验室单独设立公司。到 2000 年 6 月，全球范围内就有 203 家企业直接或间接使用了 Nuance 的产品，包括富达国际、美国航空、英国劳埃德 TSB 集团等，还有语音门户网站如 BeVocal、General Magic、GoSolo Technologies 等。作为技术输出商，Nuance 利用自身语音软件平台和开发者工具帮助客户为其应用嵌入语音交互功能,产品应用在包括股票报价交易、旅游规划、购物、交通导航等在内的诸多场景。)

后来苹果的 Siri、三星的语音助手 S-Voice 用的都是 Nuance 的技术——它在当时拥有绝对的行业地位和话语权。

2005 年,刘庆峰带着吴晓如和胡郁去了一趟深圳。此行的目的,是去跟 Nuance 洽谈合作事宜,目标是拿到 Nuance 语音识别技术的合作权。几个人提前商量好了策略,胡郁英语不错,被赋予重任,与老外谈判。

Nuance 在中国选合作者,并非只有科大讯飞一个选择,竞争十分激烈。刘庆峰一行人跟 Nuance 谈判完之后,往酒店楼下走,一行人则拾级而上。两组人擦肩而过,刘庆峰瞥了一眼,竟然是清华大学的张连毅。当年,张连毅是圈内大名鼎鼎的人物,曾创办北京捷通华声科技股份有限公司,自主研发语音合成和手写识别技术。他也是来深圳争取 Nuance 的代理权的,与刘庆峰前后脚面见 Nuance。

但最终,Nuance 选了科大讯飞。

Nuauce 代表来访合影

胡郁后来分析,从商业角度来说,Nuauce 最好的选择就是科大讯飞。当年科大讯飞语音合成技术和业务都做到第一,有成熟的商业模式,而且已经开启语音合成和语音识别组合的商业化,应用创新能力和技术服务能力都很强。

更重要的是 Nuance 也需要科大讯飞。"Nuance 的语音识别技术是不错，但我们手上有运营商客户；'声动炫铃'这个商业模式又是我们创造出来的。Nuance 要想进入中国市场，这是一个最好的商业模式，所以很快谈妥了。"

拿下 Nuance 的中国总代理，科大讯飞的"声动炫铃"业务开展得如火如荼，迅速从安徽联通推广到联通总部，中国电信、中国移动也选择了这套系统。基于此，科大讯飞进一步探索了个性化彩铃等产品，当年中国联通的音乐、彩铃相关语音业务平台几乎都由科大讯飞包揽。科大讯飞也开启了连续 3 年净利润复合增长 130% 的态势。

科大讯飞和 Nuance 的合作持续了 3 年，Nuance 的语音识别技术后来又应用在呼叫中心等场景中，但问题也浮现出来。

那时候我负责平嵌事业部，业务就是做技术授权。

Nuance 语音识别的收入占我负责的事业部收入的一半，占整个公司的 15%。Nuance 那时候跟我们合作对口的负责人是中国科学技术大学的师兄，坦率讲我们那时候和 Nuance 的合作还是不错的。

但事情再往下做，我发现一些问题解决不了，商业模式也陷入困境。比如说我们把 Nuance 的技术给浙江电信用。2006 年前后，浙江电信做 114 查号台，名称一多，错误率就高，Nuance 告诉我们一些优化方法，但一直没有解决问题。后来他们派了美国团队过来，美国团队成员的姿态比较高，但一样解决不了问题，收费还很贵。

我们被夹在中间，很难受。当时我就觉得这个事情做不成了。语音合成是我们自主研发的，做得不好，我们自己可以回去改。但这个语音识别是别人的，我们能怎么办？

（吴晓如）

选择题又出现了。科大讯飞的语音识别已经布局一段时间了，未来要往何处去？是发展自主的语音识别技术，还是继续和 Nuance 合作？

这件事当年是有争议的。反对与 Nuance 终止合作的人理由也很直接：毕竟业务占比高，短时间内会影响收入。吴晓如那时候是讯飞研究院副院长，又负责业务，刘庆峰征求他的意见，他毫不犹豫，决心自己做。"刘总本来以为我不愿意自己做，但我的意见是，一定要用自己的东西。"

这其实是中科大语音实验室的一贯传统，"把中文语音的核心技术掌握在自己手里"也是科大讯飞人刻在骨子里的认知。刘庆峰后来回忆，在征求大家的意见之前，他早已下定决心，"就是要自己做"。

2007年，科大讯飞正式和Nuance商谈，双方的合作将在2008年终止。

首先，公司已经开始盈利了，有投入的条件，毕竟语音识别要花不少钱。

其次，我们在语音识别上的技术力量，也积蓄得差不多了。我们有胡郁、智国，还有联合实验室，外围的和自己的力量都有了。语音识别对于我们而言并没有本质上的困难。只要有大量语料，去训练，有工程化的能力，下定了决心就干，即使亏几年也要干。

我们当时做口语评测，是相对轻巧的，亏了几年才干成。语音识别是一个更大的核心目标，必须干！

当时还有一个争议，什么时候和Nuance结束合作？有两种意见：一个是2007年（合同签到2008年）就结束，另一个是等我们自己的语音识别做好了再说。

对公司来说，等到语音识别技术成熟再结束合作，当然最保险，期间业务不受影响。但是我们最终还是2007年就和Nuance讲清楚这件事。科大讯飞从一开始就很讲诚信，很重视商业道德，提前让Nuance有个准备，也不给自己（自主研发语音识别）留退路。

（刘庆峰）

2007年，吴晓如给Nuance写邮件表示结束合作的时候，内心忐忑不安，不知道自己的这封邮件会带来怎样的连锁反应。但眼看着科大讯飞像孩子一样慢慢地强健起来，吴晓如的心中充满希望。前路漫漫，但是最困难的时候好像已经过去了。

第八节 科大讯飞上市

2004年，科大讯飞实现盈亏平衡，刘庆峰开始考虑公司上市事宜。从2005年，科大讯飞开始了连续3年净利润复合增长130%，2007年营收突破2亿元。

这也意味着，科大讯飞走过了"弯曲的直线"，开始走上正轨。

答案终于揭晓。华为之战催生"iFLY Inside"，衍生出电信级语音平台及其各类电信级语音平台增值产品（第一类主营业务）；"普通话口语评测系统"和"声动彩铃"则成长为可以赚钱的两大行业应用产品（第二类主营业务）。

IPO招股书显示：2005年度、2006年度、2007年度，上述两类业务实现的毛利占公司毛利总额的比例分别为73.94%、68.75%和75.41%。

两类主营业务也建构起日后科大讯飞"平台+赛道"战略的雏形。

2007年科大讯飞主营业务

第一类语音支撑软件：给各行业开发厂商提供语音核心技术，主要包括电信级语音平台和嵌入式语音软件。语音支撑软件以软件使用授权的方式销售。

第二类行业应用产品/系统：以应用系统或应用产品的形式为行业应用提供以语音为特色的整体解决方案。根据销售模式的不同，主要分为两种类型，一种是用以获得持续收益的运营服务系统，如基于语音搜索的电信增值业务系统（声动彩铃/炫铃系统），面向普通话等级考试应用的计算机辅助普通话口语评测系统等；另一种是用以直接销售的系统或产品，如面向大型企业/政府具有协作、通讯、互联等关键支撑服务的iFLYTEK-C3应用系统，面向轿车应用的车载语音数码产品等。这类产品主要用来形成语音应用示范，树立行业应用样板。

前两类业务是公司主营业务发展的重点方向。

第三类信息工程和运维服务：主要集中在教育、石化、电信、政府行业，以安徽本地业务为主。用来探索语音技术在这些重点行业的应用契机，为语音技术进入相关领域积累行业经验，同时也为语音产业开拓期补充利润来源。该类业务销售金额较大，但占公司利润比例相对较小。

（《安徽科大讯飞信息科技股份有限公司首次公开发行股票招股说明书》）

刘庆峰认为，上市的时机已经基本成熟了。2007年，他向时任安徽省委书记郭金龙汇报，说科大讯飞要成为安徽第一个在美国纳斯达克上市的科技公司，要给安徽争个光。

郭金龙在所学专业上，可以说是王仁华和刘庆峰的同行。公开资料显示，1964年至1969年，郭金龙曾在南京大学物理系声学专业学习。刘庆峰与郭金龙第一次见面是在2004年12月。

我和郭书记第一次见面，郭书记就说："你把语音做到这样，庆峰我跟你要结对子。"就这样我们成了忘年交。

郭书记经常跟我说一句话叫"和尚不亲帽儿亲"。我一直没懂，后来才知道，他自比我们是干语音的同行，同行遇到，特别容易产生亲切感。他还给科大讯飞出过主意。我记得他跟我讲过，对外宣传的逻辑就两条：

语音是人类最基本的能力。

要做到全世界最好。

（刘庆峰）

郭金龙曾经说，科大讯飞等公司的发展充分证明，安徽人有志气有能力自主创新。他还把发展信息技术等高新技术产业集群和安徽培育新的经济增长点联系起来。但郭金龙对刘庆峰的"纳斯达克上市计划"不置可否，他劝刘庆峰三思。

我们原来打算要到美国上市。

关于在哪上市的问题，联想投资也给了很专业的意见。其主要考虑财务和市值问题。他们就讲："到美国上市，你们盈利能力本来就差，美国财务费用很高、四大会计所很贵，你们能不能经得起审？"他们的言下之意是："你们（高管）英语也不太好，去美国上市，沟通上没有问题吗？"

郭书记后来跟我说，科大讯飞应该在国内上市。因为语音是人类最自然的交互方式，这个事涉及国家安全。

郭书记这句话，让我最终决定在国内上市。

2019年，科大讯飞被列入了美国实体清单。我又想起郭书记的高瞻远瞩，他在那个时候就看到了未来。幸亏我们在国内上市。

（刘庆峰）

2007年4月26日，安徽中科大讯飞信息科技有限公司整体变更为安徽科大讯飞信息科技股份有限公司。深交所要求上市公司的证券简称应当全部或部分取自企业全称，由3至4个汉字组成，不得超过8个字符。

当时公司内有两种意见，第一种意见叫"讯飞科技"，第二种意见叫"科大讯飞"。刘庆峰在董事会讨论时建议用"讯飞科技"，王仁华当年还是董事长，他也同意用"讯飞科技"，董事会已经形成共识。

我们一开始叫硅谷天音，是因为福建的大股东叫硅谷电脑公司，而我们又是做语音的。但是我总觉得"硅谷"有点山寨；"天音"又和"天阴"谐音，所以就想换名字。

"168声讯台"是我们最早切入的业务，也是最赚钱的业务。

当时"168声讯台"很火，我们发现声讯台的内容都是固定的、提前录好的，但是声讯台里的海量信息根本来不及录，也来不及录动态信息。要想听最及时的信息，等录好了，一天都过去了。

所以"语音合成"最适合解决"168声讯台"海量动态信息来不及录的难题。我们就有一个提法：（通过语音合成）让文字变看为听，让讯息无所不在。讯飞的"讯"就是这么来的。"讯"还有另外一层意思，就是迅速。迅速腾飞起来，就是"讯飞"。记得当时大家联合起名字，员工起了很多，最后我选中这个"讯飞"。

一开始我们想用"讯飞科技"，不用"科大"两个字。原因也很简单，全世界没有一个伟大的公司是一定要绑着一个大学名字的。另外，讯飞成立时，我们叫"安徽中科大讯飞信息科技有限公司"，中科大也占我们的股份。但占我们股和占股科大创新、科大国盾不一样——中科大不是以技术、专利占股，而是我们送给其的干股。

2007年底，我们首次到证监会沟通上市事宜，拜访证监会发行部领导。本来我以为，中科大学术背景这么强，我们又是国家"863计划"语音合成比赛第一名，在证监会会得到尊重。

结果去了，证监会觉得科研人员办公司不规范，中科大做企业不行。这也是有原因的，当时"科大创新"的案件余波未平。证监会就觉得中科大搞公司不行。虽然那次我们介绍得很好，但还是受了一肚子气。

从证监会出来，我记得一出门右手边是个旗杆，大家说在这合影。

我想起我们刚成立的时候，好多师兄弟、校友来给我们帮忙。大家觉得中科大不比国内任何一所大学差，北大有"北大某某"公司，清华有"清华某某"公司，复旦有"复旦某某"公司。咱们中科大也要有自己的上市公司，名字要响亮。

于是，我就在旗杆那说："定了，就叫'科大讯飞'，咱们让中科大产业从哪跌倒再从哪爬起来，一定要成为中国高校最好的上市公司。"

（刘庆峰）

科大讯飞筹备上市的过程中还有一段波折。当时的《公司法》规定，无形资产出资比例不得高于注册资本的20%，但科大讯飞作为高科技企业，无形资产的比例在评估时达到了40%。上市手续卡在了这里。

此时，安徽省委省政府相关部门和合肥市委市政府为科大讯飞提供了帮助，根据相关法律法规"开了绿灯"。中国科学技术大学的上级单位中国科学院的相关申请工作，则由时任中国科学技术大学党委书记的郭传杰承担。

中国科学院那边的相关规定和流程都是郭书记帮助梳理的。2005年开始，郭传杰任中国科学技术大学党委书记，那时科大讯飞也正好进入快速发展期。可以说，郭书记对科大讯飞的帮助很大。

（刘庆峰）

2008 年 5 月 12 日，科大讯飞成功登陆深交所，成为中国第一个由在校大学生创业的上市公司，也是中国语音产业至今唯一的上市公司。

2008 年上市现场大家高唱《飞得更高》

科大讯飞一上市就受到诸多热捧。一是发行市盈率为 29.98 倍，接近当时证监会允许的 30 倍的最高上限；二是首次发行超额认购倍数却高达 2313 倍，中签率低至 0.04%。

从 1999 年成立，到 2008 年上市，科大讯飞走过崎岖的 9 年。

那个时候的语音技术是比较超前的。如果科大讯飞放弃这种超前的技术，而去做一些普通产品，比如点读机、录音设备这种产品的话，那科大讯飞可能就很难在后来占领制高点。对一些高科技，可能在某一个时代，它会超前于社会的需求，但是如果坚持到某个时候，它就能发挥重要的作用。

（程艺）

2008 年科大讯飞上市了，盈利三年之后就上市了。上市的动作很快，但那时候公司体量还很小。在深交所的答谢晚宴上，整个团队高唱汪峰的《飞得更高》，感染力特别强。

我们参加仪式的同事回来讲，在大厅里，年轻人跑到台子上唱那首歌，非常感人，非常震撼。整个大厅都被这批年轻人的这种激情感染。汪峰那首歌也特别符合科大讯飞内在的文化，讯飞也有个"飞"字。而且那首歌是说要自由地翱翔，要站上巅峰，与科大讯飞不断追求，要站在世界语音之巅的气概相符。

（王兵）

王仁华参加了上市仪式，并在答谢晚宴上致辞。那是他人生的重要时刻，意味着他多年来在高校成果产业化道路上的求索终于有了决定性成果。"王仁华—刘庆峰"模式一定会被写入历史，高校教授们也会重读他的"开公司四原则"，但王仁华的人生际遇无人可以复制。

这一天也是刘庆峰人生的重要时刻。公司上市前的答谢晚宴一般都邀请专业人员来主持，但是科大讯飞的答谢晚宴是刘庆峰上台主持的。那次答谢晚宴上，科大讯飞创业团队要一起打造伟大公司的梦想和激情，打动了现场所有的人。时任深交所副总经理的周明对科大讯飞印象深刻，后来他也成了科大讯飞的"铁粉"。

15年后的5月12日，在本书开头提到的上海静安区的那家龙虾馆里，一圈科大讯飞高管落座后，刘庆峰就开口了："今天是科大讯飞上市15周年。"

他接着问："你们还记得科大讯飞上市首日的开盘价和收盘价吗？"

没等大家回答，他就自己报出答案："科大讯飞的发行价是每股12.66元，那一天科大讯飞开盘价为28.21元，收盘价为29.83元，涨幅超过130%。"

第九章
Chapter 9

讯飞研究院

  科大讯飞技术发展走过的"台阶"大概是：1999年到2010年的语音合成、语音评测、语音识别，这三个"台阶"是王仁华和刘庆峰确定的；2011年到2020年的语音交互、认知智能、计算机视觉、多语种，这几个"台阶"是胡郁和我接力走过的；2022年初刘总提出"讯飞超脑2030"，我们开始做运动智能，2023年重点发力的领域是大模型。

（胡国平）

第一节　从实验室到研究院

　　2004 年，创立 5 年的科大讯飞终于实现了盈亏平衡，普通话水平测试项目开始攻关，虽然未来不是一片坦途，但也逐渐明朗。2005 年，科大讯飞进行了管理架构的调整，独立成立讯飞研究院，首任院长是王仁华（也是首席科学家），这被视为中科大语音实验室的延续。

　　这个延续中间还有一个过渡——诞生于 1999 年的中科大—讯飞语音实验室（简称讯飞语音实验室）。当时，科大讯飞联合中国科学院声学研究所、中国科学院自动化研究所、中国社会科学院语言研究所等研究院所建立中国语音研究的"统一战线"，建立联合实验室。公司与中科大语音实验室的联合实验室自然最先成立。

　　实验室挂了两块牌子，分别是中科大—讯飞语音实验室，中科大—国家智能计算机研究开发中心人机语音通信研究评测实验室。

　　一开始，两个实验室人员的职责范围并没有明显区分，大家都在一起做研究。公司做技术研发的员工也要去实验室上班，和当时的本科生、研究生泡在一起。

　　我们的语音实验室由此进入新的阶段，责任、目标也更多：主要开展人机语音交互技术与多媒体信息技术的研究与开发；以中文信息处理为核心，逐步建成国内一流、国际上有声誉的高水平语音技术研究实验室；研究汉语语音系统标准化规范，建立国家语音技术标准等。

　　最重要的一点，讯飞语音实验室成为科大讯飞和中科大的桥梁，是产学研道路上的一个重要环节。它不断为科大讯飞提供新技术和开发新产品，增强科大讯飞在国内外市场的竞争能力，同时创造高水平科研与开发环境，吸引中科大等国内外信息领域的优秀人才。

（王仁华）

王仁华的"桥梁"之说,十分贴切。当时,学生和员工都在一起做研究,一方面保留着高校做学术研究的高度严谨,另一方面有着市场化公司对产业化研究的敏感度。

讯飞研究院由此发展而来。刘庆峰后来总结,单独成立研究院有三个原因。

第一,科大讯飞最开始的实验室是中国科学技术大学联合实验室,随着"统一战线"的建立,我们在业内与很多研究机构合作,如清华大学、中国社会科学院语言所、中国科学院声学所等,技术研究的力量大大加强。我们希望把科大讯飞的整体研究分为三个级别:一级是"1—3年内要用"的,由产品线和平台来做,比如"iFLY Inside"就是后来"平台+赛道"的核心基座;二级是针对"未来3—5年"的研究,由讯飞研究院来做;三级是针对未来"5—10年"甚至更长时间的研究,由联合实验室来做。我们想形成这样一个机制,把研究院独立出去。

第二,我们要将业界产学研的整合任务交给研究院,所以对研究院的院长人选任命一直都很慎重。第一任院长是王仁华,第二任是胡郁,再往后是胡国平,再到现在的刘聪,每个人都有自己的特色和影响力。

第三,出于长期发展考虑,要让讯飞研究院的品牌影响力更大。

(刘庆峰)

研究院刚成立时,总共只有10来个人,还都身兼多职,比如,吴晓如既管业务又是研究院副院长,胡郁在攻读博士,身份还是学生。

讯飞研究院成立现场

王仁华给讯飞研究院定的核心任务，总结起来有两个方面：一是要提升语音核心技术的效果，二是要加速技术成果应用推广的进程。

他主抓了两件事，一是技术研究，二是人才培养。

在技术研究上，王仁华确定了语音合成、语音评测、语音识别三大"台阶"，让机器做到了"能听会说"；在人才培养上，讯飞研究院至今的几任院长，王仁华、胡郁、胡国平、刘聪，都是王仁华发掘和培养出来的。

胡郁的故事，我们后文再说。先说说胡国平，王仁华评价胡国平"是做教授的料"。

2006年，胡国平和鄢志杰、刘庆升三人去新加坡大学参加ICSLP（国际口语处理会议），回来之后，国平交给我一份报告，介绍大会的报告及较好的文章、墙报，甚至有专家之间一些有意义的聊天。他还在报告上特别注解：红色底文字最值得看，其次是黄色底文字，很全面，一目了然。

他还写了自己的参会体会，第一点是关于自己的研究方向和方法；第二点是关于学生和新员工的能力培养，提到要让新员工系统地看论文、参加更多国际会议；第三点是关于论文投稿的建议，很有自己的思考。

难得的是，他还做了很多额外的思考，交了一份工作纪要：2008年ISCSLP的举办建议。当时我就觉得国平是可以当教授的料。

（王仁华）

刘聪和胡国平一样聪明，但刘聪性格不太一样，拿他自己的话说"以前很佛系"，上学时天天打游戏，但是老师交给他的任务他会认真做。在实验室锤炼了一段时间之后，这个有点桀骜不驯的小伙子找到了自己的榜样，化被动为主动。研一时，王仁华亲自和刘聪聊天，商量把刘聪送到微软亚洲研究院，让其跟着江辉学习。之后，刘聪又去了加拿大跟着江辉继续学习了一段时间，大大提升了专业能力，拓宽了视野。

后来我也特别感恩，得到公司很多前辈的帮助，也遇到志同道合的人。最早认识的是胡郁，后来是智国、国平，再后来又跟魏思认识了。

我觉得特别幸运，大家很谦让，也愿意帮助人。当然，中间也有些压力，但既然任务交给我，无论如何我都要把它做好。以前我很"佛系"，现在我到处"喷人"，的确有这个转变，我心里感触很深。

（刘聪）

刘聪脑子活络、情商高。2022 年底他力主开通了讯飞研究院的公众号，并亲自写了一篇长文，用年轻人喜欢的方式和年轻人沟通。他在文章中说："虽然不少人知道讯飞研究院，但相对来说讯飞研究院还是比较低调甚至神秘的，我们更习惯于埋头做事情……未来我们希望通过这个渠道，让感兴趣的朋友可以更全面、更加常态化地了解讯飞研究院的相关进展。"

在早期人员的筛选上，王仁华和刘庆峰已经有意布局在研究方向和工程方向上同时发力。后来，胡郁将此总结为"研究工程一体化"。

刘庆峰在说起 KD-863 时，曾经形象地称做语音合成系统需要"盖楼三要素"（见第六章第四节）：盖楼要有砖头，相当于语音库；大楼要有设计图纸，相当于韵律参数的预测；还要有砖刀，相当于语音合成工具。

现任科大讯飞 AI 工程院院长潘青华套用刘庆峰的比喻，形象地解释了工程院的职责。

工程院要干两件事情，第一，我们是做"砖刀"的，讯飞研究院现在有 20 多个研究方向，每个方向都要有好的工具，但是盖楼的人自己去做"砖刀"太浪费时间精力了，所以由工程院去做；第二，这么多的房子，每栋怎么建才最牢固？不同的房子之间要怎么联通起来发挥最大功效？工程院就要规划一个很大的图纸还要搭建地基平台，让这些房子都能安全顺利地建好。单点的技术撑不起一个应用，需要由一个系统来联通。语音识别需要一个系统，语音合成也需要一个系统，这两个系统能不能是同一个系统？工程院要把整个大的系统平台做好。等应用落地的时候，不管是用语音识别技术，还是语音合成技术，放在这个系统平台，都能用。

（潘青华）

  胡郁、胡国平、刘聪、魏思等人的研究能力强，相应地搭配了王智国、潘青华、于振华这些工程大牛。前文提到，2000 年，力学系毕业生于振华听了刘庆峰在中科大西区的招聘会演讲，备受鼓舞，决定放弃高薪 offer 跟着刘庆峰在民房里创业。现在，于振华是讯飞研究院和魏思齐名的"大神"。

  于振华解决了很多关键性的工程问题，比如，早期做 iFLY Inside，他将语音合成技术放到板卡上；讯飞输入法和语音云发布后，他解决了大量用户涌入的算力问题；后来的讯飞录音笔，将语音相关算法集成到很小的芯片上，也是他的手笔。

  讯飞输入法出来之后，涌入服务器的用户多了起来。王智国他们做了（语音识别的算法）原型，但是最开始是 4 台机器跑一路。我干的第一件比较牛的事情，就是做到了一台机器跑 4 路的成绩，那时候还带了一个员工。

  以此为基础，硬件能力得到提升，但其速度远远比不上算法提升的速度。2015 年，我们做到了一台机器跑 400 路的成绩。

（于振华）

  延续中科大语音实验室的人才文化，讯飞研究院用人有一些通用标准，如数理能力强、在某个方面的能力要拔尖，同时不拘一格。于振华是潘青华口中的"镇院之宝"，也是自由散漫的"民间科学家"。

  我进科大讯飞时，老于是我的导师。他生性自由，不爱管别人，也不服管，后来走了专业科学家路线。

  老于和魏思还不一样，魏思也有个性，但很自律，老于就比较自由散漫。老于很聪明，代码能力非常强。但是从学术角度来说，他其实不是很严谨，像"民间科学家"。他想法比较多，有很多突发奇想，或者说是灵感。

（潘青华）

于振华也承认，自己可能是公司最早不打卡的人。

我是公司最早不打卡的人。有一段时间，应该是 2006 年到 2010 年这四年，我的工作时间是颠倒的，晚上 8 点来上班，通宵工作到第二天上午，中午回去睡觉。我醉心于技术，顾不得管理上的头衔和职责。

（于振华）

讯飞研究院的人才就这样慢慢聚拢。2017 年，讯飞研究院升级为核心研发平台（简称 RDG），分为 AI 研究院、AI 工程院、AI 资源部，对外还是称讯飞研究院。这也将早期的设想固定下来。由于每一个方向都早有布局，所以每个方向都有相对应的人才，发挥出了最大的效益。即使胡郁、吴晓如、王智国等人将重心放到了业务上，但讯飞研究院依然人才济济。AI 研究院有刘聪、王士进、魏思、高建清、殷兵、潘嘉等人，AI 工程院有潘青华、于振华这对"黄金搭档"，AI 资源部有刘俊华、李卉搭档坐镇。

研究院＋工程院是一个加法，懂技术的管理人才＋醉心于技术的科学家是另一个加法，他们在一起，都起到了 1+1 ＞ 2 的作用。

国内很多公司都有研究院，但可能没有一家研究院像讯飞研究院的团队一样。这批人的特点有三个：一是"一专多能"，有长期的技术积累；二是"情谊深厚"，都是并肩作战过很多次的人，互相之间没有内耗；三是他们身上有类似的气质，一种"理想主义"或"书生气"。

我们这帮人，也可以理解为"因为对方在，所以我要在"，也因为"对方在，所以会安心"。

我们经常为了工作争辩，魏思甚至还和庆峰总吵过。争完之后就忘了，因为我们只是表达自己技术或业务上的观点，并不是去攻击其他人。

好处是，大家都习惯于认真去想，并且相对直白地表达自己的观点，也会比较认真地去听别人的观点。我们有"四个不喜欢"：不喜欢没有观点的人，不喜欢不维护自己观点的人，不喜欢只维护自己观点的人，不喜欢只有观点却不执行的人。

这和实验室的"挑刺文化"一脉相承。

（胡国平）

这个团队也在源源不断地向内补充新鲜血液，保持着合理的人才梯度，如 2009 年通过校招加入科大讯飞，如今已是杰出科学家的潘嘉，以及星火大模型的执行统筹人刘权——90 后的中科大语音实验室师弟，被魏思发掘。

这就是刘庆峰等人一直引以为傲的成建制的团队。

研究院每一次技术突破，公司每一步前进的前提，是有这样一支"能打胜仗"的队伍。

第二节　三箭齐发

在技术研究上，2005 年到 2008 年，王仁华做了这样的部署：语音评测方向，魏思、刘庆升等人已经做得不错，普通话水平测试的项目持续推进；语音合成方向，中国科学技术大学的汉语语音合成在国内本身就是第一，产品转化也做得不错，汉语语音合成的新方向、新领域也都在持续跟进，始终保持国际领先。

王仁华和刘庆峰剑指语音识别。早在 20 世纪 90 年代做语音数据库时，王仁华心中的长线目标就是语音识别。

20 世纪 80 年代，语音识别的研究发展迅速，以 HMM 为代表的基于统计模型方法逐渐在语音识别研究中占据了主导地位。1988 年，李开复开发了第一个"非特定人连续语音识别系统"（不用针对指定发音人的语音识别系统，不分年龄、性别，只要发音人说的是相同的语言系统就可以识别）SPHINX 系统；

1990年，业界著名公司Dragon推出了Dragon Dictation，第一个消费级语音识别产品。

在中国，1987年，国家"863计划"首批项目"计算机自然语音翻译"（包含语音识别、机器翻译和语音合成三个子课题，详见第四章"语音数据库"）启动，清华大学无线电电子学系的王作英教授组织研究队伍，创建了清华大学电子工程系语音识别技术实验室。

清华大学逐渐在语音识别研究领域拔得头筹，也和国内一些企业开展合作，并培养了吴及（现为清华大学电子工程系副系主任、清华大学精准医学研究院临床大数据中心共同主任、清华大学智慧医疗研究院副院长、清华–讯飞医疗语言处理技术联合研究中心主任）等一批优秀学生。

在学术界，"第一"和"第二"的含金量大大不同，能争取到的资源也有很大区别。更何况，当时的中科大语音实验室在语音识别领域可能连第二都排不上。

多年后，胡郁回过头去看当时的情况，也感叹："在智能语音领域，语音合成中有很多手艺活儿的部分，靠聪慧和勤奋是可以赶上来的。但是语音识别不行，没有过硬的技术积累和丰富的数据资源，就很难跟上。"

中科大语音实验室做语音识别其实挺早的，可以追溯到1990年。1987年考入中科大的江辉在1990年进入实验室，王仁华让其做语音识别的工作。

语音识别当时是一个非常难的技术，很难在短时间内实现落地并产业化。王老师安排了一些学生，进行了纯粹的追踪、研究，我算是其中最早真正把整个研究的精力都投入到语音识别方向的一个学生。王老师当时也给了我比较好的指导。他从各个学术会议上，找来会议记录、论文，并保存了大量的论文集。

王老师自己也研究这些论文，并和我讨论。

（江辉）

江辉在中科大念硕士研究生，毕业论文的方向就是语音识别。后来，王仁华又推荐江辉到东京大学读博士，之后江辉被在加拿大滑铁卢大学任教的邓力招去做博士后。

另一个做语音识别方向研究的学生是霍强。1990年，霍强赴香港大学，向陈础坚学习。胡郁曾介绍："李开复的厉害之处在于他做出了第一个非特定人连续语音识别系统，霍强的厉害之处在于他的理论建树。霍强是世界上第一个证明了HMM比其他模型更优的研究者。那篇文章是霍强和李锦辉一起写的。"

但是实验室的语音识别技术并不具备优势。

2000年，业内出现一波语音识别的小热潮。IBM发布了ViaVoice世纪1.0版，被《纽约时报》选为2000年最受欢迎的十大顶尖商务软件之一，并两次被该报列入杰出商务软件的推荐名单之中，引起了轰动。在国内，PC端语音输入软件成为热门，国内好几家企业如汉王、科大讯飞都集成ViaVoice，做语音输入软件，但都不太成熟。

后来，王仁华和刘庆峰商量，这件事还是得干，先到牌桌上去！除了做研究，还要把开源代码搞懂。王仁华让刘庆峰从公司找一个编程高手，刘庆峰找到了王智国。

王智国是内蒙古锡林郭勒盟的高考状元，1998年本科毕业通过校园招聘进入科大讯飞，那时候的身份是公司员工。

我记得王老师跟我见了一面，还花3000元买了一个嵌入式的设备，可以装在康柏的平板上面。王老师让我做一个语音自动拨号系统，是很超前的，那时候连智能手机都没有。

我两眼一抹黑，什么都不懂。正好葛勇在香港的学习结束，回来写毕业论文，有两三个月空闲时间，王老师就让葛勇给我讲一讲技术。葛勇告诉了我一些内容，丢给我一个HTK（做语言识别的软件工具包，可用于构建和控制HMM）。这个HTK是2001年左右王老师从剑桥大学买的，听说花了几千欧元，一直放在那儿。有几个学生玩过它，但没玩出太大的名堂。

我琢磨了几个月，最后在平板上做了一个很简陋的东西。

（王智国）

半路出家的王智国相继跟着葛勇和李锦宇学习。为了搞清楚源头，2005年他考取了王仁华的硕士研究生。

2005年，讯飞研究院成立，王仁华认真思考语音识别的问题，提出重要任务：要提升在各种噪声环境中和带有口音的语音识别准确率，在电信语音搜索、手机语音输入等大规模应用中准确率超过90%。与此同时，随着实验室在语音识别领域的技术发展，以及科大讯飞业务的扩展，公司有了一定的流动资金，刘庆峰决定专心做语音识别。

他做了三个布局：与清华大学建立联合实验室，让王智国北上，跟着吴及学习；让胡郁南下，到香港大学跟着霍强学习；之后又联系在加拿大的江辉，以联合实验室的名义与其合作。

2005年，科大讯飞刚刚实现盈利，而兵分三路做语音识别又是一笔不小的投入。现任清华大学电子工程系副主任的吴及回想起来，依然佩服王仁华、刘庆峰二人的魄力。

大概是在2005年10月，我和刘总在一次学术会议上碰到，当时有一些交流；11月，刘总来清华大学招聘，他就约我长谈了一次，那次基本就确定了我们实验室和科大讯飞开展长期战略性合作的想法；12月，我去合肥，向王仁华老师做了汇报，确定这件事。

当时我们的王作英老师即将退休，想让实验室有更好的发展，在合作伙伴的选择上很慎重。我们不想完全成为别人的附属，还想在自己的方向上独立做一些事情。科大讯飞有高校实验室背景，长久以来，我们和王老师、刘总很熟，双方都很信任，是一种双向选择，系里当时也很支持。那时候和清华大学合作的费用也不低，科大讯飞刚刚盈利，但它毅然决然选择和我们合作，我觉得是非常有魄力的。2006年2月，学校正式批复，联合实验室就这样成立了。

2006年至今，我们和科大讯飞已经合作17年了。在清华大学，合作时间这么长的联合实验室，我不敢说绝无仅有，但也非常少。

（吴及）

联合实验室的第一单就是语音识别。2006年春节后，吴晓如亲自送王智国和刘江去清华大学，他后来回忆"那真是背着铺盖去的，台式电脑都拆了背过去。"

当时，清华大学做语音识别是比较强的。中国语音领域"南北二王"，南王是王仁华老师，北王就是清华大学的王作英老师，吴及老师是王作英老师的学生。吴及老师和科大讯飞的团队有相似之处，他不甘于只在学校里做研究，特别强调产业化，但他自己那时候的创业进展不顺利，于是想在语音识别技术上寻求产业化合作的机会，就和科大讯飞一拍即合——这个事情应该是庆峰总谈的。科大讯飞和清华大学成立联合实验室，我作为联合实验室的副主任，去清华实验室学习了三年。

在吴及老师的帮助下，我们做出了自己的电话语音识别系统小样。

（王智国）

吴及回忆，虽然清华大学的语音识别做得不错，但是联合实验室还是决定从头打造一个语音识别系统，既没有用原来清华实验室已有的代码模块，也没有用原来中科大实验室在王老师带领下尝试的东西。从头开始，从定义最基础的语音识别的单元开始，构建所有的原始文件，进行特征提取、模型训练直到解码……从无到有。后来，贺志阳、潘青华等几个年轻人也加入进来，做成了科大讯飞的第一个语音识别系统。科大讯飞语音识别团队的羽翼逐渐丰满。

胡郁的南下则是另一个故事。2005年，胡郁虽然已经跟着刘庆峰创业多年，但还在读博士，档案关系都在学校。胡郁的爱人要去香港大学读博士，他也想过去。王仁华和刘庆峰一合计，干脆派胡郁去和霍强学习语音识别。

怕不怕胡郁不回来了？王仁华和刘庆峰的回答一致，一是相信胡郁的人品，二是也做好了打算，不回来就不回来，抱着培养人的包容心态。

到霍强那三个月后，我就和庆峰说，我知道语音识别该怎么弄了。可是知道怎么弄，到自己会弄，又是一个大阶梯。我已经看懂了某一个流派，知道创新点在哪，知道哪些问题已经解决了，知道问题还可以从哪几方面尝试解决及可以解决到什么程度，但这对于产品转化来说到底有没有用，这是很复杂的问题。

我用了三个月明白了研究该怎么做，但自己做出成果，需要很长时间。

做任何事情都有两个部分，提出问题和解决问题。提出问题比解决问题要难。我一开始只会解决问题，不会提出问题。

不过，霍强提出的问题，也不是人人都能解决的。2006年，国际汉语口语处理研讨会上，我的论文获得了最佳学生论文奖，归功于霍强提出问题、我解决问题。

到第二个阶段，我自己要提出问题。当时最热的方向就是我做的"降噪"，怎么在噪声情况下，让语音识别取得最好的效果。有一天我在上厕所的时候想到：有没有什么方法是别人从来没有做过的？要怎么做？要怎样把这背后的逻辑阐释清楚？我自己就开始提出问题了，有自己的研究方向了。

（胡郁）

后来，胡郁把他的研究写成了博士论文《语音识别中基于模型补偿的噪声鲁棒性问题研究》。

鲁棒是Robust的音译，也就是健壮和强壮的意思。鲁棒性是指系统在复杂信道、高噪、方言口语等异常情况下的语音识别的稳定性。

胡郁提出的问题是：将语音识别从实验室场景迁移到实际生活场景，设定了一个相对复杂的课题，那就是如果环境中存在很多噪声怎么办？比如背景噪声（如电风扇的声音、开关门的声音、门外的声音等）和信道噪声（录音设备的底噪及畸变等）。他将自动控制领域用来提高卡尔曼滤波器（一种利用线性系统状态方程，通过系统输入输出观测数据，对系统状态进行最优估计的算法。由于观测数据中包括系统中的噪声和干扰的影响，所以最优估计也可看作滤波过程）性能的技术UT（Unscented Transformation）用在了语音识别领域，提出了一种新的语音声学模型在噪声环境下的参数补偿算法——UT变换补偿算法，并提出了噪声补偿模型自适应性训练方法。

胡郁做噪声鲁棒性的研究，我印象深刻。他设计了一个非常复杂的公式，我帮他推导公式并用代码实现。当时我经常跟他开玩笑，把这个公式称为圈圈叉叉的艺术。因为涉及高阶矩阵操作的各种奇怪符号，它跟常规的矩阵操作不一样，很难推导和实现。

（刘聪）

这个方法被证明是非常有用的，科大讯飞的语音识别技术研究有了质的飞跃。

胡郁此行，带来的另一个深远影响是奠定了讯飞研究院做产业研究的基础。

我在香港学习最大的收获不是技术，而是"怎么做研究"。做研究不是打野球，是有一整套体系的，你得知道，这个领域有哪些人、有哪些流派，分别是为了解决什么问题；什么是创新，创新也有不同层面，如一般性的、理论性的、系统性的，还有诺贝尔级别的，都得搞懂。先搞清楚基础逻辑，才能归纳总结方法论。

不搞懂"怎么做研究"，读论文也无法理解为什么人家能找到这个突破点。等搞懂了，再将这个突破点用在产品上可能已经过时了。

延伸到应用中，不同公司在"怎么定义创新"上有非常大的差异，没有搞清楚研究背后的基础，是做不到真正的创新的。

（胡郁）

胡郁还把"怎么做产业研究""怎么做一个企业的研究院"的方法教给了胡国平、刘聪、魏思、高建清等一批人。

我从香港回来，与魏思经常交流，主要是讨论具体的问题。打个比喻，就和苏格拉底、柏拉图、亚里士多德一样，讨论问题应该怎么想、怎么分析。每一次讨论的结果不一定对，但是这个思辨的过程就是做研究的过程。

我和魏思讨论的地点不限，如公司、实验室、公交车上等。那时候从高新区的公司到中科大西区要坐公交车。

（胡郁）

胡郁总对我们的影响有两个，一是视野，二是怎么做产业技术研究的方法论。

现在中国的研究已经普遍具有国际化视野，学者发表国际期刊论文，参加国际学术会议，但是十几年前不是这样的。所以胡郁从香港大学带来的国际前沿的技术进展、研究方法等都是很稀缺的。

另一个影响，就是他对产业化的理解，怎么办一个公司的研究院？怎么做产业技术研究？他提出了很多理念，比如"从研究中来，到产品中去""Think big, Start small""用正确的方法，做有用的研究"等。

为什么这些那么重要？公司研究院的人从高校实验室出来，学的是怎么做学术研究。怎么做产品、怎么做产业？他们不知道。胡郁会告诉你怎么从学术研究中延伸一个产品，其效果并非在实验室的效果，而是用户反馈的实际应用效果，产品的反馈又进一步促进技术迭代。研究人员不仅要从理论上解决问题、提出问题，更要从产品中发现和定义问题。

胡郁不仅自己想明白了、实践了，还将其系统化地输出，这对于公司来说很重要。

（高建清）

"从研究中来，到产品中去""Think big, Start small""用正确的方法，做有用的研究"等理念，历久弥新，至今依然被奉为讯飞研究院的圭臬。

第三路的关键人是江辉。2002年，江辉到加拿大约克大学任教。王仁华心里一直惦记着这个事情。有几年暑假，江辉会回到北京，在微软亚洲研究院做研究。2006年，刘聪做了区分性训练的课题，王仁华得知江辉也在做这个，就派刘聪去北京学习，之后又让他去加拿大和江辉学了一段时间。2007年左右，王仁华在一次学术会议上碰到江辉，邀请他回国到科大讯飞看看。紧接着在香港，胡郁就和江辉见了面。

在一个西餐馆，胡郁请江辉吃饭，和他说了科大讯飞的情况，并提到科大讯飞对语音识别技术提升的迫切需求。不久之后，江辉回国，到科大讯飞参观。

我 2007 年回来，看到科大讯飞已经初具规模了。胡郁和胡国平向我介绍了一些产品，主要还是合成的东西。

当时我觉得挺震撼的。我感觉我对国内外的语音公司比较了解了，但像他们这样做得有声有色且已经盈利的公司不多。

（江辉）

当时的江辉在语音识别上做了很长时间研究，有不少成果，也想试试产业转化的效果。再次回到合肥，与曾经战斗过的老师、师兄弟将这些年的研究落地，江辉十分感慨。之后几年的假期，他都会回来参与讯飞研究院在语音识别方向的工作。后来，由于客观原因，双方的合作终止。

科大讯飞三箭齐发，开始逐步组建起科大讯飞在语音识别领域的团队。

2008 年 6 月 5 日，科大讯飞特地发表公告，称语音识别与语音合成核心技术的共同进步将对科大讯飞业务持续健康发展起到积极推动作用。

这中间还有一个蓄势的时机。当王仁华、刘庆峰、胡郁布局语音识别研究时，国际语音识别的发展正好处在缓慢发展期。李锦宇介绍，从 2000 年到 2010 年，每次参加会议，都觉得有些技术还可以，但并不是革命性的技术，每年的提升约为 10%。

客观上，这给了科大讯飞一个打牢基本功的时间窗口。

李锦宇曾经这么评价王仁华："实验室为什么能够发展？因为王老师一直都有一个精神：不会待在舒适区里。比如实验室最早可能就做语音合成，但王老师会布局不同的方向，每个方向都有学生在做，而且能做得更好。"王老师会推着自己及实验室，向着国际最前沿进发。

第三节　移动互联网时代的船票

科大讯飞在语音识别上的持续投入，经过 5 年酝酿，在 2010 年 10 月 28 日结出了果实。

当天，北京香格里拉饭店，中国科学院院士周光召、联想控股董事长兼总裁柳传志等人齐聚一堂，他们一起见证了讯飞语音云和讯飞输入法的发布。讯飞语音云，当时号称"全国首个同时提供语音合成、语音搜索、语音听写等智能语音交互能力的移动互联网智能交互平台"。讯飞语音云的典型应用讯飞输入法也在这场发布会上正式亮相。

2010 年，被称为中国互联网历史上的变局之年，也是移动互联网的开局之年。

这一年，谷歌宣布退出中国，百度成为最大的受益者；淘宝的第二届"双11"收入近亿元，替代 B2B 成为阿里巴巴新的增长点；腾讯宣布 QQ 同时在线人数超 1 亿人；当当网在纽交所上市，团购领域开启"千团大战"，更热闹的还有 3Q 大战……

这一年，BAT 崛起，传统的三大门户选择不同的战略：网易专注网游，搜狐在输入法、视频和网游上多方布局，新浪推出了新浪微博……

这一年，美团、爱奇艺、小米、微信项目相继成立。

加上 2009 年 3G 牌照的发放，电信运营商最先"嗅"到趋势。时任中国移动董事长的王建宙表示，中国移动的联网流量增长率在很多城市超过 150%，这是前所未有的迹象。三大电信运营商为了抢占市场，在这一年将智能终端的普及作为重要战略，对此给予极高的补贴。

科大讯飞离电信运营商一向很近，在讯飞语音云和讯飞输入法的发布会上，三大电信运营商及联想、诺基亚、三星、摩托罗拉等手机厂商，优视科技、播思通讯、腾讯、新科导航等移动互联网领域的 300 余家企业都来了。

发布会大获成功，讯飞输入法被称为科大讯飞拿到的移动互联网"船票"，月活很快过了千万，在 2021 年达到 1.4 亿。讯飞语音云后来升级为讯飞开放平台，截至 2023 年 10 月底，拥有 556.3 万开发者，199.4 万应用，累计终端数量达 39.2 亿。

但是，在讯飞输入法的主要缔造者葛勇看来，讯飞语音云和讯飞输入法的最大作用，是让科大讯飞站在了一个全新的台阶上，从一个智能语音领域的行业公司变为面向更大市场的公众公司。

这一切的发生，是偶然，也是必然。

2008 年公司上市前，讯飞研究院的王智国等人将讯飞的语音识别技术与 Nuance 的技术做了对比，那时候，科大讯飞的技术评分已经部分超过 Nuance。

江辉老师教我们套理论，我带着杜俊在江辉的指导下做了一个转写框架。后来，我又把转写框架改成听写框架。

转写就是给机器一大段语音，机器过几分钟就能出结果；听写就是人边说，机器边出字。

整个框架比较完善，有声学模型也有语言模型。那时候，江涛的通信增值事业部很关注短信。我们就说，拿这个技术来发短信行不行？我的工程能力还可以，我就试着做了一个软件。2009 年春节前，刘总、吴总等巡视各个部门，我就把这个东西拿给他们看，可以用语音发短信了。大家觉得这个东西有点意思，除了错别字很多。这就是讯飞输入法的原型。

2010 年，中国移动召开第二届云计算大会，邀请了江涛，问科大讯飞能不能把智能语音做到云计算上。江涛就把这个题目甩给研究院了，我们把这套东西叫作"语音发短信"。做好之后，我们就到云计算大会上做了展示，当时是刘聪去演示和接受采访的，中央电视台《东方时空》、北京电视台等都来了，大家都很开心。

（王智国）

那几年，行业内外，云计算 + 智能语音、移动互联 + 智能语音饱受关注。2008 年，胡郁正式接任讯飞研究院院长。2009 年，他到上海出差，约了葛勇。

葛勇那时候已经在摩托罗拉干了 7 年，做出了手机的手写输入法。摩托罗拉当时流行的机型都配一支触屏笔，搭载手写输入功能。葛勇有意离开摩托罗拉，胡郁就拉葛勇入伙。

胡郁和葛勇两人组合对在手机上进行创新十分关注。2009 年下半年，两人一拍即合，决定搞一个语音输入法！通信增值业务部的江涛非常支持。江涛既了解王智国他们的技术能力，也知道葛勇的工程能力，于是拉了一个团队，共五六个人，有研究院的人，也有通信增值事业部的人，还有吴晓如平嵌事业部的人。研究院的技术核心是王智国、刘聪、潘青华、潘嘉等人。

葛勇从摩托罗拉到科大讯飞时，带了一个小兄弟翟吉博。为了说服刘庆峰，葛勇在 2009 年 12 月，在 Windows Mobile 上做了一个 Demo，在年终会议上做了展示。2010 年，胡郁和葛勇团结了周边力量，准备开干，又安排翟吉博做个 Android 版本的 Demo，于是有了后来"翟吉博花三天写出讯飞输入法 Demo"的故事。翟吉博后来成长成为科大讯飞优秀的产品经理，主导了讯飞翻译机、讯飞学习机等爆款产品的研发，这都是后话了。

刘庆峰对语音输入法惦记很久，1999 年他就让王智国搞过一款"同一输入法"。背后的考量，是想让真实用户数据回流用于训练，胡郁将之称为数据的"涟漪效应"。通俗地说就是，越来越多的用户使用这个产品，得到的数据和反馈就越多，技术研究和产品创新能做得更好，产品也会越来越好。

"同一输入法"申请了专利，但在当时的 PC 年代应用情况不是很理想。

时势在变化，移动互联网时代来了，再加上讯飞语音识别技术的提升、业务线老大们的力挺、摆在面前两个版本的 Demo，刘庆峰非常兴奋，决定做这件事。

葛勇在杭州找了个宾馆，几个人攻关了几个月，把讯飞输入法做出来了。

讯飞输入法的发布，让科大讯飞的关注度得到很大提升，科大讯飞的市值也在发布会后的一个月内整整翻了一倍。这阵春风，不是缓慢的，而是扑面而来的。

刚发布的时候我还不觉得（自豪）。可是，发布完以后，很快就有人试用。

我们后来有了很多数据，也标了好多数据，做了几次迭代。有一天我和胡郁聊天，发现身边很多人都在用讯飞输入法了，拿着手机边说边聊。那会儿大家意识到，我们可能做了一个伟大的产品。我的感觉是，我们的语音识别一定能够做到世界一流。

（王智国）

讯飞输入法真正让科大讯飞在行业市场上了一个台阶，在用户心里也上了一个台阶。我们原先觉得一年有200万用户就不错了，结果两个月就达到200万了。我们就调了年度指标，改为400万，结果过两个月又达到了，后来我们把年度指标调到了1000万。

（葛勇）

他们思考问题的逻辑一直是：再向前一步会怎样？再广一点会怎样？

中国移动这样的大客户都很关注云计算和智能语音，有没有可能把智能语音功能都放在一个平台上，让客户可以随意调用？

基于这个思路，讯飞语音云平台应运而生。

当葛勇他们在杭州闭关开发输入法时，平嵌事业部的于继栋（现任科大讯飞高级副总裁、消费者事业群总裁）和刘聪在合肥开发讯飞语音云。

当时在中国移动的云计算大会上，我们非常支持移动研究院。其给了我们一个机会，展示一下创新的东西。那时候我做算法，王智国做引擎。现场的网络极差，我们4台服务器在跑，都是离线的，当时我们就叫"云计算"，把数据传到离线的"云"上。这就是讯飞语音云的雏形。后来，我们在正式发布讯飞语音云的时候，说的概念就是把我们的AI能力放到云平台上，大家可以随意调用。这是非常先进的理念了。在国内，科大讯飞应该是第一个提出该理念的。

（刘聪）

那个时间点，移动互联网、云计算、大数据这三个热点都被科大讯飞赶上了。后来，葛勇和刘聪都提到，这背后的原因，一是核心技术的长期积累，二是敏感度，三是年轻人的冲劲儿。

2010年的发布会，王仁华也在现场见证。结束之后，刘庆峰、胡郁等人要去接待客户，王仁华则带着葛勇等人在北京紫竹院公园旁的海底捞吃了一顿，表示庆祝。

那是葛勇第一次吃海底捞。

不过，故事刚刚开始。

智能语音应用场景除了微软的语音搜索，又杀入了新的玩家——苹果。早在2007年，Siri公司就成立了；2010年2月，Siri登上App Store；2010年4月，苹果收购了Siri的技术；2011年10月，在宣布即将推出的iPhone 4S的公告中，苹果向大众推出了Siri。

科大讯飞不会错过这轮机会。iPhone 4S一发布，刘庆峰就单独约了葛勇，让他"琢磨琢磨"。几天后，刘庆峰再次约了胡郁、吴晓如、江涛、葛勇，5个人饭毕，在很轻松的状态下，刘庆峰开口了："Siri出来了，我们得做。"

刘庆峰问葛勇："什么时候能做出来？"

葛勇回答："半年。"

刘庆峰说："半年不行，太长了，3个月。"

葛勇说："3个月不行，太短了，4个月。"

刘庆峰："行，就4个月！"

胡郁回研究院后和胡国平紧急商量，直接从研究院调了一个团队，由胡国平牵头，专门搞自然语言对话理解，又从语音资源部拉了一帮人搞数据。

这又是一个攻关项目，不过这次投入的人和资源更多了，那时候有几十号人，攻关了几个月。4个月以后，2012年的春天，"讯飞语点"诞生。

（葛勇）

2012年3月22日，科大讯飞新一代"语音云"发布。相比1年多以前的语音云，这时，科大讯飞的生态布局"小荷已露尖尖角"，应用开发合作伙伴超过了 3100 家。发布会的地点改到了北京国家会议中心，参加人数达 1500 人，发布会的主题是"语音点亮生活"，柳传志来了，李开复也到现场站台。

科大讯飞发布针对开发者的新一代"语音云"平台，推出"中文 Siri"讯飞语点。

由科大讯飞主办的新一代"语音云"发布暨语音开发者大会今天在北京举办。会上发布了新一代"语音云"平台，并推出其官方示范应用——讯飞语点。

据官方介绍，在一年多的时间里，基于讯飞"语音云"的应用开发合作伙伴超过 3100 家，终端用户达 3000 万，每天在线用户超过 120 万，总请求量超过 700 万次。

会上发布的新一代"语音云"在原来的语音合成、语音搜索和语音听写功能的基础上，新增了自然语言理解、个性化语音识别和合成，以及声纹识别等特性。移动应用开发者能以更低门槛、更快速地开发出人性化的语音交互应用。此前我们报道过的移动记账应用"挖财"的语音记账功能和云笔记的语音记事功能采用的都是科大讯飞的技术。

科大讯飞在会上展示了令人惊艳的语音合成技术：能比较自然地用八国语言向与会者问好，能惟妙惟肖地模拟新闻联播的语音、语调播报新闻，最特别的歌唱合成功能还支持唱歌（当然，免不了有机器人的味道）。

会上还同时推出了其官方示范应用讯飞语点。在现场演示中我们可以看到，该应用能通过语音实现与手机的各种交互，如语音拨号、发短信、上网、打开手机应用、设置提醒、导航，以及查询航班、美食、股票等信息，整个过程相当流畅、自然（问"上海今天冷不冷？"它会直接播报上海的天气。问"来一首《男儿当自强》"，它会直接播放该歌曲）。除了这些实用的功能，讯飞语点同时还能像 Siri 那样，与用户进行对话（比如问"汉堡包多少钱一个用英语怎么说？"它会直接告诉你"How much is a hamburg？"问"历史上的今天"，它则会回答你"世界水日"的信息），整个演示过程让人惊喜不断。

（36 氪　2012 年 3 月 22 日）

任正非有一句话："企业发展就是要发展一批狼。狼有三大特性，一是有敏锐的嗅觉；二是有不屈不挠、奋不顾身的进攻精神；三是有群体奋斗的意识。"2010 年—2012 年，科大讯飞的势如破竹正是创业者的胜利。在市场上，结果自然会得到证明，甚至不用太长时间。

第四节　中国移动入股

"来自市场的证明"很快延伸到了资本层面。

2012 年 4 月，时任中国移动总经理的李跃来到安徽，安徽省相关领导向其介绍了科大讯飞。刘庆峰也参与了那次会面。

当年，中国移动面临压力。

一方面，三大运营商之间的竞争进一步白热化，围绕存量市场的争夺愈发激烈，由于国产的 3G 网络 TDS-CDMA 技术还不成熟，竞争对手又推出 iPhone 这样的"大杀器"，中国移动那几年在客户竞争上比较被动，中高端用户流失惨重；另一方面，腾讯在前一年推出了一款名为"微信"的即时通信软件，导致传统通信被分流。当年，人们都在议论，产业价值正逐步从管道向内容、从通信网向互联网、从话音服务向信息服务转移，通信商正在沦为"管道工"。

内忧外患之下，李跃也在谋划抢夺移动互联网入口。中国移动在移动互联网上是具有先发优势的。当年，移动应用商场（Mobile Market）累计注册用户达到 2.7 亿，全年应用下载量超过 6 亿次。这是平台优势。

但是，中国移动自身显然无法覆盖所有的移动互联业务。移动互联网上会不会出现以语音技术为基础的人机交互？语音会不会改变移动互联网的竞争格局？显然，刘庆峰和他的科大讯飞很有发言权。

于是，李跃就和刘庆峰约定，三天后让双方团队在合肥见个面，看看有没有合作空间，时长是一个小时。

这一个小时至关重要。2012 年中国移动的营收是 5604 亿元，净利润 1293 亿元，客户 7.1 亿，光净增客户就有 6073 万；科大讯飞当年的营收才 7.84 亿元，净利润 1.82 亿元。与之相比，中国移动是绝对的"巨无霸"。

于是，刘庆峰把在北京出差的江涛紧急召回合肥，江涛下飞机直接拎着箱子住进滨湖的宾馆里，中国移动一行人也住在同一家宾馆。江涛一进宾馆就看到葛勇，葛勇也被同时召进团队。江涛负责做 PPT，葛勇负责演示，刘庆峰则负责讲述，联手准备第二天的"一小时见面"。

几个人一直干到夜里四点。眼看天就要亮了，与李跃团队的会晤也即将开始。

我们跟中国移动约在宾馆的一个会议室见面。刘总说下一代移动互联网的入口就是语音。语音是现代人工智能的入口，是人机交互的入口，是移动终端的入口。

我们演示的是讯飞语点。苹果 2011 年刚刚推出 Siri，我们当时对比讯飞语点和 Siri，中心意思就一条：苹果能干的我也能干，苹果不能干的我还能干。

讯飞语点与 Siri 相比，识别率差不多，交互能力也差不多，但是 Siri 没有中文，讯飞语点有中文。我们的语音合成系统比苹果好，我们后台能对接更多内容，是独立技术提供商，可以跟厂商谈，我们的是开放系统，而苹果是封闭系统。

（葛勇）

演示完，葛勇心里也没有底。但整体会晤时间从原定的一个小时延长到两个小时。后来整整一周，葛勇都听不到任何关于中国移动的消息，后来才知道，中国移动入股科大讯飞被提上议事日程后被定义为最高保密级别，整个公司只有极少数决策层跟进。差不多两个月后，中国移动开始了对科大讯飞股权投资的尽职调查。

2012 年 8 月 24 日，中国移动发布公告，称已经于 8 月 23 日与科大讯飞签订股份认购协议，以 13.63 亿元的价格认购科大讯飞 15% 的股份，双方将共同发展智能语音技术和产品。根据协议约定，中国移动和科大讯飞未来将在智能语音门户、智能语音云服务、智能语音技术和创新产品等领域建立战略合作。

对中国移动这样的超大型企业而言，13.63亿元入股科大讯飞并不是决定性的，只不过拓宽了它在移动互联网的某种可能性而已。但对科大讯飞的股东结构来说，却是一个质的提升。在当年的资本市场，中国移动是绝对的"大腿"。它的入股在某种意义上是一种强力背书，价值巨大。

中国移动以入股形式投资的企业并不多，此前只有两家。一家是凤凰卫视。2006年6月，中国移动宣布收购星空传媒所持有的香港凤凰卫视19.9%的股权。另一家是浦发银行。中国移动全资附属公司广东移动与上海浦发银行签订股份认购协议，中国移动将通过广东移动持有上海浦发银行经扩大股本的20%权益，并成为上海浦发银行的第二大股东。两次投资所占的股份都是20%。

科大讯飞是中国移动投资的第一家技术型公司。按照中国移动投资惯例，此次注资科大讯飞，中国移动也要占到20%股份。

但刘庆峰并不同意这一方案。原因很简单，他和初始创业团队不能丧失对公司的控制权。

在创业初期，刚从实验室走出来的王仁华和刘庆峰对公司股权未有长远规划。王仁华当年为了尽快完成实验室成果的产业化，直接把语音实验室成果的知识产权转让，没有股权主张；1999年，安徽三家国资企业每家拿出1020万元，三家国资公司合计持有硅谷天音（科大讯飞前身）51%的股份，刘庆峰后来也认为"释放51%太多了，可能17%就够了"。

与华为、阿里巴巴、腾讯、京东等公司创始人持股比例较低一样，先后获得上海广信、联想控股、中国电信投资的科大讯飞实际控制人刘庆峰，以及创始团队的持股比例也相对较低。

但刘庆峰有一个信念牢不可破。正像他在创业初期接受《南方周末》记者采访时所说的那样："股权，通过合法的方式，确定了我们在公司说话的地位和对公司运作的经营权，这一点我觉得是最关键的。"

中国移动入股之时，以刘庆峰为首的创始人及管理团队的股份只有17%左右，如果中国移动继续按照原来的惯例占股20%，这意味着中国移动将对科大讯飞实际控股。经过双方反复协商，中国移动对科大讯飞的股份占比敲定为15%。

李跃后来在多个场合表示，中国移动入股科大讯飞，但不谋求控股，只选择了15%的持股比例。"希望我们的入股为科大讯飞带来活力，而不是给其带来枷锁。"

对于中国移动的入股，除了背书和合作，刘庆峰有另一个角度的解读。

我现在回头看，早期王老师把中科大技术转让出去，甚至都没有考虑股权，完全都是为了产业化，属于一种科研人员特别单纯的希望能够用产业报国的心态。

1999年底的融资得到合肥市支持，但是让我们释放了51%的股份。那个时候稀释股权为的是把仗打赢，融的资金更多，把握就更大。在那个年代，我们对股权只有模糊的概念，只知道要有控制权，但对股权没有长期规划。

2008年科大讯飞上市。上市后就有被恶意收购的风险，我们很早就感知到这种风险。2009年春节全体高管在海南召开务虚会，最后一个议题就是通过专业子公司的建设来积极抵抗被恶意收购的风险。

2012年，我们让中国移动入股，条件就是中移动做相对第一大股东，但是永远不谋求控股权。对我们来说，中国移动是业务上的战略合作伙伴，同时作为大股东，一定意义上在股权结构中发挥了压舱石的作用。

后来，中国资本市场上发生了宝能举牌万科和格力的事件，可见我们还是有一点先见之明的。

2022年，中国科技大学科技商学院成立，提出要培养既懂科技又懂产业、懂资本、懂市场、懂管理的"五懂人才"。作为委员会委员，我在会上跟大家分享了科大讯飞的故事。我说当年我们如果掌握了更多股权方面的经验和知识，就可以避免在融资过程中埋下股权架构的"坑"，就会在发展过程中减少负面影响。

（刘庆峰）

刘庆峰所说的影响，有相当一部分指他的减持风波。

2012年，在中国移动入股科大讯飞的同时，科大讯飞也发布定增资预案，拟以19.40元/股的价格，向中国移动和四位自然人发行90377024股股票，计划募集资金约 17.53 亿元，扣除相关费用后将全部用于补充流动资金。除了中国移动定增的 13.63 亿元股份，四位自然人还将增持 3.9 亿元科大讯飞股份。

其中，四位自然人就是刘庆峰、胡郁、吴晓如、陈涛。

刘庆峰在引入战略投资者的同时，也同样认识到股权的稀缺性。他一直投入自己全部身家购买科大讯飞股份，在中国移动入股科大讯飞后，以刘庆峰为首的创始人及管理团队股权被进一步稀释，于是他以股权抵押担保的形式筹集了 3 亿元跟投科大讯飞。

在最后签署协议的头一天晚上，刘庆峰左思右想，还是觉得股权被稀释得太多了。第二天一大早，他又跟胡郁、吴晓如、陈涛商议，决定多借 9000 万元增持科大讯飞，"等于说这一晚一过，我们又多背上 9000 万元负债。"

就这样，中国移动 13.63 亿元增持科大讯飞股份，刘庆峰、胡郁、吴晓如、陈涛 3.9 亿元增持科大讯飞股份，合计 17.53 亿元。

在科大讯飞上市后的 12 年（2008 年至 2020 年），刘庆峰未曾卖出一股。这在中国上市公司，尤其是创业公司中极其罕见。但到 2020 年，情况有点出乎他的预料。

2020 年初，陈涛到办公室找我，开口就问："你知道你欠多少钱了吗？"

我说："不是欠三个亿吗？"

他说："你自己看看。"

上市之后，我自己的股票账户、密码我基本都不记得，密码由证券部管理，平时我根本不关注自己的股票账户。这次一看，欠款本息竟然已经高达 4.5 亿元！

我这才意识到，股票质押的贷款是利滚利的，不停在用股票质押的贷款来还债。算下来，每个季度的利息就有 800 万元。

这是个什么概念呢？我一年的工资加股票分红还不够还一个季度的利息。最后利滚利滚成了 4.5 亿元。

这样下去可不行。我就跟江涛商量，减持 3 亿元，先把欠款还了。为什么我不直接减持 4.5 亿元，一下全还了呢？因为我压根不想卖出一股，完全是"忍痛割爱"。我定了一个原则，只要我的工资和分红能够扛住我剩下欠债的银行利息，我一股也不多卖。最后算下来，那时候我能卖3亿元的股份，还欠1.5亿元。

这就是我首次减持科大讯飞的原因。

（刘庆峰）

2020年1月初，刘庆峰通过大宗交易减持科大讯飞900万股，总价约3亿元，减持金额全部用于偿还欠款。

刘庆峰的第二次减持则发生在2023年。情况和第一次减持类似，都是创始人借款定增，然后减持还债。

2021年初，刘庆峰直接与间接持有公司股权的比例合计仅有6.71%，低于单一最大股东中国移动的持股比例11.60%。科大讯飞创业团队成员等股东将各自的提案权、表决权及提名权等权利委托给刘庆峰（5.72%），使得刘庆峰控制的投票权比例达到12.43%，但这仅仅比中国移动高0.83%。

科大讯飞的股东中科大资产经营有限责任公司（下称"科大控股"）与刘庆峰于2014年签署了《一致行动协议》，使得拥有表决权的实际控制人股权比例合计达到16.17%。但刘庆峰与科大控股签署《一致行动协议》这一做法，在2020年年底面临变数。2020年《教育部 财政部关于全面推开中央高校所属企业体制改革工作的通知》发布，各地高校逐步开展相关企业的"脱钩剥离"工作。若中科大按照相关程序，把科大控股所持有的公司股份整体划转至国有资产监管机构监管的国有企业或国有资本投资运营公司，将使《一致行动协议》的存续面临较大的不确认性，从而可能影响公司控制权。

刘庆峰再次选择增持。2021年7月，科大讯飞完成定向增发，刘庆峰通过质押几乎所有股权融资筹集资金23.5亿元参与增发。

2022年资本市场发生黑天鹅事件，股市波动，科大讯飞股价跌至30元以下，刘庆峰承受了巨大的股权质押平仓压力。2023年8月，因2021年增持筹资借款的23.5亿元债务到期，刘庆峰宣布减持23.5亿元。

科大讯飞在随后的投资者关系活动"关于董事长持股变动的说明会"上称："2021年所借款项均投入了科大讯飞生产经营，没有多卖1分钱股份用于消费"。

刘庆峰 2021 年大笔定增之时，正值科大讯飞突破千亿市值高点，重点是谋求公司控制权，增强社会经济波动下的抗风险能力，并非低位增持。

刘庆峰 2023 年的减持也非高位套现，如果他有计划地高位套现，可以有多种选择。

2022 年科大讯飞股价盘中股价最高达 50.89 元／股，远高于 2021 年定增的发行价格 33.58 元，但刘庆峰没有减持。未减持的原因，是借款没有到期，刘庆峰一股也不想卖出。

2023 年 6 月盘中股价一度创历史新高达到 81.88 元。很多人劝刘庆峰在公司股价 80 元时减持。此时既不是股份锁定的限制时段，也不在半年报敏感期之内，原则上是可以减持的。但刘庆峰依然没有减持。他认为，在半年报发布前减持，有可能会在信息不对称的情况下对市场形成重大误导。

在 2023 年 8 月 15 日之后减持。8 月 15 日，科大讯飞即将召开星火大模型 V2.0 发布会。而 5 月 6 日和 6 月 9 日大模型发布后，公司股价都有明显的变化。5 月 6 日发布会后的首个交易日，科大讯飞股票涨停，涨幅达 10.1%。6 月 9 日，科大讯飞股票涨幅达 3.33%，之后开始一路上涨，高点达 81.88 元／股。

但刘庆峰却选在了发布会召开的前一天减持。刘庆峰认为，如果 8 月 15 日后公布减持，对资本市场不利，有些人会误以为星火大模型不是科大讯飞发自内心的产品，而是为了炒作股票，趁机套现。

综合考虑，他选择在半年报发布之后，8 月 15 日星火大模型重大版本升级发布会之前减持股票，偿还债务。发布减持公告后，一块"石头"落地，科大讯飞的一些重要投资人也松了口气。"他们都不知道我什么时候减持，怕我在高点减持。"

刘庆峰的减持从某种意义上说是一种被迫之举，就是因为还款时间到了，别无选择。

上市 15 年来，刘庆峰为了稳定公司股权架构、引入战略投资者和维护公司市值，先后四次增持，两次减持。

刘庆峰的另两次增持均发生在股灾中。2015 年 8 月股灾，他个人增持 300 万元；2018 年 10 月股灾，他个人增持 1200 万元，资金来源均为他多年薪酬。

从科大讯飞诞生之日起，创始人不论是减持还是增持，都是围绕公司控制权展开博弈。在这点上，王仁华和刘庆峰都经历了一个学习的过程。

刘庆峰后来说："实际控制权，对我们保持战略延续性，实现人工智能建设美好世界的梦想至关重要。"短短一句话，浓缩了科大讯飞绵延25年股权博弈之后的心得，令人深思。

从个人利益上来说，王仁华和刘庆峰在创业初期就互相谦让股权，襟怀坦荡；一旦涉及公司控制权，两人都无比看重股权的稀缺性，珍惜它，不舍得卖，甚至把身家性命都搭进来。而在整个过程中，两人又都恪守原则，坚持公开透明，遵守市场和现代公司制度，这一点难能可贵。

一个创业者参与资本市场的游戏，实际上是为了令科大讯飞摆脱资本市场的摆布，从容应对市场波动，减少干扰，从而能够心无旁骛坚持源头技术创新，在云谲波诡的市场竞争中拥有难得的定力。科大讯飞25年来围绕股权展开的博弈，背后是一条清晰的长期主义路线。铁打的营盘，流水的投资者，不变的是科大讯飞的初心。

第五节　邓力的合肥之行

中国移动入股之后，双方的业务合作也打开了新局面。

2012年8月21日，中国移动在第六届移动互联网国际研讨会上，首次提出"云、管、端、台"移动互联网战略定位。2012年12月，中国移动和科大讯飞合作，基于讯飞语点的相关技术，推出灵犀语音助手。5个多月后，2013年4月19日，据AppStore中国区官方数据统计，截至北京时间4月18日21时，灵犀语音助手同时位列AppStore中国区免费总榜第一名和工具类榜第一名。

语音识别首战告捷，但是科大讯飞语音识别背后的技术逻辑并非独有。

人工智能的第一步是机器学习，简单地说就是让机器分析数据、找规律，通过找到的规律对新的数据进行处理。以图像识别为例（因为后文要说的深度学习最先应用在图像上），如果我们想让机器识别猫，首先要让它学习猫的图像特点。传统的机器学习模型，层次比较浅，比如只能学习一个正面站立的猫的图像，所以只能识别正面站立的猫。但是，实际生活中，猫的形态多种多样，你可能只能看到它的尾巴，它的身体，它的脚。猫甚至可以把自己蜷缩到各种各样的容器里，机器只能看到它的毛发和身体的一部分，这时就没有办法准确识别了。

机器需要深度学习猫的特点才能准确识别各种形态的猫。

2006 年，2018 年图灵奖得主杰弗里·辛顿在 *Science* 上发表了一篇论文，提出"深度信念网络"（DBN）的概念，给出了一种多层深度神经网络的训练方法。也就是说，机器学习模拟人脑，无数的节点相连，判断出识别物体的全貌。那时他还不敢把这个方法称为深度学习。

但是，这个方法需要消耗大量的算力和数据，实际应用难以实现。

辛顿研究的是算法的问题，另一个人工智能领域的著名科学家，当时还在美国斯坦福大学担任助理教授的李飞飞则在努力解决数据问题。2009 年，李飞飞想办法建立了一个包含 320 万张图片的 ImageNet 数据集。

虽然辛顿和李飞飞开始做这项工作的时间是 2006 年，2009 年已经小有成效，但是两人相遇是在 2012 年。那时，ImageNet 的图片数量扩大到了 1000 个类别总共 1500 万张，辛顿团队已经开发出冠军算法 AlexNet，在图像识别效果上碾压了传统方法，而且只用了 4 个英伟达 GPU，引起学术界和产业界的轰动。

那是神奇的 2012 年。当年 12 月，65 岁的辛顿在美国一家酒店的房间里，拍卖他和两个学生一起组建的三人公司，Google、微软、DeepMind 和百度上演了白热化争夺"大戏"，最终辛顿喊停，以 4400 万美元把公司卖给了 Google。

在此之前的几年时间里，辛顿的研究无人问津。

当时，语音识别所面临的问题和图像识别是一样的，机器学习还停留在浅层次阶段，主流方式是使用高斯混合模型（GMM）来建模。高斯混合模型—隐马尔可夫模型（GMM-HMM）在很长时间内都是占据垄断地位的建模方式。

GMM-HMM 的优点是训练速度快，能有效降低语音识别的错误率；声学模型小，容易移植到嵌入式平台中。但 GMM 在实际有噪音的商业级别应用中依然表现不佳，无法达到完全可用的级别。

要想实现语音识别更广泛的商用，必须采用与以往不同的技术。当时，远在美国的邓力已是智能语音领域的知名专家，他在微软担任科学家，做语音识别方面的研究。

还记得邓力本科时在中国科学技术大学读的专业吗？没错，是生物。当 GMM-HMM 在商业应用上陷入瓶颈，邓力再次想到了神经网络，他重新研究了辛顿在 2006 年发表在 Science 上的那篇划时代的论文 Reducing the Dimensionality of Data with Neural Networks，并在 2009 年和 2010 年两次邀请辛顿到西雅图的微软雷德蒙研究院，研究如何将这篇文章提出的思路与自己正在研究的深度 Bayesia 语音识别模型结合起来。

2023 年，为本书的写作接受采访时，邓力详细描述了他和辛顿一起研究的过程。

我是大概 20 世纪 90 年代就认识辛顿了，他在多伦多大学做教授，比我资历深。20 世纪 90 年代，我经常去听他的讲座。神经网络的效果还可以，但跟统计方法相比，效果不太好。20 世纪 90 年代之后，我就放弃神经网络了，但辛顿还在继续研究，我们很长时间没有联系。

我到微软之后，他偶尔来访问我，我也到多伦多大学见了他几次。那个时候他是前辈，我们之间没有实质性的交流。一直到 2008 年，他和我说："之前我们讨论的事情进展不多，但现在我有一个新的大进展，你一定要知道。"我当然表示出很大的兴趣，向他表达了尊重，邀请他到微软访问，想知道为什么现在有进展了。辛顿主要研究图像和机器学习，对语音不是很熟，我在微软有一个研究小组做语音。

那个时候，他还不敢把这个方法叫作 Neural Network（神经网络），而是称其为 Deep Belief Network（深度信念网络）。他说如果称其为 Neural Network，文章全部会被拒绝。但它的内部运作、架构，非常像神经网络，用的方法是 Pre-Training（预训练，指的是从大量原始数据上首先进行训练的神经网络模型，通常具有较强的特征提取能力）。

2009 年，我们开始一起合作，我用语音语料和他一起做。那时候我的同事几乎都不相信这个东西有用，所以我非常感激微软研究院，它氛围开放，愿意让我们去探索。

我愿意去做这件事，和我在中科大的训练有很大关系。我在中科大时就感觉到脑神经的重要性，我最喜欢神经生理学专业，那时候就觉得大脑是一个谜，大脑的机制将来一定会对仿生学有帮助。辛顿对于人脑结构有非常深的探索信念，让我感觉到应该跟他一起探索，我把以前在中科大学的那套方法跟现在的方法结合在一起。我当时没有期望能成功，只觉得这对我理解科学、理解人脑模拟会有帮助。

我们用一个小型语料库做实验、写程序。他后来说："邓力是唯一帮我改过程序的人"。这个过程被写在了那本关于人工智能故事的书《天才制造者》（Genius Makers）中。

我们的实验完全打破了传统机器学习中的一些非常重要的观念，建立了模型。我们将一层分为2000个神经元，有400万数据。我们一共做到了10层，有4000万数据，但可能传统的机器学习只有100万数据。这个时候，我们也非常兴奋。

（邓力）

深度学习模型的主要优点在于，能够自动学习输入数据中的特征。这使得深度学习模型具有更高的泛化能力，且不再需要手动定义特征。在语音识别领域，深度学习技术主要是通过卷积神经网络（CNN）和循环神经网络（RNN）实现的。

之后，邓力和他的得力干将俞栋将前馈神经网络（FeedForward Deep Neural Network，FFDNN）引入声学模型建模，用FFDNN的输出层概率替换之前GMM-HMM中使用GMM计算的输出概率，引领了DNN-HMM混合系统的风潮，取得了很好的效果。得出这一系列研究结果的论文 Deepneural networks for acoustic modeling in speech recognition: The shared views of four research groups 于2012年发表。

这意味着深度学习在语音识别领域也被证明是非常有效的，这篇论文掀起了语音识别领域深度学习的浪潮。

但是，科大讯飞先人一步。

早在 2010 年 9 月 21 日，邓力受邀回到母校中国科学技术大学做报告，他和俞栋分享了将神经网络应用于语音识别的最新成果。当时，胡郁、王智国、刘聪等人都在底下听。

王智国还记得，那是在中国科学技术大学的一个大会议室，学校也印发了邓力学术报告的海报，但一共只有几十个人来听报告。邓力回忆，当时科大讯飞的年轻人提出了很多尖锐的问题，让他印象深刻。

> 邓力当时说，这个东西，业内很多人是没有感觉的。他自己都说这件事只有两个公司信，谷歌和科大讯飞。
>
> 科大讯飞很开放。我们没觉得一定会发生天翻地覆的变化，就是可以试一下。这个过程对于我们而言没有多难，因为我们会做世界一流的研究，底层逻辑是一样的。创新研究不就是这样吗，得试一下，验证一下，仅凭主观判断肯定不行。
>
> 我们立刻跟上，将深度学习用在输入法的语音识别引擎上，一开始没有把整个老的语音识别框架都换掉。我们先做前期特征处理的环节，替换了原来的一部分，发现效果确实有所改善。
>
> （胡郁）

> 那就是一个学术报告会，深度学习在语音识别界也没有被广泛承认，所以影响力没那么大。我当时也是抱着听听看的心态去的，听完之后半懂不懂。后来，邓力和胡郁做了一对一的交流，胡郁说这个东西很好。当时江辉还在，我还和江辉讨论，江辉也说这个东西不错，值得尝试。
>
> 我们之后去试这个东西，但费了一些劲儿才试出来。
>
> （王智国）

2010 年邓力来访之后，科大讯飞就启动了基于深度神经网络的语音识别模型探索。当时研究院决定，主要尝试使用多层神经网络模型来挑战输入法真实场景下的中文大词汇量连续语音识别（LVCSR）任务，以追求尽早将新算法落地在讯飞输入法这个有大量潜在用户、场景丰富且可以快速迭代的商业化系统中。这个任务的带头人是现任讯飞研究院杰出科学家的潘嘉。

研究进行了一年多。2011 年 9 月，邓力和俞栋将深度神经网络首次应用于 Switchboard 等英文 LVCSR 的代表性论文发表，也进一步为相关研究提供了参考。2012 年初，潘嘉主导推进的 BN-feature 和 DNN-HMM 两套深度学习方案都全面上线于讯飞输入法和语音开放平台，助推科大讯飞成为国内首个上线深度学习语音识别商业系统的机构。

经过测试，该新系统方案结合数据的涟漪效应，把实际场景中语音识别的准确率从 60% 提升到 88% 左右，基本迈入了实用门槛，显著提升了语音输入等功能的用户体验。

商业系统中的技术迭代，即使相差半年、三个月，可能都会造成与上一代产品之间的鸿沟。更何况在语音识别领域，科大讯飞是后来者。

幸运的是，蝴蝶扇动了一下翅膀，科大讯飞看到了。

深度学习的深远影响不仅体现在语音识别、认知智能等领域。在图像识别这个重要领域，深度学习也给科大讯飞带来了突破。由此，科大讯飞不仅控制了人工智能的大脑、耳朵、嘴巴，还控制了它的眼睛。

还记得 1981 年，王仁华在美国学习时，提到的那本出版于 1975 年的图书《数字信号处理》(*Digital Signal Processing*) 吗？书里提到数字技术的应用包括两个方面，语音和图像。

当时，图像应用尚远，王仁华选择从语音做起。然而随着技术的发展，计算机视觉成为人工智能领域非常重要的技术，科大讯飞 2006 年将其初步应用在教育场景中。正式开始做图像是在 2010 年，以 OCR 为起点，当时葛勇团队想用人工分析字体的关键特征来识别单个汉字，试图用这种方式提高科大讯飞输入法手写输入的准确率，但是进展一直不顺利。现任科大讯飞人工智能研究院副院长的殷兵介绍，深度学习给图像识别带来了转机。

图像识别属于基础研究。2014 年左右，魏思提出将 CNN 应用在人脸识别上，效果居然很不错，说明这条路跑通了。但是，当时大家还没有想好怎么落地，决定先做 OCR。魏思带大家做了基于 CNN 的离线手写识别，先在教育领域尝试，做作文评阅。大概到 2016 年，我们开始把 OCR 应用在司法领域，分析卷宗、辅助办案，效果也很不错。

可以说，这些突破都是深度学习的技术积累带来的。

（殷兵）

随着 OCR 在教育、医疗等领域的应用，业务场景对更广泛的图像识别技术有了新的需求。2015 年，刘聪暂时放下在语音识别上的研究，带着三个刚毕业的年轻人另起炉灶转而研究图像识别，开始"内部创业"，进行人脸识别、医学影像识别、辅助驾驶等方向的探索。几年的艰难探索为科大讯飞在计算机视觉领域的布局打下基础。2017 年，刘聪带头推动整合计算机视觉的多个研究方向，成立研究院计算机视觉群，同时将其他研究院技术条线也对应整合为语音群和认知群。

然而，计算机视觉群的落地之路依然坎坷，需要结合业务发展定期审视和调整。在持续坚持下，伴随着学习机、扫描笔、虚拟人、多模态交互等软硬件产品的孵化和迭代，技术演进和应用落地真正实现。其中，"多语种复杂场景图文识别关键技术及产业化"获 2022 年度吴文俊人工智能科技进步奖一等奖。"很多人认为科大讯飞是做语音的，殊不知我们的计算机视觉技术也处于第一梯队，还是那句话，要不就不做，要做就要做到最好。"刘聪说。

上述种种历练，都为当下科大讯飞星火大模型的多模态能力打下了坚实的基础。

胡郁后来提起迅速跟进深度学习这件事，表达的重点是"敬畏之心"。"第一，从技术层面来讲，千万不要认为你自己的就是世界上最先进的，从来没有这回事，总有人比你知道得多。第二，一个公司要考虑的事情，除了技术，还有产品、商业模式、组织文化、商业生态。决胜的关键从来不取决于你的技术水平。一个人、一个公司有了敬畏之心，就会更加包容、更加谦逊，才会持续进步。"

第六节　欲戴王冠 必承其重

从中科大语音实验室走出的科大讯飞已经杀到了新的"战场"。在这个"战场"里，技术的创新不再以论文的发表为衡量标准，市场有新的维度来考察其含金量。科大讯飞的对手不再是高校或研究所的实验室，而是商业领域的巨头和新秀。

新"战场"，节奏更快，竞争更残酷，不仅要争分夺秒，还要警惕"打败康师傅的不是今麦郎，而是美团"的问题。

在语音评测和语音识别技术突飞猛进时，科大讯飞的强项语音合成也在持续研发中并不断取得进步。

现任中科大教授、语音及语言信息处理国家工程研究中心副主任的凌震华1996年以合肥市高考状元考入中科大六系，2000年进入语音实验室，之后跟着王仁华读硕士研究生和博士研究生，是当时实验室研究语音合成的主力。

硕士期间，凌震华就开始研究情感语言合成，这个方向源于市场的反馈——让智能语音更有"人味"，在不同的场景下产生不同的声音。比如在教育类场景中，发音人知性、稳重又很有亲和力；在面对小朋友时，发音人最好表现得活泼可爱；在新闻播报场景中，理性、利落且有力量感的声音则更加合适。

我当时的研究重点是，合成带有高兴、生气、悲伤等各种情感的语音。这源自市场需要。带有朗读风格的语音合成我们做得不错，虽然自然度、清晰度、可懂度等维度的分数有持续提升的空间，但路径走通了，于是我们在持续提分的同时，开始攻关面向更多场景的情感语音合成。

（凌震华）

情感语音合成后来成为科大讯飞的一大优势，车载导航、听书阅读、虚拟主播、讯飞智能翻译机、AI虚拟人交互平台等都用上了情感语音合成。2022年，在科大讯飞全球 1024 开发者节上，科大讯飞还特别推出了《对话 1024- 语音合成技术专题》节目。科大讯飞表示，其摒弃了主流的基于声学模型 + 声码器的两阶段合成方案，直接进行端到端建模，避免因为两个模型级联导致的信息损失，并且结合无监督语音听感属性解耦和听感量化编码技术，实现了对语音韵律和情感的精细化建模。这也是科大讯飞最新一代合成技术能够媲美真人细腻情感表达效果的原因。

为了精进语音合成技术，2006 年，王仁华、刘庆峰决定参加"Blizzard Challenge"国际语音合成大赛。这个比赛是由美国卡内基梅隆大学和日本名古屋工业大学联合发起的，是语音合成领域颇具权威性的技术评测比赛。美国卡内基梅隆大学、英国爱丁堡大学、日本名古屋工业大学、IBM 研究院、微软亚洲研究院等语音技术领域的世界一流科研机构都会参加。

2005 年的第一届比赛，王仁华就在搜集比赛情况、相关论文和报道。2006 年，中科大语音实验室参加比赛。凌震华对"Blizzard Challenge"印象深刻。

2005 年，王老师就和我们说过这个比赛。当时我们觉得自己与其他参赛选手相比差距很大，我们就没有参加。2006 年，我们开始参加比赛。

第一年参加时，我们用的是纯参数语音合成的方式，比较简单。2007 年、2008 年，我们开始用 HMM 结合单元拼接的方式，成绩很不错。后来，我们经常看国外的论文，结合国际上先进的技术路线去改善。

（凌震华）

王仁华还记得 2006 年第一次参加比赛出结果时的情形。当时刘庆峰正在会议室和大家一起开会，王仁华接到电话赶紧到会议室打断了刘庆峰："我们获得了冠军！"大家高兴地欢呼，甚至有人当场跳了起来。

一直到 2019 年，科大讯飞连续 14 年参加"Blizzard Challenge"国际语音合成大赛。尽管比赛在与时俱进，评测的维度越来越多，难度越来越大，但是科大讯飞仍然多次刷新自己保持的纪录，获得冠军的次数也越来越多。2020 年开始，科大讯飞不再参加这个比赛。"总是第一，也没有意思了。"王仁华说，听着有点"凡尔赛"。

在语音识别领域，科大讯飞不仅掌握了自主创新的技术，还率先应用了深度学习。2016 年开始，科大讯飞在国际多通道语音分离和识别大赛（CHiME）上获得四连冠。

因为在智能语音领域的赫赫战绩，中科大语音实验室迎来了"国字"招牌。2011 年 6 月，国家发展改革委批复成立"语音及语言信息处理国家工程实验室"（简称"语音工程实验室"），由中科大和科大讯飞联合共建。2022 年 10 月，语音工程实验室通过国家发展改革委牵头的国家工程研究中心（国家工程实验室）优化整合工作的评估，正式转建为"语音及语言信息处理国家工程研究中心"。

要做就做第一，而且要一直做第一，科大讯飞骨子里对技术有着一种痴迷。但是，欲戴王冠，必承其重，无论技术还是市场，竞争永远存在。

2012 年 3 月，科大讯飞将深度学习用在新一代语音云、讯飞输入法、讯飞语点等产品中。

这一年，也是深度学习浪潮掀起之年。

2012 年 9 月 30 日，辛顿的 AlexNet 参加了 ImageNet 大规模视觉识别挑战赛，达到最低的 15.3% 的 Top-5 错误率，比第二名低 10.8 个百分点。

在应用领域，微软等国际公司也开始将深度学习应用在语音识别中，国内的互联网厂商也相继投入智能语音技术的研发。

竞争越来越激烈，科大讯飞虽然优势不减，但居安思危，于 2013 年 6 月打响语音识别的"卫冕之战"。

我印象很深，那时我们在加拿大开国际会议，本来计划后面去美国，签证都办好了。但是家里的"卫冕之战"打响了，我们立刻改签回国，研究了三四个月。

（胡国平）

这场"战役"的缘起是讯飞输入法，"吹哨人"是刘聪，那时候他是王智国的下属，接触具体用户更多。

起因是这样的，当时有用户反馈，输入法新版本出现了一些错误，B/G端用户也有同样的反馈，实际用户体验比我们预期的差一些。准确来说，研究院的测试与用户的实际体验产生了差距。尽管我们内部更新了模型，但还是有差距，加上那时候友商也有了新动作，我一下子就有危机感了。

到2013年暑假，问题越来越多。那时候，我和胡郁、胡国平、魏思等人都在加拿大温哥华开会，准备开完会后去美国拜访微软等公司，只有王智国留守在家。本来语音识别的团队人数就不多，王智国说撑不住了。

我就和王智国商量，要让大家回来。我和胡郁等人一说，大家一拍即合，立刻改签回国。回国后，领导们立刻开会布局专项攻关。王智国立下军令状，我做具体执行统筹，拉了工程部、资源部及外围的业务部门一起开了启动会。启动会大概有70人，讯飞研究院深度参与的团队有20多个。

这是讯飞研究院历史上第一次跨部门的大型"战役"，我们取名为"卫冕之战"。我们用三个月的时间，将效果做到了最佳，将友商甩在了身后。

（刘聪）

我压力很大。研究院上下特别紧张，我是负责识别组的，当时就立了军令状。那时候，领导给了很大的支持，全研究院资源都向识别组倾斜。我们加班加点干了几个月，最后新上线的系统比百度、云知声的好很多。

我觉得这件事情有两个重要意义，一是巩固了科大讯飞在语音识别领域的领先地位，二是深层次地锤炼了讯飞研究院文化。我们总会遇到困难，只要实事求是、迎头赶上，就没什么可怕的。

（王智国）

深度学习是个"黑盒子"，这次"卫冕之战"已经不是单纯的技术路径的选择问题，而是需要发挥工匠精神，在算法持续更新的基础上，将数据处理、调参细节等做得更加深入，技术带头人还是潘嘉。

在"卫冕之战"的基础上，为了进一步追求效果领先，攻关团队决定在深度神经网络中引入一项名为 SDT（Sequence-Discriminative Training，基于序列的区分性训练）的技术。该技术调优很复杂，当时一众国内外公司"折戟"于此，只有 IBM 和微软仍然在继续探索该技术。

尽管面临着很大风险，团队还是决定要上！2014 年上半年，经过三个月的攻关，SDT 技术大获成功！

总能夺冠，并非偶然，这靠的是讯飞研究院永不服输的精神和高效的协同能力。"卫冕之战"之后，胡国平提出讯飞研究院要勇于主动"革自己的命"。在各项主流技术上，无论是不是已经排名第一，讯飞研究院每年都要保持 30% 的相对提升率。目光长远，始终头悬一柄"剑"，是保持引领优势的必备条件。从那个时候开始，讯飞研究院的技术就保持着"在研一代、储备一代"的节奏。

作为领先者，不应该只是关注别人怎么追，而是要跟自己比。我们率先在语音识别技术上立下了目标，就是每年相对自己至少要有 30% 的提升。

"卫冕之战"还延续了语音实验室的另一个传统：集中攻关。一群人，不再只关注自己的单点目标，而是关注整体目标，随时沟通、共同进退，解决了跨部门作战的问题。这也成为讯飞研究院的优良传统，我们几乎每年都有针对重难点任务的集中攻关。研发星火大模型，是有史以来最大型、持续时间最长的集中攻关。我们之所以一点弯路也没走，是因为我们在攻关中锻炼出来的组织管理和团队协同能力。

（刘聪）

作为当家人，刘庆峰对此非常自豪。

我们这帮人战斗力很强，骨子里有一种不干则已，要干就要争第一的劲头。一年不行就两年，两年不行就五年、十年，看准了就死磕到底！现在在语音识别领域，业内好像科大讯飞最强，但是很多人不知道，在我们之前，清华大学、中国科学院声学所等都比我们强很多，但是最终只有我们成为全球第一。后来我们做机器翻译，内部也有不同意见。有人说谷歌、百度都有机器翻译，且有那么多文本语料，我们哪干得过？可是我们要干就得干好！2016年，我们发布了讯飞晓译翻译机，2017年进行了展示。但最开始，我们的语音翻译只能说相对较强，文本翻译做得一般。等我们的语音翻译做到第一的时候，我们的文本翻译也做到第一了。包括讯飞研究院做自然语言理解，做图像识别，我们都是做就要做到第一。

我们研发认知大模型，一开始别人也不看好，但我们一干就干到了中国第一。

（刘庆峰）

这种"永争第一"的精神，让科大讯飞"技术顶头、应用落地"的战略真正落地。

在技术研究上，科大讯飞逐渐形成了类似火箭结构的人工智能三级推进体系：首先是源头技术也是底层算法的创新，其次是基于算法形成一个个关键技术的创新，最后是应用的创新。

在应用创新上，讯飞输入法、讯飞语音云打响了科大讯飞的知名度，但并不怎么赚钱。为了推动语音识别技术实现商业化，科大讯飞别无选择，只能往更难的语音转写场景"进军"，完成"从听写到转写"的突破。这件事的决策人是胡郁和胡国平，执行统筹人是高建清。

讯飞输入法属于"听写"范畴，用户说话是为了让机器识别，所以用户会配合机器，一般会在相对安静的环境下用标准普通话录音，而且尽可能把一句话说完整；而"转写"，则是对人与人之间交流时产生的语音进行转写，这时的输入语音是不可控的，各种口音、句不成句、环境噪音及抢话等情况都可能出现，将语音识别成文字的难度要大很多。"听写"和"转写"可以理解为语音识别大台阶内部的两个小台阶。

2013年，公司已经在布局"转写"了，但技术不成熟，大概只有60分。随着技术进步，最好时可以达到90分。

我带着十来人的团队在做这件事情，除了语音识别，还花了很长时间在文字处理上。原先的框架连标点都没有，还有很多语气词，识别效果很差。

当时学术界没有这些任务（比如语气词处理），我们定义了这些任务，然后想办法解决。这已经是语义理解的研究了，属于认知的范畴。我们的星火大模型出来后，一些用户觉得会议记录整理的功能很厉害，其实我们很早就在做这件事了。

这也是我个人很有成就感的一件事情。我们定义了很多问题，"语音转写"是我们定义的，"语音转写的标准"也是我们定义的，一开始的目标是要达到"顺滑"，后来是"规整"，现在是"语篇规整"。我们开创性地做了这些事情，业界再来跟进。

（高建清）

2015 年 12 月 21 日，科大讯飞在北京国家会议中心举办"AI 复始，万物更新"年度发布会。在现场 2000 多名观众的见证下，通过语音转写，刘庆峰的发言实时转成文字。这就是"讯飞听见"的开端。现场，在公证机关的公证下，五名速记员和机器 PK，机器的准确率在 95% 以上，超过人类速记员。

高建清描述当时的心情："非常兴奋，成就感太强了！"

长期的技术积累和产业研究上的磨合，培养了讯飞研究院各个年龄层的优秀专家；完善的人才培养机制和合作机制，保证了讯飞研究院成建制的团队；与中科大语音实验室一脉相承的"简单真诚""勇争第一"，以及苦练基本功的"扫地僧精神"等文化，让讯飞研究院的氛围始终简单，不存在不必要的内耗；系统化思维、明确执行目标的具体路径，又让讯飞研究院总能"成事"……

凡此种种，大概是科大讯飞总能夺冠的原因。

第七节　人工智能宣言

以讯飞输入法和讯飞语音云的发布为标志，在技术上，科大讯飞成功跃上语音合成、语音评测、语音识别的三大台阶；在资本市场上，中国移动的入股让科大讯飞有了压舱石，发展暂无后顾之忧。

而在整体业务上，科大讯飞正在向一家生态企业发展。

2011年，科大讯飞的市值为50亿元左右，刘庆峰在内部提出千亿市值的目标。

什么样的公司值千亿市值？这是摆在公司核心管理团队面前的问题。

什么样的公司值千亿市值？这已经不是一个技术问题了。霍强老师给了我一个提示，他让我去研究一个词，翻译过来是"商业生态系统"。

刘总和我等核心团队都在思考"生态"的问题。

很多研究院只搞研究，但这后面其实有很多东西，如何从技术到产品、商业模式，再到生态系统，甚至再到上一层的组织文化？

这个层面就深了。我们讲的科学只是其中一部分，此外还包括社会学、经济学甚至哲学。不知道这些东西，只了解科学，你看的东西只能是枯燥的数字。

这是一个层面。

另一个层面，要从更高的商业生态系统层面考虑，比如汽车生态、手机生态。一个公司能做多大，跟努力、勤奋有一定关系，但没有直接关系。有的公司很厉害，它自己就能创造一个商业生态，但是大部分公司是没有这种能力的，能做多大，取决于这个公司在商业生态系统中的位置。

科大讯飞以智能语音技术起家，最先做好的业务是G端和B端，但本质上还是一个技术提供商，并不能撑起千亿市值的目标。

讯飞输入法和讯飞语音云从账面上看，并不是挣钱的业务，它们最本质的作用，是让科大讯飞向一个生态公司迈进。

讯飞输入法和讯飞语音云发布之后，我强调了两件事：第一，数据回流，也就是数据的"涟漪效应"。第二，注重生态，从讯飞语音云开始，我们开放人工智能技术。

（刘庆峰）

创业是知行合一的最好方式。刘庆峰觉得自己的各种想法都在被验证。技术出身的人都知道数据回流，但从知道到提出产品设想再到真正落地、得到可以回流的数据，并不容易。

即便是世界第一的技术，也只有在市场中接受考验，看它是受欢迎还是碰壁，才能最终锤炼出价值。

我们逐渐清楚，在人工智能这么重要的产业中，一定是一个体系对一个体系的竞争，一个生态对一个生态的竞争。

（刘庆峰）

企业是在企业家的思维空间里成长的，企业家的学习能力和思维格局决定着企业的天花板。千亿市值的目标敲定，做"人工智能生态"的方向敲定，刘庆峰的格局也在迅速提升。

2015年"两会"，刘庆峰牵头提出《关于制定国家人工智能战略、加快人工智能布局的建议》等建议，呼吁国家加大对人工智能基础研究和产业化专项支持力度。

让他欣慰的是，国务院2016年发布的《"十三五"国家战略性新兴产业发展规划》中，就提出培育人工智能产业生态，促进人工智能在经济社会重点领域推广应用。

2016年4月8日，在工业和信息化部与深圳市政府主办的第四届中国电子信息博览会——人工智能产业发展论坛中，科大讯飞牵头和华为等公司一起发布了《人工智能深圳宣言》。

人工智能深圳宣言

让机器像人类一样具备智慧，是人类最伟大的梦想之一。自1956年达特茅斯会议首次提出人工智能概念以来，人类对人工智能技术的孜孜追求已经整整60年。

近年来，伴随着深度学习方法的不断突破，以及移动互联网、大数据、云计算等新技术的融合，未来5到10年，人工智能会像水和电一样，进入每个人的生活，企业面临前所未有的机遇。

当今，政府和产业巨头都在大力推动人工智能技术的发展，积极抢占制高点。中国在以语音和语言为入口的认知智能领域已经走到全球风口浪尖之上，具有深厚的核心技术积累和产业基础。抢抓人工智能发展机遇，不仅对我国产业发展具有全局性重大意义，而且关乎人类社会的未来发展。中国的科技界、产业界应紧密结合，形成更好的创新体系和产业生态，推动人工智能源头技术创新和产业发展。

值此第四届中国电子信息博览会召开之际，在此共同发表如下宣言。

第一，探索政、产、学、研、用合作机制，推动人工智能核心技术创新与产业发展。

推动政、产、学、研、用等各方资源结合，建立长期和深层次的合作机制，针对人工智能领域的关键核心技术难题开展联合攻关，促进人工智能技术源头创新，形成完整的人工智能技术创新网络。

第二，制定人工智能产业发展标准，推动人工智能产业协同发展。

推动人工智能产业数据规范、应用接口，以及性能检测等方面的标准制定，为消费者提供更好的服务与体验，促进行业的协同发展。

第三，打造共性支撑平台，构建人工智能产业生态。

推动人工智能领域龙头企业牵头构建共性的创新创业支撑平台，为人工智能在社会生活各个领域的创业者提供更好的支持，形成创新活跃、开放合作、协同发展的人工智能产业生态。

第四，健全相关法律法规体系，引导形成符合人类发展的价值观。

人工智能的发展是为了拓展人类能力，使人类更好地开发地球、探索宇宙。为避免人工智能对社会带来的冲击，甚至对人类造成的威胁，应当建立健全人工智能相关法律法规，同时积极探讨人工智能技术发展与伦理道德的平衡点，引导形成符合人类发展的价值观，让人工智能更好地服务人类。

让我们一起行动起来，在中国，用人工智能改变世界！

2016 年 4 月 8 日于中国深圳

2017 年全国"两会"，刘庆峰系统阐释人工智能创新体系，针对行业源头技术创新标准制定、产业生态、法律体系完善等提出 9 条建议。也正是 2017 年，国务院印发《新一代人工智能发展规划》，人工智能由此上升至国家战略高度。从那年开始，人工智能连续 3 年被写入《政府工作报告》。

2017 年 10 月 24 日，科大讯飞在合肥滨湖国际会展中心举办首届 1024 开发者节，发布了《1024 计划》。同年，科大讯飞开发平台上的开发者团队数量已达到 46 万个。2017 年 11 月 15 日，科技部召开《新一代人工智能发展规划》暨重大科技项目启动会，会上宣布了首批四家国家新一代人工智能开放创新平台名单，明确依托科大讯飞建设智能语音国家新一代人工智能开放创新平台。

2017 年 11 月 22 日，科大讯飞开盘走高，盘中一度大涨近 7%，最高报价 74.76 元，市值首次突破 1000 亿元大关。2021 年，科大讯飞市值基本稳定在千亿左右。2021 年 6 月 21 日，科大讯飞总市值达到 1523 亿元。2022 年和 2023 年，科大讯飞的市值虽然有波动，但基本都保持在千亿以上。

第八节　超脑计划

成为生态企业是公司在产业层面的必经之路。在技术层面，让机器"能听会说"的愿望已经实现，下一步，科大讯飞将走向哪里？

2016 年 3 月 16 日，谷歌人工智能系统阿尔法狗在韩国首尔对战世界围棋冠军李世石，吸引了全球的关注。五番对决中，阿尔法狗以 4∶1 的成绩完胜。赛后，一张李世石闭着眼睛、表情复杂的照片疯传，与之一起被讨论的还有人工智能的力量。

一年之后，阿尔法狗从 1.0 升级到了 2.0，其对手也由韩国的李世石换成中国的柯洁，这位 1997 年出生的天才少年，当时只有 20 岁，已是多项世界比赛的冠军，李世石也曾被他打败。但是这一次，柯洁的运气还不如李世石，三局全部以失败告终。比赛结束后，柯洁面对媒体放声大哭："没见过这样下棋的，它根本不按套路来。"

科大讯飞的创始团队和技术骨干们对这样的结果并不惊讶。

人工智能如春江水暖，深耕数字技术多年的科大讯飞"先知"。2014年，科大讯飞确定了认知智能战略，提出要让机器"能理解会思考"；2015年，科大讯飞年度发布会的主题是"AI复始，万物更新"，从技术顶天、应用落地的层面，全面吹响了向人工智能进军的号角。

2014年年初，刘庆峰向胡郁等人提出，公司的业务要从当前的语音进一步扩展为挑战更大的认知智能，也就是从能听会说到能理解会思考。

我们都知道，语音在人工智能里并不是核心，怎样才能让语音和语言进入核心位置？

当时有两个大的背景，一是IBM Watson的火爆，这是认知计算系统的代表；二是以色列作家尤瓦尔·赫拉利的《人类简史》里提到的认知革命。

"认知智能"这个概念就蹦到我的脑子里了。但是如何从语音、语言的角度阐述这个概念？是刘庆峰、我、胡国平、王智国等人一起讨论决定的。

我们当时提出人工智能包括三个类型：计算智能、感知智能、认知智能，形成了一个初步的框架。

在一次学术会议上，中国工程院李德毅院士跟我讲，"计算"二字用得不太好。"计算"这个词不是用来特意描述某种能力的，不够有针对性，所以我后来把"计算智能"改成了"运算智能"。

（胡郁）

2014年，科大讯飞发布"讯飞超脑"计划。在发布会上，科大讯飞将人工智能分为三个类型：运算智能、感知智能、认知智能。

认知智能，就是要让机器能理解会思考，要先布局机器阅读理解和常识推理等前瞻性技术。

为了让机器理解自然语言，通常需要用语言学知识来确定文本的句法、语义结构，再使用通识、常识知识来增强对结构的理解，以实现更全面的理解，这就是常识推理。讯飞研究院主攻常识推理的负责人是魏思。

魏思是一个善于深度思考的人。在深度学习的基础上，他带领团队开发了一种名为"前馈型序列记忆网络"（FSMN）的新框架，使响应时间大大缩短。他还基于 CNN 的离线手写识别策略，构建试卷扫描自动评分系统。

因为一系列技术创新，他入选 2018 年《麻省理工科技评论》"35 岁以下创新 35 人"（Innovators Under 35）榜单。

为了研究常识推理，魏思在语音及语言信息处理国家工程实验室（由中科大语音实验室升级而来）挑选了一个学弟——刘权，也是后来星火大模型的统筹人。

2012 年，刘权进入中科大语音实验室，导师是郭武。郭武的主要研究方向是语音，而刘权对自然语言处理很感兴趣。

我和前后届师兄弟的研究路线不太一样，我选择研究 NLP。这个方向现在来看很重要，但那时候至少在我们实验室，是很小众的方向。

驱动我的是兴趣，我觉得语言背后的知识理解是有奥秘的，因此想用人工智能的手段去探究一下。

我在实验室研究了半年语音，就转向了 NLP。那时候我根本没想到 10 年后我会研究认知大模型。

2013 年暑期，我在全国语音通讯学术会议上获最佳学生论文奖，这让我有了一点信心。那个时候，深度学习已经应用在很多领域了，我也想用深度学习的方法来研究。2013 年和 2014 年我都到公司实习过一段时间，学习了一些东西，还是非常有用的。

（刘权）

如此优秀的师弟，自然逃不过讯飞研究院的法眼。2014 年，科大讯飞启动超脑计划，魏思就找到了刘权，邀请他加入讯飞研究院。那时候，科大讯飞在自然语言处理技术上已经有了一定积累，早在 2011 年攻关讯飞语点所需的人机对话理解技术时，胡国平就开始带人研究自然语言理解了。

刘权在科大讯飞实习，自然感受到了讯飞研究院在自然语言理解上的积累和对技术创新的渴望。面对魏思的邀请，刘权选择了接受。刘权在当时的语音及语言信息处理国家工程实验室读博士，导师是胡郁。

2014年，科大讯飞启动超脑计划，建立超脑组，第一个组员就是我。我当时的博导是胡郁，具体指导是江辉和魏思。在几位大牛的指导下，研究进展很迅速。2015年，我在国际顶级会议ACL上发表一篇主会长文。2016年，我带队参加了Winograd Schema Challenge，获得了第一名。

（刘权）

Winograd Schema Challenge中有新型认知智能国际评测任务，重点考察机器是否具备理解常识并实现认知推理的能力，被认为是图灵测试的替代。

爸爸没法举起他的儿子，因为他很重。

问：谁重？

答：儿子。

爸爸没法举起他的儿子，因为他很虚弱。

问：谁虚弱？

答：爸爸。

这就是Winograd Schema Challenge的经典任务。科大讯飞获得第一名，正确率是58%，而第二名的正确率仅有40%。

当时机器的语言理解能力，比不上6岁的孩子。

这当然远远不够。讯飞研究院与哈工大联合实验室的前瞻攻关团队持续攻关。

2017年，科大讯飞与哈工大联合实验室团队参与斯坦福大学发起的SQuAD（Stanford Question Answering Dataset）比赛，提交的系统模型夺得第一名，这也是中国本土研究机构首次取得SQuAD的第一。

SQuAD是斯坦福大学发起的比赛。这个比赛数据集的所有文章都选自维基百科，一共有10万多个问题。比赛时从数据集里抽一篇文章，人问问题，机器给出答案。这和一般的机器聊天不同。机器聊天有很多通用的答案，但是在

SQuAD 中，机器必须真正理解了问题，才能回答。

（刘庆峰）

正因为机器阅读理解技术的突破，人工智能才能学习各个领域的知识，构建基于各个细分领域的知识系统。

这和人类需要先掌握阅读理解的能力，才能学习知识是一样的道理。

刘权即将博士毕业时，在几位研究院领导的力推下，接任 AIUI 项目团队，从基础研究到应用研究再到人机交互，由王士进接力执行机器阅读理解的研究。

联合团队连续四次刷新比赛纪录，分数越刷越高。2019 年的 SQuAD 比赛，联合团队首次在英文阅读理解的全部两项指标上超过人类平均水平，创下比赛全新纪录。

消息传来，刘庆峰十分高兴，并在之后的多个重要场合汇报进展。在 SQuAD 比赛中超过人类平均水平，是科大讯飞占据认知智能国际领先地位的一个标志。

也正是在那几年，科大讯飞开始布局预训练模型。

机器阅读理解的进步还是很快的。2018 年年底、2019 年年初，我们就开始做预训练模型，现在大模型的前身就是预训练模型。

预训练模型在机器阅读理解上发挥了很大作用。为什么我们的比赛每年都能持续拿 5 项以上的国际冠军？因为我们总是在基础算法上不断优化，又在数据库上不断拓展。我们是最先做语文学科数据库的，其很快应用到了教育上；后来，我们又把机器阅读理解拓展到司法领域，于是有了 206 项目（与上海市公检法机关共同研发的刑事案件智能辅助办案系统）的推进。

（王士进）

预训练模型是什么意思呢？即目标任务之外通过学习得到的模型。以人类的学习为例，原先的目标是学会阅读理解，于是人类读了很多的资料，包括历史知识、文学常识。人类在学会阅读理解的同时，学习了很多知识，可以做问答，还可以写小作文。通过预训练模型，机器也能实现多种任务的学习。

在技术发展过程中，一旦突破某个临界点，就迎来了大爆发。胡国平曾提出"两级放大器"概念：在技术上，一套通用算法的提升可以使多个技术方向迎来突破，比如深度学习的应用，带来了语音识别、OCR 识别、图像识别等技术的进步，这是一级放大器；在应用上，一个技术可以孵化多个产品，这是另一级放大器。

在机器阅读理解上，"两级放大器"都在起作用。

在技术上，机器阅读理解直接推动了教育、医疗、司法等行业人工智能技术的进步。

在应用上，强项教育自不必说，人工智能技术应用在中高考、英语四六级考试、雅思考试等高利害考试中，并包揽作文自动评分、机器批改、教育知识图谱、个性化学习等"一条龙"行业技术，全面覆盖"教学考评管"主场景。

机器阅读理解也进一步拓展到智医助理、司法辅助办案等刚需场景里，人工智能真正面向社会需求，发挥越来越大的作用。

在医疗领域，2015 年，清华—讯飞联合实验室的研究重点从智能语音技术转到认知智能，主要为医疗认知，用人工智能辅助诊疗。联合实验室开发了辅助医疗诊断的智医助理。

2017 年 8 月 26 日、27 日，2017 年临床执业医师综合笔试期间，经过国家卫健委的审核，国家医学考试中心在为机器人专设的测试场地运用临床类别执业医师医学综合笔试试卷同步测试了科大讯飞智医助理的答题能力，北京市国信公证处和国家医学考试中心监考员共同见证了机器测试过程。考场内断网、无信号，操作员在监考员和公证员的监督下操作机器完成测试。最终，智医助理取得了 456 分的成绩，超过临床执业医师合格线（360 分），也超过了全国 53 万名考生中 96.3% 的人。

智医助理通过考试并不容易。

这个考试和一般的技术比赛不一样。技术比赛是我们有把握就报名，没有把握就不报名。但是参加临床执业医师综合笔试的机会来之不易，这是行业的正规考试，要一层层论证审批，最终报到国家卫健委。这是一个难得的机会，而且必须考好。项目开始时，胡国平还特意到北京给团队加油打气。

这是从来没有人做过的事情，我们要先了解考试是怎么回事，首先就是收集数据。我们几乎买了所有能买到的医学专业书，还要想办法搞到电子版。实验室光书就摞了好高，高度大概能从地板到天花板。我们这些工科生从零开始学医学知识。

（吴及）

现任科大讯飞智慧医疗研究院院长的贺志阳是智医助理项目的执行负责人之一，他描述当时的攻关过程："这个成绩也是意料之内的。"

2016年5月，公司决定开展智医助理项目，提出让机器参加临床执业医师资格考试。吴及老师也觉得这件事很有意思，清华—讯飞联合实验室承接了这个项目。我是2006年进入科大讯飞的，一直在联合实验室里跟着吴及老师，吴及老师就把这个项目交给了我。

5月，我们开始调研，和医院、出版社的专家学习，搞清楚医考背后的逻辑，然后设计技术路线，让机器学习书本知识和背后的逻辑关系，建立模型和数据体系，用不同方式来做。

6月底，我们就有一版系统出来了。第一版系统考了125分。这个考试都是选择题，5选1，总分600分，如果随机选（比如都选A）也能得120分。所以，大家当时都有心凉的感觉。我们连夜做了算法分析，改进系统，第二天系统就考了180多分，后来分数涨得挺快的。

第一个瓶颈是2016年10月前后，分数一直接近300分，但就是过不了合格线。我们又梳理了知识点，做了更精细的标注，到2017年元旦前后，分数终于突破360分，达到合格线了。

2017年4月，第二个瓶颈来了，分数在400分左右浮动，上不去了。这时候我们优化了算法，花了小一个月时间，到5月底，分数又开始上涨。

这个过程真和辅导自己的孩子一样，考前我们还反复模拟了可能发生的意外情况，一一做了方案。我们项目团队还在考前给它估了分。

2017年8月26日、27日那两天正式考试，一天两场，一场2个半小时，场内只能有两个操作的同事，我们就等在考场外。机器比较快，每场十几分钟就做完题了，但是我们这些"送考"的人内心十分紧张，虽然对自己的"孩子"有信心，但总是怕它出问题。

考完之后，就封卷了。

（贺志阳）

大概过了两个多月，有一天我上午在外面开会，考试中心给我打了一个电话，让下午2点去拿成绩。我赶紧跑过去，工作人员给了我张纸，456分，盖了章。

（吴及）

2018年3月，智医助理在合肥正式上岗，截至目前已覆盖全国31个省、426个县区。

智医助理

司法领域的大攻关是由科大讯飞和上海市公检法机关共同研发的刑事案件智能辅助办案系统"206"。

在上海肇嘉浜路308号的上海市高级人民法院，这场攻关整整进行了154

天，调用了215位科大讯飞的技术人员和64位来自上海法院、检察院、公安机关的业务骨干。

为什么叫"206"？因为这个系统的缘起，是2017年2月6日，中共中央政治局委员、中央政法委书记孟建柱来到上海高院调研，也是在这一天，中政委明确要求，由上海高院研发一套"推进以审判为中心的诉讼制度改革软件"，该软件后被命名为"上海刑事案件智能辅助办案系统"。

上海高院在接到这个任务后，按照相关程序，经过多轮调研、多方对比，最终选定了科大讯飞。

2018年2月14日我去了上海，上海高院院长崔亚东和我开会，他问我们有多少人，我说大概六七千人，60%是研发人员，我又向他介绍了我们的人工智能技术和应用。崔院长听完之后很感兴趣，问我们能不能做这个系统，目标是辅助办案，解决刑事案件中存在的证据标准适用不统一、办案程序不规范的问题，并且要有校验、把关、监督功能，提升办案质量和效率，防止冤假错案，推进以审判为中心的刑事诉讼制度改革。

我听了之后很兴奋。我们做人工智能技术，说到底还是要真正解决社会刚需问题。这个项目兹事体大，我没敢立刻答应，就说回来想想。

回来之后，我们就做了一系列论证，开了好几次会。2018年3月5日，我和崔院长在北京偶遇，他问我能不能做。我说："应该能做。"他也经过了多轮调研，知道其中的难度，说："不是应该，要干就必须立军令状。"

后来，我就带头立下了军令状。

（刘庆峰）

科大讯飞为206项目配备了200余名技术人员。

上海的33家法院、检察院、公安机关作为试点单位，8个区级司法局和上海市律协作为调研单位，同步推进专题调研、数据整理、制定标准等工作。上海高院先后组织了34批专题调研，收集意见、建议78条，需求132条，收集公检法系统案件电子卷宗、裁判文书、庭审笔录、审理报告、退查退捕说明等资料 16.55 万份。

项目组制定了机器学习的规则，从统一证据标准、制定证据规则、构建证据模型三方面入手。以构建证据模型为例，仅一个电子数据，就被细分为电话、电子文件、计算机日志、电子邮件、聊天记录、网页、IP 地址、手机录音、短信、第三方网络支付平台交易记录等多种形式。

科大讯飞技术团队构建了一个机器学习的模型，将资料通过 OCR 输入，并进行精细化标注，让机器不断学习。

内部试运行的那天，项目组输入几份冤假错案的资料，系统很快显示"证据缺失""证据自相矛盾"。

现场沸腾了，上海公检法的工作人员和科大讯飞的技术人员一起欢呼、鼓掌。

同年 5 月 3 日，"上海刑事案件智能辅助办案系统"正式试运行，同时在 6 家法院、6 家检察院、13 家公安机关试点单位上线。

目前，这个系统已经在上海、安徽、吉林、广东、贵州等地应用。

2022 年 7 月 25 日，在由艾伦人工智能研究所（AI2）推出的常识推理挑战赛 OpenBookQA 中，科大讯飞创新性推出的 X-Reasoner 模型，以准确率 94.2% 的绝对优势夺冠，常识推理单模型首次超过人类平均水平。

和 SQuAD 比赛基于资料库的问答不同，常识推理挑战赛都是开放性问题，机器不仅要理解问题和选项的表面语义，还要结合学习到的外部知识进行推理，可以说这是科大讯飞在机器阅读理解领域的新突破。

第九节　刘庆峰的英语成绩

认知智能领域的另一个重要技术是机器翻译。科大讯飞探索机器翻译的时间是 2012 年，最开始的执行统筹是王士进。

那时，深度学习技术在机器翻译领域初见端倪，国内也有友商在做。刘庆峰和研究院的领导们商量，说机器翻译必须得做，为什么呢？我们公司就是要做人和机器之间的沟通。沟通，既包含语音交互，又包含语言翻译和语义理解。

所以，2012年，我就从北京回到合肥，先带着个小团队做了一个开源系统Mosis，做得还不错。刘总就说行，可以回北京接着干。当时北京有一个不错的团队——中国科学院计算所，其有一些学术上的积累。于是2013年，我们在北京和中国科学院计算所组成一个联合团队，围绕机器翻译持续研发。标志性事件发生在2014年，我们在国际口语机器翻译评测比赛（IWSLT）中，获得了第一。

（王士进）

IWSLT是国际上最具影响力的一个口语机器翻译评测比赛，每年举办一次，2014年的参赛选手来自世界各地多所机器翻译领域的知名大学及研究所，包括美国麻省理工学院、日本国家通信技术研究所等，首次参赛的科大讯飞在中英和英中两个机器翻译方向中以显著优势获得第一。

IWSLT的获奖让科大讯飞的机器翻译打开了局面，研究持续进行，在技术领域进展很好，在应用上却不太顺利。

研究院做事的逻辑是，从研究中来，到产品中去。

机器翻译研究这条线进行得挺顺利，我们从口语延伸到了文本领域。记得我们参加了一个由美国DARPA资助、NIST组织的世界权威机器翻译评测，取得了国内研究机构最好成绩。

但是在应用上进行得不太顺利。那时候我们就想能不能和运营商合作，用在通话上，对方说英文，通过机器翻译，用户听到的是中文。我们那时候还做了一个样本。

但当时技术不是很成熟，再加上网速不快，通话翻译这件事最终没有搞定，团队成员也开始流失，这个落地应用的探索就算失败了。

（王士进）

2016年，王士进开始接力攻关机器阅读理解，机器翻译被交到现任科大讯飞人工智能研究院的刘俊华团队，这个团队是做小语种和关键词识别的。机器翻译为什么交到他手里？还是想找一个技术落地的台阶。

  当时我们接了机器翻译的任务，想用在旅游场景，但确实不太好搞，应用范围广，技术也不成熟。所以我们就想找个落地台阶，试试政府项目。
  我那时候做小语种，就想着能不能做维汉翻译的翻译机，支持干部援疆。没想到做出来效果很好，确实给援疆干部提供了帮助。
  产品研发出来了，刘总说试试中英翻译，结果翻译效果也很好。刘总很高兴，说赶紧做。

（刘俊华）

  刘俊华不知道的是，刘庆峰最先看到翻译机时的兴奋背后，是有故事的。
  1990 年上半年，刘庆峰在宣城中学备战高考，每天天不亮就起床读英语。凭着在数理方面的天分，他在理科上基本不用费力就可以考高分，可是花精力最大的英语却总是成绩平平，这让他很沮丧。

  之前我也说了，英语四级，我花了很多时间准备，结果只考了 84.5 分，良好是 85 分，气得不行。所以我大二时一到王老师实验室，了解到人机语音翻译电话的愿景，就觉得很解气，所以我要做这个技术。

（刘庆峰）

  君子"报仇"，二十年不晚。
  可是，刘庆峰决定做中英翻译机时，也听到很多不理解的声音。

  我们内部有人说，不能做中英翻译。谷歌有那么多语料，百度也有那么多语料，我们怎么和它们竞争呢？
  但我就觉得，我们从语音开始，语音到语音（翻译）是我们的优势，之后还要做文字到文字（翻译）。

（刘庆峰）

2016年，做中英翻译，科大讯飞确实是站在一片"红海"中。但科大讯飞用讯飞翻译机开创了新品类，实现了"弯道超车"。

同年11月23日，科大讯飞在发布会上，发布了晓译翻译机，当时的主要功能就是中英口语的互译。

晓译翻译机一炮打响，吸引了大大小小的友商。刘俊华等人感受到了来自C端竞争的残酷，带着翻译团队，一心扑在了机器翻译上。

2017年上半年，刘总开始推动这个事情，说要让大家能在线上商城买得到翻译机。

我就带着三四个原来机器翻译组过来的人，从小语种组脱离，专门研究机器翻译。我们也觉得这事儿有戏，就大胆地往里面投人。

2017年和2018年，是最关键的两年。2017年下半年我们推出离线翻译功能，2018年4月，就发布讯飞翻译机2.0了。我记得2018年，公司年度杰出贡献奖颁给了机器翻译团队。

（刘俊华）

2018年，科大讯飞在机器翻译上迎来了大丰收。

同年3月全国"两会"的"代表通道"上，刘庆峰对着当时还未正式发布的讯飞翻译机2.0，说了三句话："人工智能正在改变世界""让世界聆听我们的声音""今天的节目很成功"。话音刚落，讯飞翻译机2.0就"说"出了流畅的英文翻译。随后他又说了一句英文："I am honored to have the opportunity to showcase our new technology."机器准确翻译并"说"出："我很荣幸有机会展示我们的新技术。"

同年11月，讯飞翻译机2.0参加了全国翻译专业资格（水平）考试（CATTI）。讯飞翻译机2.0在考前被封存在考场，考试以离线方式进行。在外文局和公证处工作人员的见证下，科大讯飞的中英语音机器翻译首次达到CATTI二级合格标准。

CATTI 是人社部和外文局联合主办的考试，一共有三级：三级是普通同传水平，二级相当于高水平同传，一级是要考察各项综合水平的。我们通过了二级测试，是业界目前为止唯一一个通过的。

后来我们还做了一次测试，是在合肥师范学院做的，英语六级考试。

我们把机器翻译系统提前一个礼拜封存在考场，也是断网，考试时给了系统当年六级试卷中的三道翻译题，每道题满分 15。机器只花了 5 秒就完成了试卷，经专家批改后，分别得分 14 分、14 分、12 分，平均分是 13.3 分，而绝大多数考生的平均分是 6.5 分，机器超过了 99% 的考生。

（刘庆峰）

刘庆峰在描述这段故事时，意气风发，背后的潜台词仿佛是："我没有做到的事情，我的机器做到了！"无论人学英语还是机器学英语，结果都是一样的：沟通无障碍。

斗风车的骑士最终获得了胜利。

从 2012 年开始做机器翻译，到 2018 年机器翻译大爆发，科大讯飞用了 6 年时间，和刘庆峰努力学英语的中学时光一样，看起来很长，其实很短。

2019 年，讯飞翻译机 3.0 发布，实现了 59 种语言的多语种互译，可翻译语言覆盖全球近 200 个国家和地区，还支持七大行业的翻译和拍照翻译，功能大大提升。

"刘庆峰的英语成绩"是一个有趣的故事，科大讯飞做机器翻译当然不仅仅是出于刘庆峰的个人原因。

在很多场合，刘庆峰都曾提到"巴别塔"的故事。

《圣经》中说，人类在大洪水之后，为了自救，联合起来修建一座通往天堂的巴别塔。上帝使了阴招，让不同的族群说不同的语言，因为无法沟通，巴别塔成了半拉子工程。做机器翻译，在当下，是一种"重建巴别塔"的方式，打破语言壁垒，让世界各地的人可以顺畅交流。

无论对于技术进步本身，还是对于当下的社会刚需，机器翻译都是非常重要的。

2022 年，科大讯飞成为冬奥会和冬残奥会官方自动语音转换与翻译独家供应商，实现沟通无障碍。

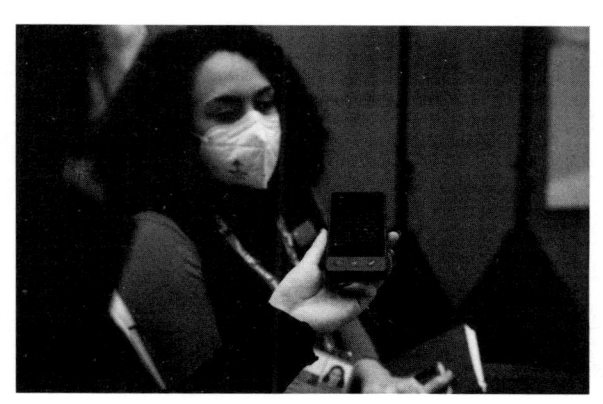

科大讯飞产品为冬奥会服务

运动员、工作人员和志愿者都用讯飞翻译机进行交流；会场上的会议实现实时语音转写和翻译；冬奥小屋的虚拟人用多国语言给大家讲北京文化和奥运会的日程安排；谷爱凌和冬奥男子千米速滑冠军戴维豪斯都在朋友圈宣传我们的翻译机，戴维豪斯说他用翻译机教他三岁的女儿学会了第一句中文。

（刘庆峰）

2023 年 7 月，成都第 31 届世界大学生夏季运动会上，讯飞翻译机再次"上岗"；2023 年 8 月，在匈牙利布达佩斯举办的世界田径锦标赛上，科大讯飞经过激烈竞争，成为赛事供应商，为赛事提供自动翻译服务。

一边耕耘，一边收获。

由于科大讯飞在认知智能关键领域的持续积累和领先优势，2017 年 12 月，科技部正式批复依托科大讯飞建设认知智能国家重点实验室。实验室成立之后，在技术攻关、应用落地、大数据积累、系统性创新等方面取得的成果均获得科技部认可。2022 年 5 月，由科大讯飞和中科大共建的认知智能全国重点实验室获批重组，成为首批 20 家标杆全国重点实验室之一。

2020 年 6 月 9 日，是科大讯飞 21 周岁生日，刘庆峰发布内部信《因为山就在那里》。他在信中写到：

我们为什么要登山？

因为山是信仰。

21年来我们凭着朴素的"顶天立地"技术信仰，树立了人工智能发展史上的多个里程碑——

2012年，机器的英文语音合成全球首次超过人类水平；

2015年，机器的语音识别全球首次超过人类速记员；

2016年，机器的中英文口语作文评测全球首次达到人类专家水平；

2017年，机器的全科医生能力全球首次通过国家执业医师资格考试；

2018年，机器的口译翻译能力全球首次通过CATTI；

2019年，机器的阅读理解能力全球首次超过人类平均水平。

我们正在突破技术的一座又一座高山。

第十节　实体清单的考验

攀登技术研究的台阶，在技术进步和场景驱动下，也许可以做到拾级而上，可一家科技企业的发展，未必会如此平稳。凡登山者，必临峭壁。

2019年10月8日，美国商务部突然宣布把科大讯飞、海康威视等8家中国人工智能企业列入实体清单。

2019年10月9日，刘庆峰发表内部信《没有什么力量可以阻挡》。

他在信中说道："被列入实体清单，不会影响我们的发展势头。我们拥有全球领先的人工智能核心技术，这些核心技术全部来自讯飞人的自主研发。我们拥有自主知识产权，不会被'卡脖子'。只要继续坚持'顶天立地'的创新发展道路，我们就有底气在人工智能核心技术领域继续保持领先水平。"

刘庆峰的发言并不仅是为安抚人心。科大讯飞从来不打无准备之仗，刘庆峰的信心来源，一是技术，二是团队，三是提前准备。

被列入实体清单这件事，2019年上半年就有一些风声。10月7日凌晨，消息在内部公布，那是国庆假期的最后一天，我们召开了一个紧急会议。那天我接了不少电话，证券行业的朋友让我们停盘，但我一直很坚定：坚决不停。

其实在5月华为被列入实体清单之后，我们就开始做准备了。我专门到深圳拜访了徐直军，请教如何应对。我们也早早成立了各个工作组，法务、安全、核心技术、供应链、品牌公关等团队都参与了进来。

所以接到通知的时候，我们一点都不慌。

10月8日，我们没有停盘，当天股票跌了5个点。我们发布官方声明之后股票涨回来一些，第二天就都涨回来了。

（刘庆峰）

当天，科大讯飞迅速发布的声明如下：

据美国商务部官方网站10月8日公布的信息，科大讯飞等中国科技公司被列入实体清单，我们已关注到相关信息。

科大讯飞拥有全球领先的人工智能核心技术，这些核心技术全部来自科大讯飞的自主研发，拥有自主知识产权。列入实体清单不会对科大讯飞的日常经营产生重大影响。我们对此情况已有预案，将继续为客户提供优质的产品和服务。

科大讯飞积极倡导阳光健康的企业价值观，遵守适用法律法规，产品技术广泛应用于教育、医疗等社会普惠领域，我们将向美方有关政府部门积极申诉。

科大讯飞将继续秉持"用人工智能建设美好世界"的理念，推动人工智能技术的应用落地。我们相信公司的经营将继续保持健康。感谢社会各界及新闻媒体对科大讯飞的关心。

科大讯飞股份有限公司
2019年10月8日

最先应战的是多语种团队。实体清单发布之后，谷歌、微软、亚马逊等公司随即掐断了所有多语种技术云服务。

实际上，在实体清单正式发布之前，科大讯飞已经储备了 11 种语言的技术。2019 年 10 月 8 日，新的攻关来了。

科大讯飞 AI 研究院副院长刘俊华负责多语种研究和 AI 资源部工作，他描述当时的心情："虽然我们压力很大，但挺平静的。大家都很清醒，这是非常时刻，多语种必做不可。"

讯飞翻译机业务线和讯飞云平台也紧急启动了应急预案。10 月 14 日晚上，胡国平做出部署，要求讯飞研究院和翻译机业务共同攻关，一周内要完成 58 个语种的语音识别计划（含已具备的 11 个语种）。当天晚上，执行院长王智国带着刘俊华和高建清立刻开会，确定了技术路线，那是一个不眠之夜。第二天一早，他们召集各个方向的伙伴召开项目启动会，研究院、工程院、资源部、云平台和翻译机业务线，全部到位，50 多个人，7 天日夜攻关，在 21 日早上顺利将 47 个新增语种的语音识别引擎上线。

2019 年上半年，我们已经在考虑自研多语种的技术了，外交部看到我们的翻译机，建议我们先做俄语。原本我们计划国庆之后去俄罗斯拜访交流，机票都已经买好了。

多语种攻关的命令一发，我就退票了，在家里带着他们攻关。当时最大的难点是多语种识别。

2019 年 10 月 21 日上午，我们完成了 47 个新增语种识别引擎的上线工作。3 天后就是 10 月 24 日，刘总现场宣布升级科大讯飞开放平台的语音识别能力，支持 59 个语种和 28 种方言的识别。

我们那一周的攻关成果给了他信心。

（刘俊华）

这是一次特殊的攻关，情况紧急，内外部的压力很大。科大讯飞的攻关团队真有"战斗"之感。

能在一周内解决多语种的问题，并不是因为有"神功"。科大讯飞 2014 年就开始做小语种（中国的民族语言）了，刘俊华是第一任组长，从民族语言切入。做小语种时积累的资源和技术路径在做多语种时都派上了用场，北京外国语大学、上海外国语大学等都是科大讯飞的亲密合作伙伴。

做小语种，有几个原因。第一，公司当时想布局多语种方向，于是争取了工业和信息化部电子信息产业发展基金的一个项目，联合新疆大学、西藏大学、内蒙古大学等做民族语言的智能研究；第二，业务牵引，从民间交流、商业往来到国家战略，民族语言有很多需求。

做小语种，最难的是数据采集。比如维语，书写不规范，一个音对应一个字母组合，写什么你就读什么，一个词只有一个读法，导致当时的识别率非常低。技术提升的关键在于，我们在标注数据时采用了正字法，用统一标准进行规整，虽然花了很多时间，但效果很好。到2016年，维语的识别率就达到90%以上了。

（刘俊华）

特殊时刻，硬实力才是关键。2019年，华为因受到制裁，拿不到多语种技术的支持，导致华为手机等在超过75个国家和地区的销售都受到极大影响。华为终端部门在全球66个多语种供应商中进行细致甄选，最终选择科大讯飞作为多语种供应商，并于2019年10月紧急下单11个语种。

2019年11月，我们召开了华为多语种项目启动会，开始攻关多语种技术。华为对技术、质量、时间的要求非常高，每周平均要提交两个引擎版本，当时团队通宵是常态，压力非常大。

2020年年初，疫情爆发，同事们只能远程办公。为了不影响多语种交付，殷运鹏、谷世林2位同事从大年初四开始就到公司驻点进行引擎测试。在不能外出、没有空调、没有食堂的情况下，他们连续奋战三天三夜确保引擎版本按时按质交付，最终保障了产品的上线。

（刘俊华）

2020年3月26日，华为的海外发布会上，支持英语、法语、西班牙语三种语言的海外版语音助手 Celia 随华为 P40 系列在英国、西班牙、法国、智利、墨西哥、哥伦比亚六国首发上线。

紧急时刻仍能按时交付，背后是科大讯飞的技术实力和团队实力。2020 年 6 月，华为和科大讯飞进一步签署了多语种战略合作协议，科大讯飞成为华为鸿蒙 OS、HMS Core 生态和智慧助手 Celia 的多语种技术独家提供商，并在 2020—2022 年连续三年获得华为 A 的年度评价，是护航华为出海、解决多语种技术"卡脖子"问题关键的、唯一的技术合作伙伴。

2021 年 3 月和 5 月，徐直军和余承东分别到访科大讯飞看望联合团队。这些都为科大讯飞后续和华为的国产化联合共建打下了基础。

关键技术不能被"卡脖子"，多语种是对外合作的基础。多语种技术的研发也得到了中国科学院的重视和大力支持。2020 年 1 月，中国科学院决策设立"多语种智能语音语言技术及国产化平台"专项，由胡国平牵头，依托中国科学技术大学，整合中国科学院自动化所、声学所、智能所等优势资源，和科大讯飞共同组建了中国智能语音语言技术领域最高水平的技术攻关团队开展紧急攻关。

经过 3 年的努力，这个项目实现端到端统一建模和无监督（弱监督）增强训练等关键技术突破，完成了 60 个语种的语音识别、语音合成、机器翻译、图文识别、语言理解 5 项关键技术研发并整体达到国际并跑、局部领跑水平。

讯飞研究院有三个大部门：AI 研究院、AI 工程院、语音资源部。每个团队单打独斗的能力强，三个团队联合，干起活来更是十分高效。

在多语种专项攻关过程中，我们语音资源部的同事，与北外、上外等国内语言类高校深度合作，短时间内构建了迄今为止我国规模最大的多语种语音语言语料库。

（刘俊华）

多语种技术的攻关是讯飞研究院面对强压时的一个缩影。面对实体清单，讯飞研究院中行动起来的还有 AI 工程院。

算法、算力、数据，是支撑人工智能技术的铁三角。科大讯飞 AI 工程院院长潘青华介绍，被列入实体清单之后，AI 工程院迅速启动国产化算力平台的搭建，在中国科学院项目的支持下，和寒武纪、曙光等通力合作，取得了很好的效果，完成了讯飞智能语音技术训练和推理的全面国产化移植，成为我国首个实现国产化的 AI 厂商。目前基于寒武纪的 MLU 和海光的 CPU 的全国产 AI 服务器，每天提供 5.6 万路并发和日均 8.73 亿次服务，并可按需基于全国产化设备扩容，有效解决了智能语音国家平台的"卡脖子"问题，同时构建了超千卡规模的国产训练集群，实现了 30 多个模型的常态化训练。

这些意外之喜，也为星火大模型的快速研发提供了基础。

在算力上，攻关启动之初团队就明确了解决算力问题的"两条腿走路"策略，一方面，在短时间内想方设法尽最大努力抽调和补充算力，尽快把实验跑起来；另一方面，构建可训练更大规模参数的大模型国产算力集群，也被列为攻关的课题之一，是 AI 工程院的"零一工程"。

在国产化算力集群的合作上，科大讯飞选择的还是华为。科大讯飞是华为 AI 芯片最早一批用户，自 2019 年华为发布第一款 AI 芯片昇腾 910 之后，双方就开始在技术和产品上广泛开展合作。

但是，用于这么大规模的训练，华为是首次，科大讯飞更是心里没底。

刘庆峰找到华为高层领导，双方把问题和顾虑都摆到台面上谈。最终，刘庆峰选择"干"！

5 月，华为 100 多人的"特战队"来到合肥，目标就是提升单卡性能。

华为对此次合作非常重视。

6 月 2 日，由三位华为高层领导和多位副总裁组成的工作组专程来科大讯飞，召开正式的大模型联合攻关启动会。为了打破"封锁"，华为打了多次成功的攻关"战役"，比如成功实现自研 ERP 替换的"强渡大渡河"及自研 EDA 软件替代的"飞夺泸定桥"。此次科大讯飞与华为的联合攻关项目，被双方称为"延安会战"。

这是一个民族企业强强联合、携手共进的故事。正因为有很多这样的伙伴和战友，科大讯飞在前进之路上不孤单、不畏惧、不退缩。

2022 年 10 月 7 日，美国商务部工业与安全局（BIS）发布出口管制新规，以国家安全为由限制中国企业获取高性能芯片和先进计算机。相比三年前，这次制裁对科大讯飞的影响小得多。因为有了过去三年在算力国产化工作上取得的成果，讯飞研究院在研究和研发不受制裁影响上非常有信心。

（潘青华）

这次加码制裁，我们也扛住了压力。

我们在2022年第四季度确实承压，业绩下滑了20%，2023年一季度也有所下滑，但是二季度开始正向增长。

我们为什么打不死？因为我们有自主创新的核心技术，有这么多年的积累，我们不怕。

（刘庆峰）

第十章
Chapter 10

大模型时代

> 关于未来，无论你觉得行还是不行，你都是对的。如果你觉得行，你将全力以赴，充满激情、充满斗志地去争取，最终它就是行的。如果你觉得不行，一定不能如期，它也是对的，最后肯定完成不了。
>
> （刘庆峰）

第一节　魏思和刘聪的赌局

2022 年 11 月 30 日之后的一周，刘权处于一种与以往非常不同的状态中。"整个人都是火热的状态。"

一周以前，刘权像往常一样带着讯飞研究院人机交互团队做着技术研发与落地项目，手机上弹出"OpenAI 对外发布 ChatGPT"的消息，于是他在办公室第一次试用基于 GPT-3 微调版 GPT-3.5 的 ChatGPT。作为一个在自然语言理解领域扎根多年、在科大讯飞从事多年人机交互工作的专家，追踪头部公司的新产品是他工作的一部分，也是他的兴趣所在。但这个上午并不寻常。如果说在点开 ChatGPT 那个蓝色简约风格图标的时候，刘权多少还有点漫不经心，那么十分钟之后，他的表情变得严肃起来。

刘权问 ChatGPT 的第一个问题平平无奇："你是谁？你能干什么？"

接着，他扔给它一个文本生成任务，写一封邮件；紧跟着让它模仿鲁迅风格写一篇文章，它很快就写完了。

他马上又问了两个问题："菠菜和豆腐能放在一起吃吗？""如果家里老人跌倒了该怎么办？"ChatGPT 答完之后，他已经坐直了身体。

体验之后，刘权迅速拿起电话召集团队骨干："让我们来仔细研究一下，看看这对科大讯飞来说意味着什么。"

ChatGPT 并不是横空出世的。

GPT 是基于 Transformer 架构的生成式语言模型。Transformer 架构由谷歌提出，短短几年就席卷了整个自然语言处理领域。

2018 年，当 GPT-1 作为 GPT 的第一个版本推出时，貌不惊人，只是表明在自然语言生成中取得了一定进步，但效果与当时的 BERT 模型有较大差距。

2019 年，有 15 亿参数的 GPT-2 推出，它在自然语言处理任务中表现出更强的能力，吸引了业界的目光，但仍然不足以颠覆以 BERT 为代表的双向编码型预训练模型的地位。

2020 年，拥有惊人的 1750 亿参数的 GPT-3 发布，成为当时世界上最大的自然语言生成模型。千亿参数的大语言模型发生质变，天下从此改变。GPT-3 在许多 NLP 任务中表现出色，甚至可以在没有微调的情况下实现"零样本学习"（Zero-Shot Learning）。

尽管 OpenAI 的 GPT 和谷歌的 BERT 都在 2018 年左右发布，且均基于谷歌的 Transformer 架构，但 GPT 和 BERT 的思路截然不同。

BERT 的训练思路是完形填空。其利用上下文猜出被"挖"掉的词，技术上称为双向自编码。比如给模型出一个题目"科大____飞"，如果 BERT 猜出"讯"，则这个训练完成。

而 GPT 的训练思路是文本生成。其依靠前文猜测下一个词。比如给模型出一个题目"科大讯____"，GPT 猜出"飞"，则生成了一个新文本"科大讯飞"，技术上称为单向生成式语言模型。

讯飞研究院首席科学家魏思用简单的语言总结两种不同的研发方向，BERT 是由第一个字和第三个字猜中间那个字；而 GPT 是由第一个字和第二个字猜出第三个字。"我们实际上一直在做跟 BERT 很像的事，我们的无监督训练方法已经成功应用到产品里了。"

但是 2022 年底，风云突变。GPT 的训练方法和超大模型、海量文本数据一结合，突然迸发出惊人的力量。

超大模型把全世界的书、网页、语料都读了一遍之后，神奇的事情出现了——大模型大概率懂得了语义，且读懂了语言在隐含空间中的意思。

然后，当它遇到自然语言的句子时，它就在整个网络中搜索隐含空间的意思，可能就读懂了这句话。因此它的语言理解能力非常强，你的意图它都能准确理解、捕捉。

通过这种语言理解能力，大模型可以把整个语义空间网络有效关联起来，同时快速组织语言思考接下来应该怎么回答。因此，大模型需要具备较大规模，以支撑它将所有塞进来的文本、知识都学好。至于它具体是怎么工作的，现在有点像"黑盒",比较复杂,还需要进一步研究,但从逻辑上来说它是顺畅的。

（刘权）

GPT-1 和 GPT-2 并没有引起波澜,GPT-3 的效果不错。魏思和刘权都读过相关论文,但当时 GPT-3 的 API 并没有放出来,无法体验。

与刘权一样同时关注搭载 GPT-3.5 的 ChatGPT 的还有讯飞研究院执行院长刘聪。刘聪有着"眼观六路、耳听八方"的敏锐,第一时间从行业层面了解到 ChatGPT 的影响力。ChatGPT 发布之后没多久,刘聪问刘权:"你们有没有调研 ChatGPT？"

刘权回答:"正在做。"

2022 年 11 月 30 日之后的那一周,胡国平、刘聪等人保持关注,并让刘权组织一个调研团队。刘权把讯飞研究院认知智能相关方向的骨干拉进一个工作群,开始和他们轮番上阵测试 ChatGPT,并对其做系统判断和分析。当历史上重大变化来临的时候,时间的度量也发生了变化,你可以清晰地听到秒针转动的声音,那真是值得铭记的一周。

2022 年 12 月 7 日,科大讯飞 A4 楼五楼北侧,讯飞研究院院长胡国平那间不到二十平方米的办公室里,胡国平、刘聪、魏思、王士进、潘青华等人坐在会议桌前开会。刘权带领团队熬夜奋战,写了一百多页的调研报告,标题是《OpenAI ChatGPT 调研分析报告》。

在过去的一周,ChatGPT 的话题开始蔓延,它的文本生成 AI 不断写出令人信服的类人文章、诗歌、电子邮件、歌词等。ChatGPT 的用户量也迅速突破 100 万,成为全球技术热点。

一场讨论开始了。

魏思持怀疑态度,他认为 ChatGPT 在"一本正经地胡说八道",这源于他对 GPT-1 到 GPT-3 的观察。

在我印象里,GPT-1 和 GPT-2 其实效果并不好,包括 GPT-3 效果也不行。

> 2022 年 12 月之前，GPT 系列都不如 BERT 系列模型，所以没有人用。我们都盯着，但是效果上一直都是 BERT 好。GPT 第一次超过 BERT 就是 ChatGPT。
>
> （魏思）

支持派的代表人物则是刘聪。刘聪的触角很多，基于行业多渠道的信息来源，他知道这一次可能是颠覆性的。

"火药味"立刻就上来了，刘聪最后笑着说："你这次要翻船了！敢不敢打赌？"魏思怎么会不敢？两个人当即赌了一顿牛排。

刘权不敢"造次"，没有评价两位师兄的发言，只是通知大家到场开会。人员就绪后，他开始一页一页地分析。

现场安静了。

会议结束后的中午，魏思没有去吃饭，他找刘权要了一个账号，开始测试。魏思用教育和医疗的任务去测 ChatGPT，这两个任务都是科大讯飞的强项。结果出乎意料，ChatGPT 的表现与科大讯飞的产品差距并不大。

一个下午过去，魏思的态度发生了一百八十度翻转。

魏思当天晚上就给刘庆峰写周总结：我们必须做大模型，不做肯定落后。刘庆峰立刻要了一个账号体验，体验完接着开会。

这次开会就已经决定：科大讯飞要把资源押上去做大模型。

不仅如此，科大讯飞还提出：做大模型要做"1+N"，"1"是指通用认知智能大模型，"N"是指在教育、办公、汽车、人机交互等各个领域落地。

一切都在迅速推进。2022 年 12 月 15 日，各项工作先行梳理启动，科大讯飞召开了研发星火大模型的正式推进会，拉通了核心研发平台 15 个方向的团队。从小模型到大模型的训练，要投入人、卡、钱，科大讯飞为此专门成立大模型专项组。这是一个百人量级的专项团队，内部又分为四个项目组，分别专注于"算力和训练框架""数据构建""推理框架和服务""算法研发及大模型研制"。研究院的很多好手都放下手头的活儿加入专项团队。

胡国平后来说："这么大规模的'会战'在讯飞研究院历史上也是少有的。"

输掉赌局的魏思成为"激进派"。刘庆峰在推进会上问："什么时候能追平ChatGPT？"那个时候，星火大模型八字没有一撇。但魏思拍着胸脯说："半年到一年。"

第二节　三个约定

2022年底，魏思说追平ChatGPT只需半年到一年，当时很多人都觉得做不到。但魏思胸有成竹。

大模型这个方向，科大讯飞惦记已久。GPT-3刚出来时，效果并不是很好。科大讯飞内部做了调研，最终决定"保持有限投入，留在牌桌上"。科大讯飞储备很足，自然语言理解、对话系统、无监督训练都在做，人才和技术储备都是够的。

时候还没到，唯有蓄能。"兵马"虽然未动，但作战方案早就有准备。一到爆发点，就快速跟进。

实际上，科大讯飞进入大模型的时机刚刚好。刘聪后来复盘时说："原创研究的不确定性很大，可能做十个成一个就不错了。讯飞研究院的原则就是'从研究中来，到产品中去'，我们进入的时间正好。如果进得早，会砸进去很多资源，但获得的经验有限，那也不是一个企业发展的正确路径。"

2022年12月中旬，整个项目组进入攻关状态，内部行政级别消失了，实行扁平式管理。项目组内部以日报形式汇报进展，团队以周报形式向包括刘庆峰在内的指挥组汇报进展。

第一阶段攻关的目标是"春节后先跑起来第一个版本"。

当"大模型之战"吹响冲锋号时，各城市间开始了正常流动。

2022年12月底到2023年1月，大模型第一阶段攻关，同事们一个接一个地病倒了。那段时间，整个科大讯飞每周上班的人最多只有三分之一，以前要排队上下的电梯间变得人迹寥寥，曾经饭点时人山人海的食堂也减少一大半备菜。但大模型的研发工作并没有停下，同事们轮流上阵，就连春节期间，不少人都在远程办公。

国内其他友商也在做大模型，在某种程度上，这是一场赛跑。

大年初八上班第一天，大模型第一个版本成形，跑起来了，但效果不如预期。

刘权梳理了情况，第二天便向由胡国平、刘聪、王士进和魏思等人组成的专项指挥组汇报。大模型吃算力、吃数据，大家最终一致决定，要加大投入，并系统梳理优化大模型数据、算力集群、训练框架、模型训练算法策略等工作。

无论在技术还是算法上，科大讯飞都有多年的积累。项目组制定改进方案，重新调整架构，投入更多人力。

2023年2月底、3月初，国内已有多家厂商"放风"在做大模型，科大讯飞则对外统一口径，保持沉默。

但进入3月，魏思越来越笃定，他告诉刘庆峰："科大讯飞大模型可以在5月对外发布。"为此，魏思特地给胡国平打了一个半个小时的电话。"我就给他分析，为什么5月发布问题不大。"魏思说："我不是吹牛，分析之后，我认为没有什么神奇的。因为技术路线非常清晰，ChatGPT已经出来了，有什么好意外的？"

2023年4月初，大模型最新版本出炉。刘权用各种测试集去测试，如果对标ChatGPT，ChatGPT打80分，新版本大概能打到60分。这个成绩出来后，刘权才松了一口气。刘庆峰最终决定，在5月6日对外发布大模型。

科大讯飞的大模型被命名为"星火"。刘庆峰对这个词感情很深，和那句"燃烧最亮的火把，要么率先燎原，要么最先熄灭"呼应，都是属于科大讯飞的英雄主义。

2023年5月6日，刘庆峰带着星火大模型"跑步"入场，立下了全面对标ChatGPT的"军令状"。

从发布时间上看，百度"文心一言"推出在前，科大讯飞的星火大模型姗姗来迟，并不具备先发优势。

不过，和别家不同的是，星火大模型的真机实测效果非常好，而且一开始就有明确的版本升级时间表。

两个小时内，刘庆峰和刘聪在台上一起演示星火大模型，让其完成各式各样的任务。能容纳 1500 人的会展中心主场馆座无虚席，就连过道上都挤满了人，人们在一阵阵惊呼声中听完 2 个多小时的发布会，而线上累计观看人次超过 3345 万，几乎每隔几分钟，现场就爆发出一阵热烈的掌声。

根据 ChatGPT 关注的 48 个主要任务方向和讯飞开放平台上 400 多万开发者团队的需求，科大讯飞提出通用人工智能应当具备七大维度能力，包括文本生成、语言理解、知识问答、逻辑推理、数学能力、代码能力、多模态能力。而星火大模型在每个能力上的表现，都堪称惊艳。

与此同时，首批来自 36 个行业的 3000 余家企业开发者将接入星火大模型，共建大模型"星火"生态。科大讯飞很早就确认了"1+N+X"的生态布局。"1"是核心的底座，"N"是科大讯飞自有赛道的自有产品，"X"是生态。它们之间的关系是，底座本身的提升会带来"N"的提升，也会带来"X"的提升。

刘庆峰还给出了星火大模型版本升级时间表。

6 月 9 日，开放式问答、多轮对话能力、数学能力再升级；

8 月 15 日，代码能力升级及多模态交互能力提升，以帮助更多的合作伙伴及开发者团队；

10 月 24 日，七大维度能力全面提升，再度升级代码能力，实现对标 ChatGPT 的目标。

有媒体评价"科大讯飞在画一张有时间表的饼"，但敢这么精确地"画饼"，本身就透露出一种自信。

发布会后的下一个交易日，科大讯飞股票涨停，一周内沪深两市成交量排名第一。

在 5 月 6 日的发布会上，刘庆峰总结："星火大模型本质上是一次对话式的通用智慧的涌现。"

科大讯飞其实在认知智能领域已经有十几年的积累了，2011 年我们就承担起语音及语言信息处理国家工程研究中心的重任。星火大模型本质上是一次对话式的通用智慧的涌现。语音和语言的核心能力是基础条件，科大讯飞是中国（该领域)的"国家队"。

2014年,我们就推出"讯飞超脑"计划,明确提出要让机器像人一样具备能理解会思考的能力。在2022年1月的年度总结计划大会上,我们正式宣布了讯飞超脑2030计划,就是要让懂知识、会学习、能进化的通用人工智能技术,以机器人的实体形态或虚拟形态进入每一个家庭。

正是在相关国家级平台和"讯飞超脑"计划的支撑下,过去几年我们在认知智能领域已取得一系列全球领先成果。

2017年,我们的机器在全球首次通过了国家执业医师资格考试,成绩超过了96.3%参加考试的医生。2019年,在斯坦福大学发起的国际著名的SQuAD比赛中,我们的机器在英文阅读理解中首次超过了人类平均水平。2022年在艾伦研究院组织的OpenBookQA科学常识推理比赛中,我们的单模型首次超过了人类平均水平。

正是因为有着系列成果,所以看到ChatGPT带来的惊喜之后,我们迅速进行了相关的技术和研发体系的验证,确定我们具备成建制的研究团队,而且在关键技术上具有良好的积累,完全可以重现OpenAI的智慧。

(5月6日刘庆峰在星火大模型发布会上的演讲节选)

在发布会上,刘庆峰再次致敬王仁华,他说:"我在1992年读大二时被王仁华教授选到中科大人机语音通信实验室,王老师告诉大家,提出问题是解决问题的一半,聪明的孩子首先要善于提出问题。一个更美好的世界将始于我们每个人的提问。"

王仁华在上海的家中全程看完直播,难掩兴奋,便给刘庆峰发了一条微信:"庆峰,祝科大讯飞星火大模型成功发布!我为你和科大讯飞感到自豪,也为自己能在有生之年见证人工智能浪潮感到欣慰!"刘庆峰回复:"王老师好,谢谢您的鼓励!您的关心与帮助,一直是我们奋斗前行中重要而温暖的精神动力。"

如果说5月6日是星火大模型的初亮相,6月9日的重点则是兑现承诺。

科大讯飞的项目攻关风格,一直是制定一个目标,确定一个时间节点,然后心无旁骛地冲!

胡国平说,这背后源于研究院的两个关键文化。第一,看到新技术,团队立刻扑上去,深度学习如是,大模型亦如是。第二,科大讯飞有成建制的团队,可以非常有效地调动资源。这次大模型攻关战,公司直接把机器翻译团队拆开,并入大模型的项目中。组织调动非常有效,所以很快做出了成果。

6月9日,星火大模型1.5版本发布,各项能力持续提升,在综合能力上实现三大升级,开放式知识问答取得突破,多轮对话能力升级,逻辑和数学能力升级。与此同时,关于落地应用的部分再次被强化,星火App同步发布,面向生活、工作等用户高频使用场景上线200多个小助手;推动星火大模型在教育、医疗、工业、办公等领域落地应用,赋能星火语伴App、医疗诊后康复管理平台、羚羊工业互联网平台、讯飞听见智慧屏等产品;开放了讯飞星火开发接口,携手开发者共建"星火"生态。

浪潮之巅,炙手可热;浪潮退去,大模型真正的价值是什么?这是刘庆峰带领的大模型项目指挥组及核心团队都在考虑的问题。"应用"是唯一答案。

8月15日,星火大模型V2.0升级并加快应用步伐:发布代码和构建多模态能力,同时发布搭载星火大模型V2.0的多项应用和产品;与华为强强联合,公布企业私有专属大模型解决方案——星火一体机,合作共建全国产化算力底座。

星火大模型的优势已经显现,团队的紧张感也稍稍缓解。

8月15日发布会的前三天,刘庆峰、刘聪等人在合肥滨湖国际会展中心的大厅彩排。

彩排也是真机实测,虽然脸上写着疲惫,但相对于5月6日发布会的彩排来说,大家看起来轻松很多。

和华为联合发布的星火一体机,揭开了企业专属大模型的序幕。在教育、医疗、公安、政法等多个领域,科大讯飞有着当之无愧的优势。

为什么星火大模型能很快落地?AI研究院负责教育方向的副院长盛志超举了一个例子:通用技术的比拼,如同射箭比赛,相关的评价维度业内已经画好了"靶子",各家卷技术能力就好。但是比拼大模型,除了技术能力,还要比对行业的了解,首先比的是"画靶子"的能力。以教育为例,"小学生英语学习"

大模型的落地，首先要定义小学生英语学习的范围，比如词汇量范围、语句类型、语句长度等都不能超纲，要先"画靶子"再训练。很多厂商没有做过，不具备"画靶子"的能力。但是科大讯飞在智慧教育、智慧医疗、智慧城市、智慧司法、金融科技、智能汽车等多个领域深耕多年，不仅能"画靶子"，还有专业的团队和丰富的数据积累——这样才能做出行业真正适用的大模型。

从人才培养角度来说，行业+技术的复合人才短缺。国内各公司研究人工智能也就是近10年的事情，在人工智能领域深耕5年以上的人才敢说对技术和产品有较为深入的了解。而市场上很多技术人员，在大厂锻炼几年，就去下一个大厂挣钱了，真正能"吃"透行业的技术人员不多。科大讯飞深耕人工智能领域25年了，虽然人员有流失，但人才基础较好、团队信任度很强。在讯飞研究院，能"吃"透行业的人很多，头部、腰部力量很强。

刘庆峰骄傲地和王仁华说："这次大模型攻关，由90后带队，参与项目的也大多是90后。"

8月15日，星火大模型V2.0版本发布，刘庆峰在演讲的最后说道："为什么我们总能如约而至？"

为什么我们能够提前那么久定下时间？为什么我们总能如约而至？

首先，我们有成熟的算法，并在过去25年的创业过程中一直专注于人工智能领域。2017年我们开始承建中国唯一的认知智能全国重点实验室，我们有充分的技术积累。星火大模型的每一行代码、每一个算法模块都是我们自己做的，而不是拿第三方的开源平台训练的。

其次，我们有成建制的团队，还有像华为这样的深度合作伙伴，正因为这样，我们才有底气承诺下一阶段能做到什么样。

大家也许想问，8月15日的产品，是不是8月初就做好了才定的时间？

我想告诉大家的是，我们8月15日的版本，8月13日才刚刚开放内测，到昨天晚上还在做各方面的稳定工作。

昨晚我去看望了我们的推理团队、文图生成团队、保障团队、内容安全团队及星火App小助手和讯飞智作等团队，发现大家精神抖擞，充满欢声笑语。我走到旁边，同事告诉我那边三排是华为的兄弟，同事让他们回去休息，华为的兄弟说讯飞人不走自己也不走。

今天我们能如期发布，而且每个人都可以下载我们的应用，是我们争分夺秒呈现的成果。但我就是敢告诉大家，10月24日我们还可以如期发布。因为除了技术、人才和伙伴，最重要的就是一定要完成任务，绝不服输，要做就勇争第一，这就是中国通用人工智能未来的希望。

所以，昨天晚上我特意加了一句话，这句话是企业家亨利·福特的名言——关于未来，无论你觉得行还是不行，你都是对的。如果你觉得行，你将全力以赴，充满激情、充满斗志地去争取，最终它就是行的。如果你觉得不行，一定不能如期，它也是对的，最后肯定完成不了。

（刘庆峰在星火大模型V2.0版本升级发布会上的演讲节选）

如上文所说，2014年，科大讯飞就确定了人工智能战略，选择深度神经网络、大数据和涟漪效应三大技术路径，同时对讯飞超脑的训练也使得公司拥有算力储备，为大模型AI数据、算法、算力三大基础筑牢根基。

另外，这两年对"对话系统"和"无监督训练"的关注，让讯飞研究院在大模型上时刻准备着，"召即能战，战即能胜"。

2017年到2022年，刘权在魏思指导下，带领AIUI团队做人机交互，尤其是背后的对话系统和问答系统，提出了ATM（Associated Transfer Model，关联迁移模型）的方法，将语义理解正确率提升近40%。目前，科大讯飞AIUI已经应用在智能汽车、智能家居等多个场景。

对话、知识问答、闲聊，是我这5年来主要关注的方向，AIUI团队也从当初的10个人扩充到现在的50多人。

对话系统是比较复杂的，涉及语言理解、对话管理、对话生成、知识问答等多个关键技术。我可以骄傲地说，科大讯飞AIUI技术和业务在业内一直是第一梯队。

（刘权）

魏思执着于无监督训练很长时间，即使没有产业转化的需求推动，没有行政层面的干涉，这充分显示了科大讯飞的开明。没有白走的路，无监督训练的方法，在这次大模型攻关中发挥了重要作用。

2023年5月13日上午，刘庆峰和王仁华见面，刘庆峰把这些情况告诉了王老师。

大模型能够成功，我们总结了三个原因。第一，最核心的是有多年的积累，大家在技术算法上有统一认知，有敏感度，有苦练出来的基本功，培养了魏思、刘聪、刘权等专家。第二，我们有成建制的团队。第三，我们的团队氛围特别好，不存在内耗，不存在不安全感。

这是实验室文化生发出来的成建制的力量，再加上内部的组织协同，凝聚了非常强的战斗力。我们一点弯路都没有走，一鼓作气就在国内领先。这都源于当年您留下来的宝贵精神财富。

（刘庆峰）

星火大模型迅速成为人们关注的焦点。之后的很长一段时间，很多科大讯飞的普通员工都收到了来自亲朋好友关于大模型的问候；相关的业务线也忙碌起来，客户都在问大模型；刘庆峰的行程更加紧凑，因为要向政府、协会、企业等不同群体介绍大模型，推掉了很多其他行程。

1.0版本发布后，我们很快就收到了来自中国上市公司协会年会的邀请，让我去讲讲大模型。5月27日，年会现场，我们是唯一一家大模型企业。

（刘庆峰）

8月4日，科大讯飞作为唯一受邀企业参加国务院国资委"智慧国资 数字央企"大讲堂，国务院国资委党委书记、主任张玉卓在和刘庆峰会谈时表示，国资央企坚定不移做强做优做大国有资本和国有企业，加快发展战略性新兴产业，积极推进传统产业改造升级，为人工智能企业与国资央企的深化合作开辟了广阔空间。刘庆峰表示，希望发挥科大讯飞人工智能技术尤其是星火大模型的优势，与国资央企进一步深入开展多层次宽领域对接合作，共同推动星火大模型等人工智能最新技术在国资央企中应用，助力企业智慧化升级。

2023年8月12日，新华社研究院中国企业发展研究中心发布《人工智能大模型体验报告2.0》，讯飞星火以总分1013分位列国产主流大模型测评榜首位，在四大评测维度中的智商能力和工具提效两个维度获得第一。

随后，《麻省理工科技评论》也发布了中国的大模型评测报告。在8个一级大类的600道题目的测试和盲评中，讯飞星火认知大模型v2.0在6个大类中得分率排名第一，以81.5分（以百分制计）的成绩在评测中登顶，被称为"最聪明"的国产大模型。

2023年10月，国务院发展研究中心国研经济研究院的横评报告显示：新版大模型综合能力超越ChatGPT（GPT-3.5），甚至在部分行业优于GPT-4，处于国内领先、国际一流的地位。

市场上，大众很快为大模型买单。自2023年5月6日星火大模型发布以来，学习机的销售GMV累计比去年同期增长了233%；整个C端智能硬件，包括翻译机、智能办公本、录音笔等产品销量总体比去年同期增长了70%。

2023年国庆期间，科大讯飞核心团队再次召开战略研讨会，讨论的核心问题就是大模型核心技术的持续创新研发、产业应用落地和生态发展。

2023年10月24日，全球1024开发者节上，科大讯飞再次宣布星火大模型重磅升级，在对外预告时这样写道：

科大讯飞将重磅发布星火大模型V3.0，七大维度能力全面提升，再度升级大模型代码能力，实现中英文全面对标ChatGPT；重磅发布医疗大模型和讯飞晓医App，为每个家庭提供健康助手；全新发布AI答疑辅学和AI心理咨询功能，为每个孩子提供成长伙伴；首次发布科技文献大模型，为每个科研工作者助力；与行业龙头共同发布12个行业大模型，深度推动落地应用。

不管多么险峻的高山，都会为不畏艰难的人留下一条攀登的路。科大讯飞，依然在路上。

Part 4
第四部分
灯塔：万海归宗

科大讯飞的故事不是孤立的,而是中国关键技术自主创新故事的一部分,也是中国科技企业发展的一个缩影。新中国成立70多年来,中国的科研工作者一直在努力,不仅是在前沿的实验室,也在波澜壮阔的产业里。

一位教授,一群青年,在一间实验室内,成长为具有企业家精神的科学家和具有科学家精神的企业家。

让我们回到本书的主角,王仁华、中科大语音实验室和科大讯飞,再次思考:

为什么是王仁华,为什么是中科大语音实验室,为什么是科大讯飞?

这其中的精神传承,有哪些内涵和外延?

这其中的精神传承,背后的历史逻辑是什么?

这其中的精神传承,在未来将发挥什么作用?

在人工智能新浪潮开始的今天,王仁华老师已经退休,安居在上海普陀区的家里。小区树木葱茏,家里简洁安静、一尘不染。他每日7点来钟起床,11点3刻吃午饭,下午2点午睡后起床,然后躲在书房里整理资料、处理零星事务……有时候一天下来,客厅准时敲起的大座钟是这个家里最响的声音。

非必要的场合,他很少参加;学生们要来看他,他总是怕麻烦人家。但是在专业领域上,他并不含糊,如年轻时一样执着,关心科大讯飞的发展,也关注中国人工智能的进展。

他像一位大隐于市的智者,目光如炬。

如果用植物来形容王仁华,可能更接近"竹",甘于孤寂、清华其外、淡泊其中、百折不挠、不媚不俗。扎根下去,三年不长,而后迅速生发、一夜千尺,如雨后春笋般,一茬茬茁壮成长,便成茂林。

第十一章
Chapter 11

春华秋实

> 语音工程实验室的建立，实现了我 30 年前从美国回国时立志建立中国的贝尔实验室的梦想，以及立下的中国人的语音技术应该由中国人自己解决的承诺。
>
> （王仁华）

第一节　中国的贝尔实验室

2011年，经过多方努力，国家发展改革委批复成立"语音及语言信息处理国家工程实验室"（简称"语音工程实验室"）。同年9月27日，语音工程实验室在中国科学技术大学西区活动中心礼堂举行揭牌仪式。

语音工程实验室在科大讯飞建设的语音及语言技术研究及工程化应用的技术研发平台、设计开发平台、测试验证平台和技术应用重大示范平台的基础上，依托中国科学技术大学建设语音合成研究室、语音识别研究室自然语言处理研究室、智能人机语音交互研究室等4个核心技术研究室，进一步整合源头核心技术研究资源，并通过工程化平台形成产业界急需的先进科技成果，不断提升智能语音技术与产业的核心竞争力。

媒体报道称：语音工程实验室落户合肥、正式揭牌成立，标志着我国智能语音技术在产业发展方面迈上了一个全新的高度，有利于进一步整合技术、人才、资金等各项优势资源，充分发挥产业带动能力和辐射效应，不断促进中国语音产业向前发展。

从1985年王仁华组建中国科学技术大学语音实验室，到2011年语音工程实验室成立，时间整整走过了26年。

语音工程实验室揭牌当天，王仁华并没有到现场。他在上海的家中关注着会议的进展，内心非常激动。

> 语音工程实验室的建立，实现了我30年前从美国回国时立志建立中国的贝尔实验室的梦想，以及立下的中国人的语音技术应该由中国人自己解决的承诺。
>
> （王仁华）

语音工程实验室成立后，搬到了中国科学技术大学西区的科技实验楼，1楼到5楼都是实验室的"地盘"，1楼专门建了机房，软硬件都得到升级。

2012 年 11 月 12 日，语音工程实验室发起首届"智能语音及语言技术机器应用"前沿研讨会，王仁华任学术委员会主任。

研讨会邀请了佐治亚理工学院、东京大学、奈良先端科学技术大学院大学、微软雷蒙德研究院、微软亚洲研究院、IBM 中国研究院、中国科学院自动化研究所、中国科学技术大学等多个机构的 30 多位国内外知名专家。

这是智能语音技术领域的一次盛会。参会的国内外知名专家，有王仁华的同侪，更多的是他的学生。他内心的骄傲之情溢于言表。

2022 年 7 月 28 日，国家发展改革委依据国家科技创新基地优化整合有关部署，启动了国家工程研究中心（国家工程实验室）的优化整合工作。语音工程实验室以优异的成绩通过评估，纳入新序列，正式转建为"语音及语言信息处理国家工程研究中心"（简称"语音工程中心"），瞄准语音、语言等人工智能技术创新的未来，持续推进技术产业化应用发展，让人工智能像水、电一样无处不在。著名科学家、中国科学院院士鄂维南任语音工程中心技术委员会主任，刘庆峰任语音工程中心主任，胡郁任常务副主任，凌震华、刘聪任副主任。

语音工程中心的研究方向延伸至智能语音信息处理、空时信号处理、语音情感计算，以及多模态交互、人机语音交互自主机器人、跨学科语音语言研究等多个领域。其中智能语音信息处理方向的研究，以中科大原语音实验室的老班底为主。其他方向也英雄辈出，真正将语音及语言信息处理与多个学科交叉融合，成为一个大的生态。

实验室不仅从源头上聚拢了核心技术研究资源和人才力量，也充分利用了科大讯飞与中国科学技术大学的产学研合作机制，推进人工智能产学研联合研究，形成完整的技术创新网络。

王仁华自己也没想到，当初种下的一粒小小的种子，最终能够长成参天大树，甚至在各界的共同努力下，长成了森林。

王仁华是不是中国智能语音技术的奠基人？这要留给历史去评判。可是，不可否认的是，他是在智能语音领域进行跨学科研究、产学研成果探索的第一人，是中国智能语音领域的泰斗。

中国科学技术大学原副校长王东进有这样一段评价。

语音涉及的门类很多。现在人们常说的"语音",不仅指简单的逻辑学、语音学,也不是简单的模式识别,甚至不是简单的智能信息处理。语音本身已经从一个独立学科,变成以应用为背景的、非常庞大的领域。它不光是简单的理论研究,更多的是应用。

当初在"863 计划"时,智能语音处理就是在智能计算机的框架下进行研究的。按照王仁华老师的研究和国家的定位,以计算机的人性化、拟人化、可用性来说,键盘输入是一个不太友好的界面,研究者希望能够让计算机像人一样,听懂人的话,跟人进行交流,这样就可以使计算机的应用更加普及。当时人们在计算机领域里的这个想法,注定让它不能只做语音的简单处理。

尽管语音的信息处理是王仁华老师的专长,也是我们电子工程系的专长,但是要想真的做到那个层面,需要融合非常多的东西,如语音学、生物的发音学、计算机的机理、语音信息的识别合成。把这么多的东西全部融合在一起,王老师应该是在国内最先做这件事的人。所以从这个角度而言,说他是智能语音领域的第一人不为过。

(王东进)

2008 年,退休的那一年,王仁华获得安徽省重大科技成就奖。在获奖答辩的材料里,王仁华这样总结自己的半生成果。

1984 年创办中国科学技术大学语音通讯研究评测实验室,长期从事智能语音领域的科研教学工作,承担国家 863 项目、国家重大科技攻关项目、自然科学基金项目等,取得丰硕的教学与科研成果,其中包括,培养高水平博士 20 余名,硕士 40 余名,为社会各界输送了大量优秀人才;发表相关领域研究论文 260 多篇,其中 EI、SCI 检索 102 篇,出版学术专著 3 本,获得技术专利 40 多项;多次参加国际高水平语音合成与识别测试,获得 Blizzard Challenge 语音合成大赛三连冠,NIST 说话人识别测试第一名;实验室在语音核心技术创新方面不断取得突破,已经成为国内外重要的语音研究基地之一。

在语音研究领域坚持自主创新、多学科融合和产学研结合的发展路线,从无到有，在语音合成、语音评测、语音识别方面取得了一系列技术创新成果。

在语音合成方面提出波形拼接和声学建模方法，多次夺得国内外语音合成评测大赛第一名，处于国际领先水平。

从全新的角度考虑语音评测问题，提出了更加符合语音评测原理的概率框架和实现算法，研发了业界唯一满足实用化需求的普通话水平测试系统。

在系统掌握语音识别完整体系的基础上，进行多项技术创新，创建了国内领先的平台和研发了嵌入式语音识别系统。

（2008年王仁华在安徽省重大科技成就奖上的答辩材料）

之后的十几年时间里，已不在一线的王仁华频繁收到捷报。

2017年及2019年，科大讯飞连续两届上榜美国《麻省理工科技评论》全球50大最聪明公司榜单，2017年首次入榜，名列全球第六、中国第一。2017年11月，科大讯飞入选首批国家四大新一代人工智能开放创新平台。2017年12月，科技部明确依托科大讯飞建设认知智能国家重点实验室，这是我国在人工智能高级阶段——认知智能领域的第一个国家级重点实验室。实验室后来在技术攻关、应用落地、大数据积累、系统性创新等方面的成果均获得科技部认可。2022年5月，由科大讯飞和中国科学技术大学共建的认知智能全国重点实验室获批重组，成为首批20家标杆全国重点实验室之一。

王仁华颇感欣慰，面色一直很平静。正如他一直推崇的那样，锚定目标，打牢基础，做到极致，结果不过是水到渠成的事情。

1985年，喜忧参半的王仁华冒大不韪建设中国科学技术大学第一个语音实验室的时候，可能并不会想到今天。但站在今天回看这些成果，一切都是情理之中。建设中国的贝尔实验室的梦想实现了吗？王仁华很肯定：实现了！

第二节　种桃种李种春风

刘庆峰评价王仁华时曾说："毫无疑问，他是一个教育家。他天生就具备一个教育者的潜质，无私，倾囊相授；包容，尽心培养，爱才、惜才；敏锐，像伯乐一样选拔千里马；大格局，愿意给学生提供舞台和机会，青出于蓝而胜于蓝是他最愿意看到的事情。"

王仁华培养高水平博士20余名，硕士40余名，听过他课的本科生不计其数。如果说这些人是他种下的"桃李"，王仁华的育人精神则是他种下的"春风"。现在，很多中国科学技术大学的学生、科大讯飞的年轻人，虽然未得他亲授，但都曾"沐春风"。

退休之后，王仁华在中国科学技术大学设立"华瑜奖学基金"，在科大讯飞设立"华夏创新奖"，以另一种方式延续教书育人的精神。

2014年11月26日上午，中国科学技术大学在218楼二层会议室举办了"华瑜奖学基金"捐赠暨第一届奖学金颁奖仪式。王仁华夫妇捐款200万元，在中国科学技术大学设立并冠名"华瑜奖学基金"，奖励品学兼优的本科生和研究生，鼓励优秀的科技创新人才。时任校长侯建国、王仁华及其夫人夏德瑜、科大讯飞副总裁徐景明、校友总会副会长鹿明、教育基金会秘书长郭胜利、信息科学技术学院分党委书记陈卫东，以及第一届"华瑜奖学基金"获奖同学等出席了颁奖仪式。

"华瑜奖学基金"设立现场

中国科学技术大学举办"华瑜奖学基金"捐赠暨第一届奖学金颁奖仪式
（节选）

王仁华教授在发言中表达了自己对中科大的感激之情。他表示，自己在20世纪60年代进入中科大工作后就一直奋斗在教学科研一线，陪伴了中科大四十载春秋，与中科大共同完成了二次创业。"红专并进、理实交融"的校训陪伴着他与科大讯飞共同成长，他希望坚韧不拔的中科大精神能够鼓励更多的学生投入到科研和创业中来。

（中国科学技术大学官方网站2014年11月28日）

事实上，无论在中国科学技术大学校园内，还是在科大讯飞内部，王仁华一直非常低调，即使在退休前，他也很少接受采访。"华瑜奖学基金"设立时，中国科学技术大学新创校友基金会的微信公众号发布了一篇文章《最有钱的教授，最开明的老头》，让更多中科大学子和科大讯飞的年轻人有机会了解王仁华。

最有钱的教授，最开明的老头

2014年11月26日，王仁华教授捐款200万元设立中国科学技术大学"华瑜奖学基金"的新闻波澜不惊。

王仁华，隐居故乡上海，退休生活闲适。今日的中科大学子多不知晓，王仁华是中科大最有钱的教授之一，但他更是开明的老先生。作为科大讯飞之父，王仁华成就了全球第一大语音公司。

1999年，刘庆峰等一批大学生创办科大讯飞，王仁华担任董事长。王仁华实验室的人马成为科大讯飞最早的班底。一位参与科大讯飞创业的高管表示，20世纪90年代，中科大很多实验室只有两种道路选择：要么在外面揽活儿，要么只顾发表论文。王老师既揽活儿重视产业化，也出论文看重基础研究。

从创业起步，王仁华就大胆放手，让刘庆峰等年轻人自主决策，极少干涉业务。"他会在年底和创业团队吃顿饭，也是以鼓励为主。"

20世纪90年代至今，中科大孵化的诸多公司开始产业化历程，鲜有做大者。从实验室走出的公司，多是教授带学生，教授把学生当子女对待，小鸡从未走出母鸡的羽翼。不放权、不给犯错的机会、无利益分配架构，导致小公司脱不了"师徒作坊"的窠臼。最终结果是，公司倒霉，师生都没获益，甚至反目。如此轮回，是大多数中国大学孵化的创业企业的宿命。

王仁华是"柳传志"，不是"倪光南"，科大讯飞因此才没有沦落。科大讯飞高管表示："很多创业团队的老师喜欢插手业务，却不愿担责。而王老师的伟大在于，他不插手业务，却为年轻人挡子弹。"看似创业期光环不断，然而科大讯飞在2004年之前一直处于亏损状态，销售额从未达标，面临来自资本方的压力。"这时总是靠王老师，为庆峰和团队说话。他作为教授专家，是唯一能说上话的。"

王仁华是中国语音合成技术研发领域的领军人物，多次荣获国家发明奖，并成功将核心技术产业化，配得上中国工程院院士的荣誉称号。多年前，时任中国科学技术大学的校领导曾表示："王仁华老师坚决不去评选院士。他觉得当院士，被同行、单位与项目绑架，就没有舒服的晚年了，不能成天遛狗了。"科大讯飞高管证实："这很像王老师的作风。王老师养不养狗我不知道，但他在语音研究和产业化方面的贡献颇多，确实有资格评院士。王老师的生活十分精彩，如打篮球、踢足球。有一年科大讯飞管理团队在海边度假，踢沙滩足球，大部分人都下场了，只有王老师紧追最后一两人不放。我们对王老师的体力十分佩服。"

中国科学技术大学将来能出更多的科大讯飞吗？这要看带学生创业的教授能否像王仁华那样了。

王仁华带给中科大师生的，绝不只是一笔奖学金，而是关于如何做选择的思考。

（"中国科学技术大学新创校友基金会"
官方微信公众号2014年11月29日）

文中所提到的"不评院士"，也确有其事。王仁华淡泊名利，也很清楚自己想要什么样的生活。当时，中国科学技术大学的领导们，包括刘庆峰等科大讯飞创始团队的成员都劝王仁华去评院士。但是，王仁华和夏德瑜一番商量，综合考虑身体状态、退休后的生活状况，最终婉拒。

退休之后，王仁华因冠心病做了手术，需要休养；夏德瑜的身体也不好，需要照顾。最主要的是，实验室和公司都已走上正轨，人才济济，他也就很少参与业务。

公司已上市，走上正轨，庆峰和高管们都已成熟，干得很好。中科大领导对科大讯飞非常支持，关系融洽，再说我也退休了，就将实验室交给戴礼荣、郭武、凌震华他们了。

2006年，我到上海出差，诊断出冠心病，之后做手术安装了一个心脏支架。术后休养不错，但我还是经常感觉头晕、站不稳，话一多，就头晕得厉害。2009年年底，我回到上海休养，拒绝了大家来看我的好意。

（王仁华）

但是每当公司有重要事件时，王仁华都会如"镇司之宝"一样出现。

2017年，科大讯飞人才培养的重要组织"讯飞大学"成立，王仁华参与开班仪式并致辞。

今天是"讯飞大学"第一届开学典礼，祝贺第一届的新学员，你们是幸运的，是科大讯飞的佼佼者。希望你们努力学习，尽快成长为科大讯飞的栋梁、社会的栋梁。科大讯飞是一个现代化高科技企业，是全国第一家大学生创业成功的上市公司。很多人说中国创业者几乎都是美国科学技术与商业模式的拷贝者，我认为科大讯飞不是，科大讯飞有自己的创新模式。也有很多人说科大讯飞的成功是一个奇迹，如果真的是这样，我觉得你们更应好好了解这个奇迹是怎么产生的。除了现代企业专业知识，科大讯飞的文化、第一代创业者的信仰和愿景、拼搏精神、科大讯飞的价值观、顶天立地的创新精神等都是"讯飞大学"最具特色的、值得学习的精髓。

（2017年王仁华在"讯飞大学"第一届开学典礼上的发言）

2017 年，科大讯飞营收突破 50 亿元，比上年增长 63.97%。在公司发展的重要关口，因为心脏原因好几年没有参加公司年会的王仁华出席了此次年会，鼓舞士气。

2017—2018 年科大讯飞年会，王仁华和刘庆峰在台上互动

王仁华回顾了自己 30 多年前从美国回国、白手起家创立中国科学技术大学语音实验室的经历，也向大家介绍了当年使用单板机、286 计算机、386 计算机做的那些项目。他说："感谢科大讯飞，圆了语音强国梦。"他鼓励年轻人："科大讯飞的奇迹还会延续，科大讯飞必胜！"

1982 年从美国学成回国时，我满脑子想的是两件事：要在国内建立高水平的语音技术研究实验室，建立中国的贝尔实验室；要将语音技术实用化，让它走出实验室，造福人民，为国家做贡献。

当时我在中科大几乎白手起家，建立实验室，在单板机、286 计算机、386 计算机、DSP 上做研究，也争取到国家 863 项目、科学院的重大项目，并接一些外协工作，尝试开发产品，像 117 自动报时、114 自动查号等。但受设备、技术的限制，要实现我的那些想法很困难。幸运的是 20 世纪 90 年代后期出现了转折，当时中科大六学子创业开公司轰动全国，它就是科大讯飞的前身。正因为有了这个平台，才凝聚了刘庆峰等一批热血青年。他们怀着和我同样的梦，创业、拼搏，经过近20年的努力，抓住了移动互联网、大数据、云计算等发展机遇，才使我的梦想逐渐变成现实。

今天，我们有了两个国家实验室，研发水平国际领先；我们的研究工作得到了国际承认，在语音项目世界大赛中屡获佳绩，打遍天下难逢敌手；科大讯飞也是中国最早实现语音技术产业化的公司，创新性地将语音技术成功应用到各个领域，占领了国内近80%的市场，并开始走向世界，引领人工智能潮流。

有一件事情是我最感叹的：20世纪90年代，美国IBM公司的ViaVoice听写机（又称声控打字机）进入中国，产生很大影响。不少国人使用后感叹ViaVoice确实不错，但什么时候能有ChinaVoice啊！其实1991年中国科学院设立过一个"八五"重大应用项目"汉语人—机语音对话系统工程"，由科学院声学所、自动化所和中科大共同承担，涉及语音合成、语音识别、语音数据库和评测，想举中国科学院之力，在汉语人—机对话上取得突破，重点解决汉语语音听写问题。但当时即使在实验室里，汉语听写演示也达不到要求，作为项目总体组成员，我很沮丧，而且我还看不到近期实现的可能，只能作为自己的又一个梦，藏在心里。但是20年后，科大讯飞的转写技术、听见系统圆了我的梦。

刚才两位老总作的报告，在大屏幕上同步显示文字，并实时翻译成英文。晓译翻译机，更是实现了离线同声翻译，真正造福人民。这个20世纪末的目标今天由科大讯飞实现了！我想说的是，现在我感到很欣慰，在我的有生之年能看到我的这些梦想慢慢变成现实。

但是科大讯飞的梦远不止这些，科大讯飞有更大的梦，科大讯飞要用人工智能建设美好世界。见到年会的盛况，见到有更多的青年加盟，相信大家也都怀着自己的梦，希望科大讯飞的发展能帮助大家实现自己的梦。科大讯飞仍然任重道远，仍然需要不忘初心，不断创新，不断奋斗，才能引领人工智能潮流，才能成为全球顶尖的人工智能企业。为了更快实现这个梦，我建议公司设立一个创新奖，奖励在各领域做出杰出贡献的员工，鼓励大家勇于创新、敢于创新！这个建议得到了刘总和公司领导的赞同和支持，谢谢他们！

有些人说科大讯飞的成功是个奇迹，是的，我不否认这一点，但这个奇迹绝不是凭空产生的，是一代代科大讯飞人前仆后继拼出来的。我相信科大讯飞的奇迹还会延续下去，未来十年科大讯飞必将创造新的历史！

（王仁华在科大讯飞2017—2018年年会上的发言）

之后，王仁华和夏德瑜出资设立"华夏创新奖"，奖励在产品、技术、市场等方面取得突出创新成果的优秀员工。获得"华夏创新奖"并不容易，候选人至少需要三名高层管理者的联合推荐，并经过专家组严格评审，然后由公司EMT综合审定，每年只有10个获奖名额。

首届"华夏创新奖"的颁奖现场，王仁华勉励大家："科大讯飞'顶天'与'立地'的发展战略均需要创新，这里的创新不仅仅指核心研发创新能力，每个部门都有创新的机会。坚持正确战略，具备拼搏精神，保持初心，持续创新，我相信科大讯飞将会创造新的历史！"

如今，在科大讯飞，年轻人都以获得"华夏创新奖"为荣。

2018年科大讯飞处于"多事之秋"，面临多重挑战。2019年年底的年会上，王仁华克服身体的不适再次参加，在能容纳1万多人的合肥奥体中心，和刘庆峰并肩站在一起。科大讯飞年会有一个保留项目：传旗仪式。当印着"科大讯飞"字样的鲜红旗帜从看台的最上方开始传递，经过看台，传到站在舞台上的王仁华、科大讯飞创始团队成员及高管们的手上时，全场沸腾。

2022年年底，ChatGPT初现，王仁华在其发布之前就敏锐地捕捉到了信息，并和讯飞研究院的成员进行交流。5月6日，科大讯飞发布星火大模型，王仁华在上海的家中全程观看直播，结束之后第一时间给刘庆峰发了信息表示祝贺。(见第十章第四节)

正如刘庆峰所说，王仁华永远是科大讯飞的精神支撑。胡郁、胡国平等一大批人都在采访中表示，生活上、工作上遇到什么事情，还是愿意和王仁华谈谈。

晚年的王仁华已不再踢球，但是对体育的热爱没有变，他也多次和学生们提到当年做足球运动员的经历，提醒他们团队、拼搏的重要性。

2021年9月1日，王仁华向上海市体育运动学校捐赠100万元，设立"华瑜奖",用于奖励学校运动成绩突出的教练员和运动员,助力上海体育后备人才培养。

第三节　桃李不言,下自成蹊

王仁华不只是科大讯飞人的精神支撑。

2016年3月24日晚,上海铜仁路的一家餐厅,欢声笑语不断。40多位学生和王仁华围坐几桌,畅谈过去与现在。说到曾经的糗事,大家哈哈大笑。王仁华、夏德瑜看着这个场景,笑意盈盈。实验室接班人戴礼荣也十分高兴,多喝了几杯。

2016年,"桃李满天下"毕业生聚会现场

这是中科大语音实验室"桃李满天下"毕业生聚会,在澳大利亚的下白泉,在美国的李锦宇,在北京的霍强、鄢志杰、雷鸣,在上海的吴义坚、赖伟、应陵,在云南的杨鉴,还有在合肥的科大讯飞早期团队成员、留校的中科大老师都来到了现场。

早期筹备聚会时,刘聪等组织者列了一个名单,整整有100人,其中学生有 97 人，涵盖从 1982 年到 2008 年在实验室学习的全部博士生、硕士生、本科生。

当时，正值 ICASSP 首次在中国召开，国内外智能语音行业翘楚齐聚上海。中科大语音实验室的弟子已占据国内智能语音产学研界的半壁江山，在国际上也有一席之地。当年的学生虽然已是两鬓斑白的中年人，但还是难掩激动。

这次会议相当于国际语音界顶级的学术会议，会后发生了一个很有趣的事情，参会的王老师的学生在会场外面合影，有 50 来人。我觉得太宏大了，国际语音界都没有这样的现象。来开会的一共才多少人？一大批人都聚到了王老师的饭局上。我们都觉得特别自豪，因为我们是来自语音江湖的第一大门派。

（唐涤飞）

有人现场做了一首诗："南腔北调音自成，字正腔圆任我评，能说会听早非梦，百口前言辨识声。"

筹备聚会时，中科大语音实验室拉了一个微信群，共 97 人，刘聪是群主。无论在中国、美国还是日本，无论哪个年代的学生，大家穿过时差、跨越年代，线上狂聊好几天，晒了很多老照片。

王仁华看到这么多学生聚集在一起，非常高兴，特意发了一条信息。

大家新年好！这两天我看到群里一个个熟悉的名字，脑海中不断闪现一张张朝气蓬勃的面孔，兴奋不已。这次我很高兴有机会在上海见到大家，同时在群里欣赏大家聊天也是一种非凡享受。1982 年中科大语音实验室成立后，历经 30 余年，如此多的学生可能不少人彼此从未闻名，这里我将早期的学生情况简单做个引荐。

1983—1993 年实验室创建阶段，研究生名单。

卞白泉（79），邵敏（80），黎建宁（81），杨鉴（81），皇甫秀斌（81），霍强（82），刘一飞（82），关权芬（83），林平澜（84），何林顺（85），罗小强（85），傅前杰（86），江辉（87），唐涤飞（88），应陵（88），徐超（89）。

其中卞白泉是实验室第一个硕士生；邵敏是实验室第一个少年班学生，也是第一个出国攻读博士学位的学生；霍强是实验室第一个博士生；何林顺是实验室第一个本科跳级的硕士生；应陵是实验室第一个女研究生。

实验室第一届本科毕业生：何良（78），梅昕（78），高羽（78）。

实验室老师：孙沂春（72），郭新荣（72），徐金树（74），刘必成，倪晋富。（其中孙沂春是我教师生涯带的第一个本科毕业生。）

希望没有遗漏。

王仁华

王仁华特意把早期学生列出来，有他的深意：一是这批人毕业比较早，很多师弟师妹不认识他们；二是20世纪90年代之后的学生，得到的条件更好，或在高校任教，或参与科大讯飞创业，名气更大，他更要隆重介绍早期学生；三是这批学生在实验室创立初期，吃了更多的苦。

他一如既往地周到，对大家一视同仁。

此次访谈，我们采访了30余位王老师的学生。这些学生，很多已年过半百，再次回忆起在中国科学技术大学的岁月，感慨万千。

大学是一个人价值观形成的关键时期。中科大语音实验室，于他们，是实验室夏夜凉爽的空调，是黄山路小餐馆热闹的聚会，是"夏老师牌"红烧大排的香气，是第一次坐飞机的兴奋，是恣意飞扬的青春，是一生一世的兄弟，是切分音库和录音的"枯燥"，是完成王仁华交代任务的轻松，是发表第一篇论文的激动，是参与国际会议的自豪，是严谨科学的态度、爱国报国的情怀……

他们的事业，无一例外，都是从中科大语音实验室开始的。

82级本科生刘一飞、84级本科生林平澜、85级本科生何林顺和89级本科生赵隽隽都在深圳。其中，刘一飞、林平澜、何林顺的硕士生导师都是王仁华，赵隽隽则是本科时在实验室学习。听到要为王仁华的事情采访，刘一飞迅速把另外几个人约到家里，王仁华的儿子王政也特意飞到深圳与师兄们见面。这批人在实验室时，王政正好处于高中和大学阶段，和他们亲得像兄弟。

这批人都是实验室成立初期的学生，跟着王仁华"拓荒"，毕业之后又都选择了南下创业，而且做得很不错。

王老师的实验室，学风是比较开放的。在他的教育过程中，我们没有任何被动或被强迫的感觉，都是很主动地去做一些事情。

我现在已经快60岁了，回想这大半生对我影响很大的有三个人，其中影响最大的是王老师。毕业之后，我到深圳工作、创业，面临各种各样的选择，面对各种各样的评价，我一直记得王老师说的"一定要把这件事研究透"，这样就不用听别人怎么说，按照自己的选择去做就可以了。

别人经常问我："你在大学学到了什么，感受是什么？"我觉得我学到的最重要的东西，就是思维方式和为人处世的态度。我离开中国科学技术大学之后，就不再研究语音了，但是它一直深深地影响着我。

有的实验室侧重承接一些工程项目，有的可能纯粹地从事理论研究，我觉得我们语音实验室，在科研和产业化之间有一个比较好的均衡。王老师是非常重视理论研究的，技术不断积累，再到科大讯飞诞生，这也是一个厚积薄发的过程。

王老师对火候、尺度也把握得特别好。他总是等到技术达到实用的要求、满足客户需求时，才会把它推向市场。过早推向市场的话，可能会在应用中出现很多问题，得不偿失。

我们师兄弟之后出来创业，算是勇于尝试，但我们总是很稳妥地考虑好一件事情再真正面对市场。我们好像都有这样的特点。

（林平澜）

王老师常鼓励我们，很少批评我们。很多事情他知道，却假装不知道，他可能认为，我们这些学生都会自我反省、都很优秀。他总是认为我们很优秀，然后我们自己就真的以为自己很优秀，别的实验室的人也认为我们很优秀。

大学阶段的这种自信和思维方式，影响了我的整个人生。现在想起当时在实验室的日子，还是很快乐的，因为总觉得自己很厉害。每做一样东西，稍微有点创新，跟别人不一样，我都会受到很大的鼓励，就觉得自己十分聪明。孩子嘛，有时候你认为他聪明，他就会变得聪明。

毕业后，我和林平澜被学校另一个老师拉着去厦门创业，也是因为我们"名声在外"。

我有儿子之后，就学习王老师，总是肯定儿子，让儿子觉得自己非常聪明。现在我的儿子在牛津大学读书。

（何林顺）

让我印象特别深刻的有一件事情，大概是 1994 年，王老师去深圳，回来跟我们分享行程的感受，他说师兄们现在都西装革履、拿着大哥大。我那时候还是本科生，脑海中浮现的就是意气风发、挥斥方遒的画面。于是那个时候开始，我就关注南方的机会。大学毕业时，有机会回到老家西安的一个银行去工作，但我最终还是选择去深圳闯一闯。

王老师是很和气、宽容的人，更是一个睿智的人。在很多事情上，他不会直接告诉我们要怎么做，但是他会启发我们，让我们自己成长。他还是一个非常有远见的人。一开始做语音的人是很少的，中科大六系的研究很多，王老师的方向比较小众，但是他坚持了下来并且做得很成功。这些都深深影响了我。

（林平澜）

深圳这批学生是王仁华早期弟子中的创业代表。他们的特点是没有直接从事智能语音相关行业（这和他们毕业时的时代需求也有关系），但是他们都提到了王仁华对自己深深的影响。这批早期创业者，和后来科大讯飞的创业团队还有一个相似之处，就是以搭档方式合作。

林平澜进实验室后，王老师给他分配的任务是偏硬件的，我是偏软件的。我们在学校就像"一对"，在我们那一届还是很有名的。后来，我们一起创业，也是他偏硬件，我偏软件，配合得特别好。

（何林顺）

偏软件的何林顺和偏硬件的林平澜，偏研究的魏思和偏产品的刘庆升，研究能力很强的刘聪和工程能力很强的王智国，天生企业家的刘庆峰和适合做研究院院长的胡郁……这些搭档都是王仁华挑选并培养的。

依然从事与智能语音相关的"王门"学子，一直互帮互助，从同学变成合作研究者、合作伙伴。

葛勇、胡郁都曾向霍强学习，江辉和霍强是合作伙伴，葛勇、王智国等人曾向李锦宇学习……这些和科大讯飞初创团队有关的故事，前文中已经说得很清楚了。

"王门"之中还有一些很奇妙的连接。

比如86级本科生傅前杰，大家很好奇他为什么会去加州大学洛杉矶分校医学院，采访之后才知道这背后的故事也很有趣。

傅前杰进实验室时做的是听觉模型，模拟听觉是如何工作的，这属于语音信号处理和生物学的交叉学科，第一导师是夏德瑜，第二导师是王仁华。

听觉模型的分析和语音信号处理的分析我都在写（软件）。我喜欢写软件，在中科大还参加过一个软件比赛，得了第一名。后来出国，我申请美国的学校，无线电和一些交叉学科我都申请了。刚好南加利福尼亚大学（简称南加州大学）有一个合作研究所，就是做人工耳蜗的，其对听觉模型非常感兴趣，所以我1994年出国来到南加州大学，读生物医学工程的博士，1997年就毕业了。

博士毕业之后，我就作为科学家留在House研究所（House Research Institute，即豪斯耳科研究中心）。2013年，我来到加利福尼亚大学洛杉矶分校的头颈外科，在医学院当教授。

我在国内做的听觉模型对我现在的工作太有用了，因为人工耳蜗就是一个听觉模型的机械装置，我做语音信号处理的背景也和其完美结合。这些年，人工耳蜗的发展特别快，而我刚来的时候，这个行业才刚起步。

我在中科大学到的东西，包括原来用的软件，在这边都能用到，而且跨学科背景成为我的优势，这就是我三年就能读完博士的原因。

之后，我也经常和王老师他们联系，很多中文数据库就是用的王老师的账号，他非常支持我。我也用过科大讯飞早期做的语音合成的声音。

我和师兄弟之间也经常合作，比如江辉。王老师后来还推荐了一个学生，罗欣（PB9506），到我这来读博士，联合培养，学位是中科大的，所有的课题是在我这边做的。罗欣后来又到我这来读博士后。

所以我们和王老师的联系是很多的。王老师、刘庆峰和其他师兄弟来，我都会好好接待他们。

（傅前杰）

另一个让人惊呼"命运之轮开始转动"的人是云南大学的杨鉴教授。他是中国科学技术大学语音实验室第一个委培学生，纳西族人。1984年9月，云南大学要选拔一批预备留校的学生，送到中国科学技术大学。杨鉴是81级本科入校的，所以和中科大81级本科生一起上课。1986年1月，杨鉴离开中国科学技术大学，很快，教育部实施选拔优秀毕业生免试推荐研究生工作，同时云南大学正实施委托培养研究生计划。他抱着试一试的心态拜访了王仁华老师，希望到语音实验室以委培的方式读硕士研究生。

出乎我预料的是，王老师欣然同意接收我。1986年9月到1989年7月，我以云大委培的方式在中国科学技术大学语音实验室就读硕士研究生，在王老师的精心指导下，度过了收获满满的3年学习生涯。毕业论文题目为：按规则汉语普通话语音合成。

研三时，实验室和香港大学合作，陈础坚教授来访问座谈。我就问陈础坚教授：我是云南大学来的，毕业以后要回去，有没有机会去香港大学学习。陈础坚教授表示，当然欢迎。后来，王老师又给我写了推荐信。1992年1月到7月，我到香港大学计算机科学系语音实验室研修。研修期间，我又认识了中国科学院声学所的鲍怀翘老师，在他的推荐下申请了国家自然科学基金一个地区基金的项目，也是云南大学信息口的第一个国家级项目。

从这个项目开始，我先后主持了5项国家自然科学基金项目，纳西语语音分析与合成、云南民族口音汉语普通话语音识别研究、基于电话语音的少数民族语言识别研究、傣语文本分析与语音合成研究、缅甸语文语转换关键技术研究，结合云南境内外的语言使用现状，研究语音合成、识别与理解。

所以我非常感谢王老师，王老师在几个关键节点的助力，改变了我的一生。

（杨鉴）

2010 年，科大讯飞开始做多语种项目，与云南大学共建云南大学—讯飞语音语言联合实验室，联合研发泰语、越南语、马来语、缅甸语语音合成关键技术。2020 年 11 月，杨鉴参加刘聪主持的科技创新 2030 "新一代人工智能"重大项目，以中文为核心的多语种自动翻译研究，主持其中的课题"多语种文本分析与语音合成"。

这种奇妙的名单还有很多：澳大利亚的大数据专家卞白泉，领英纽约办公室担任高级工程师的罗小强，上海合伙创业的吴义坚、赖伟，华为上海研究所原副院长的应陵……

这些学生的命运从考上中科大那一刻开始转变，在进入中科大语音实验室时再次被推动。他们中的很多人，家境一般。杨鉴来自云南大山，刚来中科大时普通话都说不好；刘庆峰和刘庆升兄弟来自当时交通还很闭塞的安徽宣城市泾县（中科大南迁就是因为宣城交通闭塞而没有选择宣城）；锡林郭勒盟高考状元王智国填报中科大而不是离家更近的清华、北大的原因之一是，中科大的学费低；凌震华的父母是下岗职工，凌震华拿到第一笔实验室补助后的第一件事是给母亲买了一件毛衣；刘聪和魏思选择中科大的原因之一是补助不错……

王仁华发现了他们、培养了他们。在某种程度上，王仁华种下了一片森林，创造了一个生态系统。这个生态系统里，他从没有差别心。

著名教育家陶行知先生曾说："人像树木一样，要使他们尽量长上去，不能勉强都长得一样高，应当是，立脚点上求平等，于出头处谋自由。"

在王仁华身上，这句话体现得淋漓尽致。

王东进在评价王仁华时，提到了一个词"谦谦君子"，可谓入木三分。

我对王老师印象深刻，王老师彬彬有礼，是位谦谦君子。我非常佩服他，那种耐心细致，不是我能学会的。老了之后，更能感觉到这样一种温润如玉的待人方式，实际上是对学生非常好、影响非常大的一种教育模式。

老师和学生之间的关系非常复杂，有的老师就像学生口中所谓的"老板"，成为"老板"的老师大概率跟学生的关系不会太亲密。老板是雇佣者，学习期间其和学生类似于雇佣关系，是一种无奈。凡是被称为老板，这种师生关系不会很长久，毕了业就淡了。也有一种像父子一样的关系，老师看着下一辈、看着年轻的学生像看着自己的孩子一样，这些学生他发自内心地喜欢。

长江后浪推前浪，但是对于老板而言，没有人希望底下的员工动不动就超越自己，但是父子不同。望子成龙，希望后辈超越自己，我想这才是老师对待学生的最佳方式。

（王东进）

这些学生虽然年龄不同、职业不同，但他们身上都有同样的特质：聪明、务实、谦逊、耐心，也不乏浪漫主义及少年气。和他们交谈，与和王仁华交谈的感觉类似，像是竹林听风。

竹林听风，有风吹竹叶的沙沙声，也有溪水淙淙、清香鸟语。

竹林听风，不知不觉间，几十年时光已过，外界的嘈杂喧嚣，个中是非曲直，惊心动魄，都一语带过，不过一阵清风而已。

尽管2016年的那次聚会，是实验室迄今为止人数最多的一次聚会，但是王仁华准备的发言稿，一如既往，十分朴素。

今天大家来参加的是中国科学技术大学语音实验室—桃李满天下同学聚会。桃李满天下通常是指实验室培养的学生满天下，一般是对老师的褒奖，或对实验室的褒奖；但我想对大家说的是，实验室不会忘记你们在学习的过程中对实验室、对学校做出的贡献。实验室所取得的成果都有你们的一份功劳，实验室为你们自豪！在我印象中，今天的聚会是实验室研究生第一次大规模聚会，尽管有不少人来不了，但大多都在微信群露面。相信很多人会觉得毕业后多年没有见面，有机会再相聚，畅谈学生时代曾经的梦想，回忆实验室"战斗"的生活，分享在语音实验室的经历，是人生一大美事！

（王仁华）

王国维先生在《人间词话》里这样描述"人生三境界"。

第一境界：昨夜西风凋碧树。独上高楼，望尽天涯路。

第二境界：衣带渐宽终不悔，为伊消得人憔悴。

第三境界：众里寻他千百度，蓦然回首，那人却在灯火阑珊处。

上海成长、美国立志、中科大成事的王仁华，如今和夏德瑜安居家中，回归人间烟火，关心粮食和蔬菜，很少露面。而他种下的那片"森林"，仍在拔节生长。

第十二章
Chapter 12

薪火相传

如果没有王老师，科大讯飞不可能走到今天，我刘庆峰也不可能留下来，后面也不可能有吴晓如、胡郁、胡国平、魏思、刘聪等这么多优秀人才汇聚于此。

当年我们六个在校学生，在王老师的带领下，发誓要让中文语音产业在我们手里做到全球最好，要掌控产业格局的时候，所有人都不信，认为我们是草台班子。但今天，我们做到了，不仅是中文第一，多语种也实现了全球第一，机器阅读理解、机器翻译等人工智能技术我们都做到了第一，这次大模型的浪潮，讯飞星火在第三方评价中也是第一。

当年我们立下的誓言已经实现。我还可以不谦虚地说：因为有了科大讯飞，中国的人工智能技术才有了底气。

不谦虚地说，王老师的科研成就、教书育人的成就，是可以载入中国科技发展史册的。我们作为王老师的弟子由衷地感到自豪。

（刘庆峰在王仁华80岁寿辰上的讲话）

第一节　前辈的身影

"资源是会枯竭的，唯有文化才会生生不息。"这是《华为基本法》里广为流传的金句。

本书的最后一部分，让我们先从王仁华、中科大语音实验室和科大讯飞的故事中跳出来，站在历史的角度看看王仁华这一生的事业。

20 世纪 90 年代，王仁华要求中科大语音实验室的一群天才学生切音，即一边听音一边使用电脑划分语音中句子、单词和音节的边界，这令学生叫苦不迭。但王仁华不为所动，借此来培养学生对汉语语音的感觉。

六十多年前，民国四大导师之一的赵元任在自己的语音实验室里用另外一种方法训练学生对声音的感觉。

据吴宗济回忆：赵元任常常把灌音铝片倒放让学生听，让学生用严式国际音标记音，然后让他们把记录下来的音标念出来，再灌制片子，倒放出来听，比较两次发音的异同，据此训练学生的记音能力，从而达到提高记音水平的目的。

赵元任自小就是语言奇才，会说 33 种汉语方言。他有一项绝技叫作"听倒写英文"：把一段模仿萧伯纳发音的英语留声机片倒开着录音，然后听写倒着录下来的这段英语的发音，再记录下来。语言学家李荣称其为"神乎其技"。

1928 年，赵元任以调查汉语方言和建立语音实验室为工作重点，把语音学的发展放在重要位置。1935 年，语音实验室建立，用以"将所有调查来的语言材料，都录制成永久性的音档"。

这是近代中国最早的语音实验室。当年的语音实验室共有四大间，在东南亚一带属于一流。

赵元任也是中国最早用自然科学的基本概念解释语言现象的先驱者。他曾用学过的物理学知识，设计了一种超高效率的扩音器，请中国电气公司制造。结果不仅音质清楚，音量也比普通的扩音器提升了一至两倍，总体效果比美国制造的扩音器好很多。

战火纷飞之际,也是大师辈出的年代,群星闪烁照亮了历史的天空。

纵观赵元任的学术生涯,一个突出的特点便是现代科学方法的自觉运用,这也是中国现代语言学的基本取向。

美国语言学家玛丽·哈斯对赵元任身上有机融合科学与人文的特点赞誉有加:"据我所知,没有人能如此自如地投身于两种文化——自然科学和人文科学,这两种文化在20世纪中叶促成了人们生活和思想上的两种截然不同的方式。而赵元任在这两个方面游刃有余且富有创见。"

(注:1924年,留学法国的刘复(刘半农),采用浪纹计等先进设备完成实验,写成博士论文《汉语字声实验录》(法文),随后改写为《四声实验录》在国内出版,这是中国人写的第一本实验语音学论著。1925年秋,刘半农携仪器设备回国,在北京大学文科研究所建立"语音乐律实验室"。其后,北京大学由罗常培领导文科研究所与"语音乐律实验室",提出"实验以补听官之缺"的主张,致力于推进国语发音学向现代语音学转变,发表了诸如《音标的派别和国标音标的来源》(1937)、《语音学的功用》(1940)、《耶稣会士在音韵上的贡献》(1930)、《中国音韵学的外来影响》(1934)等系列文章。新中国成立以后,罗常培、王均编著的《普通语音学纲要》(1957),以中国语音事实阐明语音学原理,至今仍是语音学领域最有价值的读本之一。

1927年,王力也在法国完成了实验语音学博士论文《博白方音实验录》。1928年,赵元任以调查汉语方言和建立语音实验室为工作重点,把语音学的发展放在了重要位置。1930年,赵元任创制了五度标记法。)

多年后,赵元任的学术路径仍然具有启发意义。

如果说语言学总结了语言的规则,语音学则总结了以语音为表达形式的语言发音规则。当语言同时成为人类与计算机的交流工具时,人们便开始对语言进行改造。随着计算机的产生与发展,利用计算机模仿人类发音和听音的"言语工程"("人—机对话"中的语音处理)应运而生。

赵元任的学生吴宗济后来应中国科学院语言研究所所长罗常培先生之邀到语言所工作，并担任中国社会科学院语言研究所语音研究室主任。吴宗济总结，自己半个世纪的研究，随世界语音学的发展不断改变航向，分为三个阶段。

第一阶段，以传统的语音学知识和方言调查为基础，师从罗常培、王力、赵元任和李方桂先生，四位先生也被公认为划时代的语言学和语音学大师。

第二阶段，在罗常培、吕叔湘先生的指导下，以实验语音学为手段，分析普通话的语音特点，为全国推广普通话和语言学现代化提供科学基础。

第三阶段，国内言语工程迫切需要与语音学界合作，于是他迅速转变方向，参加院校的语音处理课题，进入语音学的新研究领域。

事实上，计算机技术的突破在其中起到了推波助澜的作用。从20世纪60年代开始，语音学和言语工程的联系日渐紧密。20世纪80年代，语音学已经带上了浓厚的技术色彩；与此同时，言语工程关注如何让机器说话并且听懂我们的话，光靠计算机是不行的，必须依靠语音学才能实现。

20世纪70年代，计算机的逻辑元件采用大规模和超大规模集成电路，世界经历了一场计算机技术和微电子学的革命，这为言语工程的发展铺平了道路。人类在数据处理能力方面有了巨大突破，价格低廉、可以大批生产的小芯片能够完成非常复杂的处理。这一切展现出一幅光明的工业前景。

文科院校的年轻人开始研究信号处理的数学问题，电工学系和计算机系的学生也开始携带更先进、带有分析合成交互程序的计算机系统投身语音学研究。

王仁华和他的中科大语音实验室就处于这样的历史逻辑之中。

大师们都是兼容并包、与时俱进的。吴宗济也看清了这一历史逻辑。他经常告诫自己的学生：逻辑思维多一点，形象思维少一点。一切以实验为基础，以数据为依据。

由吴宗济亲自命名的"吴—王工程"正是这一历史逻辑的产物。1990年，日本召开第一届口语处理国际会议，东京大学的藤崎教授把吴宗济和王仁华安排在同一个房间。那是吴宗济第一次见到王仁华。表面上，是让王仁华照顾前辈，但回头看，藤崎的安排蕴含着学术判断。

1994年，吴宗济在横滨会议上再次见到王仁华，王仁华跟吴宗济说："只有你的成果才能解决我们的问题。"王仁华后来不断派学生刘庆峰去吴宗济北京劲松小区的家里学习声调和语调，吴宗济也在80岁高龄之时开始学习使用计算机。

1999年，中国社会科学院语言研究所语音研究室与科大讯飞合作成立了中国社会科学院—讯飞语音实验室。吴宗济被聘为顾问，中科大语音实验室在联合实验平台下，开展面向语音技术的基础研究。

王仁华自20世纪80年代起逐渐理解这一历史逻辑。实际上，王仁华可能看得更远，理解得更深，毕竟他是中国最早重视语音数据库的科学工作者之一。

他重视数据库，重视计算机设备，不嫌弃脏活累活，坚持要做中国自己的语音评测，一举奠定中科大语音实验室的地位，一方面是远见卓识，另一方面是基因使然、历史逻辑使然。不论是语音合成还是语音识别，他始终相信用计算机的统计方法提取出的数据一定会让言语工程进入新的阶段。

大数据的作用随着机器学习和人工智能的发展逐步被认可。但王仁华在20世纪80年代就笃定：没有语音数据，未来肯定要吃苦头。

推"门"而入时，他仿佛就看到了未来会发生什么。

第二节 如何穿越巨大的偶然

法国哲学家帕斯卡在《思想录》中写道："要是克丽奥佩特拉的鼻子长得短一些，整个世界的面貌就会改变。"

克丽奥佩特拉最终为安东尼殉情而死。有人将帕斯卡的这个理论称为"帕斯卡的鼻子"，更多人则直接称其为"克丽奥佩特拉的鼻子"。历史学家热衷于讨论克丽奥佩特拉的鼻子，是希望回答这个问题：罗马史（必然性）会因埃及艳后的鼻子（偶然性）改变吗？

伟大的必然性都是事后总结出来的。

实际上，王仁华之所以成为王仁华，刘庆峰之所以成为刘庆峰，科大讯飞之所以成为科大讯飞的历史逻辑，并不是充要的，而是伴随着巨大的偶然。

第一个巨大的偶然是，语音计算机技术和微电子学的突破并不是连续的，大逻辑虽然成立，但人工智能前后经历了三次浪潮，几乎每隔二十年就迎来一个冬天。

人工智能的概念源于 1956 年的达特茅斯会议。这场在美国新罕布什尔州汉诺佛小镇达特茅斯学院召开的夏季人工智能研讨会，云集了克劳德·香农、约翰·麦卡锡、马文·明斯基、艾伦·纽威尔、赫伯特·西蒙等十位重量级人物，他们在信息论、逻辑和计算理论、控制论、神经网络理论等领域都做过许多奠基性工作。凭借各自专长，他们在会议上就计算机科学领域的一些前沿问题展开"头脑风暴"，催生了"人工智能"概念的正式亮相，这是人工智能研究的第一波高潮。

达特茅斯会议的预言是历史性的，这些预言奠定了后来整个人工智能发展的思想基础。然而实现这些极为前瞻性的预言，有待科学技术的不断进步和突破。实践证明这一过程不是一帆风顺的，既有高潮，又有低潮，既有炎夏，又有寒冬。

人工智能技术的三次浪潮，是指人工智能技术在不同时间段出现的三次重要变革。

第一次浪潮（1956—1974 年）：人工智能思潮赋予机器逻辑推理能力。伴随着"人工智能"这一概念的兴起，人们对人工智能的未来充满想象，人工智能迎来第一次发展浪潮。这一阶段，人工智能主要用于解决代数、几何问题，以及学习和使用英语程序，研发主要围绕机器的逻辑推理能力展开。其中 20 世纪 60 年代自然语言处理和人机对话技术的突破性发展，大幅度提升了人们对人工智能的期望，人工智能迎来了第一波高潮。

但由于当时计算机算力不足，同时因国会压力，美英政府于 1973 年停止向没有明确目标的人工智能研究项目拨款，人工智能技术研发变现周期拉长，行业遇冷。

第二次浪潮（1980—1987 年）：专家系统的出现使得人工智能实用化。最早的专家系统是 1968 年由费根鲍姆研发的 DENDRAL，可以帮助化学家判断某特定物质的分子结构。DENDRAL 首次对知识库进行定义，也为第二次人工智能发展浪潮埋下伏笔。20 世纪 80 年代，特定领域的专家系统人工智能程序被更广泛地采纳，其能够根据专业知识，推理出专业问题的答案，人工智能也由此变得更加实用，专家系统依赖的知识库系统和知识工程成为当时主要的研究方向。

然而专家系统的实用性只局限于特定领域，且升级难度高，维护成本也居高不下，行业发展再次遇到瓶颈。1990 年，DARPA 项目失败，宣告人工智能的第二次低谷。不过，同时期 BP 神经网络的出现，为之后机器感知、交互能力的提升奠定基础。

第三次浪潮（1993 年至今）：深度学习助力感知智能走向成熟。不断提高的计算机算力加速了人工智能的迭代，也推动感知智能进入成熟阶段，人工智能与多个应用场景结合，焕发新生机。2006 年深度学习算法出现，2012 年 AlexNet 在 ImageNet 训练集上图像识别精度取得重大突破，直接催生了新一轮人工智能发展浪潮。2016 年，AlphaGo 打败围棋职业选手后，人工智能再次收获空前的关注度。从技术发展角度来看，前两次浪潮中人工智能逻辑推理能力不断增强、运算智能逐渐成熟，智能能力由运算向感知方向拓展。目前人工智能语音识别、语音合成、机器翻译等感知技术的能力都已经逼近人类。

1980 年前后，王仁华刚刚开始建立中科大语音实验室时，正逢人工智能第一轮寒冬的尾声。

2000 年前后，科大讯飞刚刚成立，随着第五代计算机失败和 DARPA 削减投入，以苹果、IBM 为代表的 PC 公司取代人工智能系统，人工智能又进入第二轮寒冬。

第二个巨大的偶然是，技术产品生命周期定律。技术产品生命周期定律是《跨越鸿沟》(Crossing the Chasm) 的作者杰弗里·摩尔提出的。其主要思想是：在技术产品的采用生命周期里，"早期采用者"是一群稀有的远见者；而"早期大众"则是一群实用主义者。实用主义者不会购买已经投入应用的产品，除非他们购买，才意味着你的产品投入应用。技术在从"早期采用者"到被"早期大众"接纳的过程存在一个鸿沟，大部分技术产品在跨越这个鸿沟之前就死了。

在现实中，科大讯飞面临的局面更加复杂：技术不成熟，很难跨越周期，用技术敲开大众市场。20 世纪 90 年代成立的其他语音识别公司都失败了、消失了。直到 2010 年，科大讯飞才首次把语音识别做到可以应用的程度。这中间耗费的时间是没办法人为压缩的，努力并不能跨越鸿沟。

科大讯飞做中文合成，后来到语音识别再到语义理解，从中文到英文到多语种，从语音到图像到多模感知、多维表达，再到大模型，几乎每一步都要遭遇来自技术产品生命周期定律的挑战。

第三个巨大的偶然是时代。王仁华和科大讯飞的创业团队曾经开会讨论过"科大讯飞的必然性和偶然性"。胡郁提出一个问题："如果有一台时光机，现在还有几个人愿意回到过去创立科大讯飞？"

科大讯飞创立的时代，是个什么样的时代呢？

第一，消息比较闭塞。我坦白说，1998年和1999年，北上广的人都知道最热的是互联网，但在合肥的我们根本无感。

如果要写中国互联网史，第一句必须提到中科大人张树新，她建了瀛海威时空。虽然张树新后来没成功，但是中国互联网的开头是她。

但我们当时在中科大，根本不知道什么是互联网。要知道那时候马云搞中国黄页，在北京创业，电子商务都搞了好几轮。

第二，科大讯飞创业时正处于人工智能的寒冬，但我们不知道这件事。回顾世界人工智能历史：1999年、2000年是人工智能的第二个冬天。放眼全世界，如果你说你学的是人工智能，那是找不到工作的。2000年左右情况最糟糕，日本第五代计算机失败，专家系统也没人研究了。

第三，当时校园内正逢出国热。20世纪90年代有一段时间，中科大毕业生十之八九去了美国工作。我记得创业团队里有几个人天天背单词，准备出国。中科大毕业生的就业大方向是出国，创业属于异类。

第四，当年大学生创业的成功率极低，但那个时候谁知道这件事？我们要是知道，肯定不会创业。

第五，同学都质疑我们为什么要留在合肥。

你只要跟北上广比一下，就知道合肥的情况了。1990年，合肥在全国的城市里GDP总量排第97名；到1997年、1998年，它也只能排到五六十名。

（胡郁）

胡郁的结论是：如果当年大家明了处境，可能就出不了科大讯飞。恰好科大讯飞的初始班底是一群来自县城和小镇的佼佼者，他们对时代的变迁不敏感。"好就好在最惨的时候，我们啥都不知道，反而一腔孤勇。就像任正非以前讲的，要知道搞通讯这么难，打死他也不搞通讯。"

统计数据显示，科大讯飞是2010—2020年中国A股上市公司中唯一连续10年，每年增长超过25%的企业。以上三个巨大的偶然，让科大讯飞的成功看起来更像一种"幸存者偏差"。有人说：科大讯飞的运气太好，从智能语音到人工智能，从深度学习到大模型，什么都赶上了。

但是，理解王仁华、刘庆峰和科大讯飞的人则不这么认为。从偶然到必然，科大讯飞经过岁月的洗礼，底层逻辑一直颠扑不破。

第三节　两个战场

吴宗济曾经对中国社会科学院语言研究所副所长李爱军说过："王老师（王仁华）是我的伯乐。"听起来，这是将两人的身份颠倒了，像一句玩笑话。

但李爱军分析，吴宗济缺了一个机遇，缺一个把研究用到产业上的机遇，从而为中华民族产业的自主发展贡献力量。而和王仁华老师的相遇恰好让吴宗济抓住了那个机遇。

这正是王仁华的特殊之处。

王仁华的学者生涯，经历了两个截然不同的"战场"。

第一个"战场"，简单来说就是"863计划"。

第二个"战场"，就是探索中国的贝尔实验室的发展路径。

前者是科学家战略眼光与政治家高瞻远瞩相结合的产物，符合中国发展高科技的战略需求。在中国科学技术需要奋起直追的年代，实施三十年的"863计划"有力推动了中国高科技的进步。

而贝尔实验室曾经作为美国电话电报公司（AT&T）的研发部门，在第二次世界大战之后迅速成为美国的科技中心。巴丁、布莱顿和肖克莱在贝尔实验室发明了晶体管，香农在贝尔实验室发表了信息论，这两项工作成为信息革命的开端。信息时代的重要发明，贝尔实验室独占一半以上。从晶体管到激光，从数字通信到蜂窝电话，人类现代生活的方方面面都受到贝尔实验室的影响。

对王仁华来说，两个"战场"都很重要。前者代表了中国科学工作者饱含家国情怀的价值观，中国科学家拥有家国情怀，科研方向的选择要满足国家的需要。王仁华与新中国一同成长，经历过新中国几乎所有的命运转折，他从事科研的主战场一直在中科大——这本就是一所为"两弹一星"设立的高校。青年时代，"两弹一星"元勋郭永怀的夫人李佩曾指点过王仁华，并为王仁华撰写推荐信。等王仁华了解到郭永怀的事迹和其"甘当铺路石子"的决心后，大为震撼。至今王仁华都认为老一辈科学家的格局，令人高山仰止。

王仁华的许多学生都认为王仁华身上保留着正直、奉献和育人的精神，有着中国老一辈科学家的影子。

王仁华的另一个"战场"，则是他一直以来的梦想——建立中国的贝尔实验室。这和20世纪90年代的社会现实相关。

1995年瑞典斯德哥尔摩召开的第13届国际语音科学大会，提出"语音学是一门独立的科学"。

这一时期，国际科技巨头，如微软、IBM、摩托罗拉、诺基亚等，看准了语音技术的发展前景，纷纷来到中国，建立研究中心和研究院。语音学研究因此有了更大的应用需求，其与言语工程界的合作日渐增加。

上述科技巨头在中国的研究，以语音合成、语音识别技术、声纹识别技术研发为主，同时与中国的高校和研究所开展合作。

从王仁华投身语音事业开始，他就将"让机器像人一样听、说"视为必然。如何将汉语语音技术研发的主动权牢牢掌握在中国人手里，是几代科学工作者赓续的使命。到了王仁华这一代，对抗上述国际巨头，就要把"战场"从实验室里延伸到实验室外。一定要走出实验室，把科研成果推向市场，这是王仁华的远见。

初期，王仁华想从中科大语音实验室入手，建立一个如贝尔实验室一般，从基础研究到市场应用的机制，但并不顺利。

科大讯飞就是在这样的背景下诞生的。准确来说，王仁华是科大讯飞的技术奠基人，他的学生刘庆峰及其伙伴则是语音技术产业化的主导者。但是这样的区分仍然不够全面，王仁华的开创性意义在于，他和自己的学生一同构建了一个独特的"王仁华—刘庆峰"高校师生创业模式，而这个模式被证明是人工智能技术产业化成功的保障。

对这一模式的思考和实践，恰恰是王仁华开辟第二个"战场"的点睛之笔，也点出中国的贝尔实验室发展路径的题中之义。

王仁华在科大讯飞上市时表示，他终于弄明白了，高校科技成果转化一定要有主体，而这个主体一定是企业。字字千金，颇有一股"朝闻道"的如释重负之感。

创始人决定着企业的特质。如果不理解王仁华，不理解王仁华曾经奋斗的两大"战场"，可能就无法理解科大讯飞的独特精神内核。

科大讯飞拥有一种"二元经济体制"。两种市场模式，一种是To B和To G，对应着规划经济和计划经济；另一种则是To C，对应着市场经济。这实际上是两种完全不同的商业生态体系。科大讯飞横跨这两大商业生态体系，在两方面都有自己的优势。

科大讯飞内部称之为"双轮驱动"。从某种意义上说，To B或To G的思维方式更贴近"863计划"——科大讯飞优先做对国家战略有利的事情，试图解决困扰社会的大问题；To C则是中国的贝尔实验室的延伸——科大讯飞要利用解决战略级问题过程中积累的技术能力开发好用的产品，最终卖给消费者。

这实际上也是历史形成的。21世纪科大讯飞创立之初，C端消费者并不买账，市场经济受挫；但是B端的规划经济却给了科大讯飞巨大的战略回旋余地，科大讯飞才活下来，这也令科大讯飞重新审视自己的优势。刘庆峰后来提出"G—B—C联动"，就是科大讯飞"二元经济体制"的优越性。

换句话说，水里有鲨鱼，陆地有猛虎。但科大讯飞是两栖动物，这就是科大讯飞的独特性。

很多人都吐槽，说科大讯飞人工智能的应用一般都是先给政府（G）、再给企业和单位（B），最后再给个人（C）。意思就是：科大讯飞只会做政府的单子，实际上技术和产品不行。

这是一种误解，觉得只有产品卖给个人的才是好公司。其实正好相反。政府、企业的招标非常严格，吸引个人反而靠广告和营销。个人的判断能力有限，如果公司把功夫放在推广上，就容易将产品卖出去。

我们实际上是"G—B—C联动"的。举个例子，比如考试业务，卖给考试院的系统，一定是强技术的。一分就能决定孩子的未来，没有真功夫过不了关。因此，G端的招标必须靠真本事。

成功招标之后，这就形成了一个带动效应。学校要模拟考试和训练，我们就去学校卖B端服务，同时学生在家里也需要C端服务，如此方能形成良性循环。

再比如做医疗，我们先做智医助理，靠真本事赢得卫健委的认可；再做医生的诊疗助理；将来做个人的健康助手，进军慢病管理、家庭医生随访领域。

"G—B—C联动"，实际上就是科大讯飞选择赛道的依据和深入具体赛道的打法。

科大讯飞一直坚持"平台+赛道"的发展战略。有人说做平台，给整个生态系统提供技术能力就好，为什么你还要亲自下场？

第一，科大讯飞要做平台。我们要形成产业领导者地位，培养对未来的洞察力。

第二，科大讯飞也是要挣钱的。平台的利润面太薄，但中国的"微笑曲线"是不同的。正常来说，"微笑曲线"是核心技术挣大钱，品牌和客户挣大钱，中间做集成、做服务的人挣小钱。但中国不是，中国是谁掌握客户谁挣钱，提供核心技术反而挣不到大钱。所以，"微笑曲线"逼着我们去具体赛道，用从赛道中挣的钱反哺平台。

第三，科大讯飞并非什么赛道都做。我们只做1%，其他都是给你们的。这是所谓的"平台+赛道"。

（刘庆峰）

科大讯飞不是一家互联网公司，也不是一家移动互联网公司，而是一家技术创新公司。站在这个角度看科大讯飞，很多事情都会变得清晰。

比如半汤会议，比如资本市场对于科大讯飞估值的争议，再比如实体清单。

科大讯飞的战略是"顶天立地"。顶天，就是技术要达到世界先进水平；立地，就是要尽量产业化。

"顶天立地"实际上也是"二元经济体制"的映射。顶天是第一步，科大讯飞先做与国家战略相关的事，帮助整个社会解决问题，然后才是立地，走向消费者。

科大讯飞很多业务是从国家战略出发的，如教育、医疗、政法、安全、智慧城市等。

"顶天立地"，可以溯源至王仁华的两大"战场"。它不断地提醒人们，科大讯飞是一家由一群优秀的科研工作者而不是一群合格的商人组建的公司，根本上不是由资本驱动，而是由技术和创新驱动。

第四节　王仁华的新预言

科大讯飞的精神内核是什么呢？

"顶天立地"实际上来自中科大。中科大图书馆后面有一座"孺子牛"雕塑。1983年上半年，中科大1978级同学毕业在即，有人提议为学校捐建一座雕塑。一呼百应，同学们自发组织捐赠，很快筹够雕塑所需费用。随后，同学们又开始进行筹划、设计等工作。1983年9月21日，雕塑落成，定名"扭转乾坤"。

中科大的老校长侯建国说："这个名称反映了中科大学生敢于拼搏的精神。"

后来学校领导可能觉得"扭转乾坤"太张扬，就改名为"孺子牛"。"孺子牛"蕴含的是另外一种性格，也是中科大人的另一种性格，坚韧、低调、甘于奉献。

相比"孺子牛"，科大讯飞更喜欢"扭转乾坤"传递的价值观。科大讯飞园区后来也依葫芦画瓢，建了一座雕塑，同样是两头牛顶着一个地球，其名称并非"孺子牛"，而是"顶天立地"。

"顶天立地"有三层含义。

第一层，顶天是源头技术全球领先，立地是能够大规模产业化。

第二层，顶天是紧跟国家战略需求，企业需要有家国情怀，才能走得更远。立地是能够面对老百姓的日常生活需要。

第三层，企业和企业家的品格在任何时候都需要顶天立地，尤其是在国家和民族需要的时候。

"顶天立地"也展示了一种舍我其谁的气质。当年在中科大语音实验室，王仁华教书育人有一个习惯：要干就要得第一名。刘庆峰参加 863 计算机评测，一看到清华大学来了，中国社会科学院语言所也来了，就感到兴奋，对手没来就觉得没劲，对手是让人进步的最佳力量。这和科大讯飞精神一脉相承。无论科大讯飞后来挑战微软、Nuance，还是做大模型，整个公司都是这种氛围。科大讯飞要做就要做到世界第一。

科大讯飞的发展，习惯走一条"弯曲的直线"。

发展中总会遇到挑战，科大讯飞习惯把极不容易的每个单点的挑战，变成整体的一条直线，引向正向发展的方向。

这种发展观脱胎于王仁华和中科大语音实验室。当年，王仁华搭建语音数据库，做语音评测，走的就是"弯曲的直线"。

所谓战略眼光，就是要看得比别人更长一点。

环境好的时候，市场开拓得快一点，但要留住随时可收的底数；环境不好的时候，谨慎一点，但是关键的战略把控力要加强，因为一旦环境好了，那就是我们形成独特竞争力的时候。所以每一次变化、每一次挑战，应该成为我们在业界脱颖而出、增强比较优势、夯实"国家队"基础的非常难得的窗口期。每一步的总体大趋势是一直往上，但是每一步成长都是波浪式的。过程中有各种坎坷，每一小步的成功都不容易。但是怎样把极不容易的每个单点的挑战，变成整体的一条直线，引向正向发展的方向？要有对未来战略的洞察力，及与有洞察力的组织一起发展的决心，将个人成长融入组织发展，这是关键。

（刘庆峰）

另外，习惯了走"弯曲的直线"的科大讯飞人不愿意做风口的追逐者。

做好一家人工智能公司有两种办法，一种是很早就判断方向，活下来，积蓄能量，走在风口前面；另一种是等风来了再做。科大讯飞属于前者，坚持长期主义，坚持自己的大信念。

如果从赚钱角度看，科大讯飞是挖深井，必须先吭哧吭哧挖，然后把油卖给缺油的人，把水卖给缺水的人；互联网属于大水漫灌，要快速到达，获取用户，如果慢了，做得再好也不行。这是两种完全不同的发展思维。

随着社会的发展，那些短平快的东西已经走到尽头。

最后，也是最根本的。科大讯飞的原动力，是"对热爱的初心坚守"。

英国艺术史家贡布里希在《世界小史》中提到："你看，我们中的每一个人无非是一个这样的闪光之物，是时间浪花中的一个个小水滴，在时间之流中流过，流入雾气蒙蒙且不确定的未来。我们浮上来，环顾四周，还没有来得及看清楚什么，便又消失了。在巨大的时间洪流中，根本看不到我们，一直有新的、更新的东西出现。我们称之为命运的东西，无非是为自己这个水滴在浪花上的一次升落中而进行的挣扎。但是，即便只是一个瞬间，我们也想利用好，因为它值得我们花费力气。"

20 世纪 80 年代，王仁华站在中科大东区实验室门口，站在"语音通信实验室"的牌子下面"单兵掘进"的时候，一灯如豆，那个决定命运的瞬间可能就已经降临了。

刘庆峰大二时，在人机语音通讯实验室被自动翻译电话的愿景震撼，那个决定命运的瞬间也可能已经降临了。

后来，一个人的初心变成一群人的初心，一个人的热爱变成一群人的热爱，一个人的坚守变成一群人的坚守。

在那样一个年代，语音产业大多掌握在微软、IBM 等国外巨头手中，中国被"掐"住了"咽喉"，优秀的毕业生大多选择出国或进入外资企业。

另一群年轻人却坚定地认为，中文语音技术必须掌握在中国人自己手上，中文语音产业可以由中国人做到世界最好。

这群年轻人在切分音库的时候，在大扫除的时候，在拆解录音室、搬迁的时候，在梅影里挑灯夜战的时候，初心就像在黑暗的泥土中撒下的种子，热爱和坚守就是必须每天浇水、施肥，不知道什么时候种子会破土而出，但必须怀有坚定的信念，不断注入信心和希望。

有时候目标达成了，新的挑战又接踵而至。在这个过程中，有人来，也有人走。

但坚守的时间愈长，大家就愈发相信，自己从事的是一个可以为之奋斗终生的事业，也愈发明白坚守的意义。

这种幸福感不是金钱能够买到的，也是超越一切的奖励。

回头望去，这种时不我待的初心使命也贯穿中国一代一代的前行者，坚守是几代人的坚守，热爱是几代人的热爱。

20世纪20年代，北京大学的刘半农从法国带回一台语音实验仪器，建立了我国第一家"语音乐律实验室"，从此汉语的声调研究通过实验，得到了初步的科学分析。

20世纪30年代，赵元任在史语所创建语音实验室，还在美国订购隔音纸板及其他隔音设备，如双层玻璃窗、四层隔音板门等。室内的四面墙壁、天花板和地板全部用八层隔音纸板铺成，下面加上地毯。他在广东、广西、江苏、安徽、江西、湖南、湖北等地进行方言调查，将新的录音设备第一次运用于安徽方言的调查中。

赵元任的学生吴宗济在湖北调查方言时，在临街的旅舍录音，但无隔声设备。他用土办法，租了几十床棉被，挂在墙壁上，以此起到消声、隔音的作用。

历史事件和个体命运，总会以难以预料的方式结合在一起。在适当的位置，个体力量常常可以转动历史的轮盘，但难以预料它将在哪里停下。

王仁华的语音实验室也有一个录音室。1993年，王仁华的学生为把这个录音室从中科大东区搬到西区，先拆后装，几乎全员上阵。

中科大的语音实验室后来成为中文语音领域的"黄埔军校"。实验室本身并不具备魔力，受实验室文化激励的王门子弟，相信自己可以走在时间的前列，相信人工智能会给世界带来改变。

2023年8月4日，王仁华八十岁寿辰庆典在上海举行。台下坐满了他天南海北的学生，每位学生都为他送上祝福，希望他长命百岁。

王仁华八十岁寿辰现场合影

现场，王仁华穿着白色的 polo 衫，精气十足，借着"100 岁"这个梗，说了一段话。

大家说了这么多，我很惭愧，我只是做了一个老师应该做的事情。大家能想着我，我很开心，这种"桃李满天下"的幸福感，我就不多说了。

刚才大家都说希望我活到 100 岁，这让我压力很大。我已经退休了，对年龄、生日不那么在意了，但是科大讯飞发布星火大模型这件事情，让我心里生发出新活力。

庆峰在 5.6 发布会后，特意和我说："王老师，你一定要活到 100 岁，看到我们科大讯飞在世界上掌握话语权。"虽然压力很大，但我很感动、很激动！

我相信你们一定能够做到这件事情！

我对活到 100 岁这件事，其实不太有信心。但回头想想，我从美国回来的时候说要建中国的贝尔实验室，要把中文语音技术掌握在中国人自己手里，其实也没那么有信心。可今天，这个愿望实现了！我的运气非常好，能在中科大这个平台，碰到你们这批学生，是我的幸运。

所以，今天，我们说的 20 年后的两件事情，一个是科大讯飞在世界上掌握话语权，一个是我要活到 100 岁，我们都要努力！

大家不要忘记自己的承诺，我也要拼命活到 100 岁！

（王仁华）

  2008 年，科大讯飞刚刚上市，王仁华获得安徽省重大科技成就奖。答辩时，中科大校长、相关院士和安徽省相关领导问王仁华："真正的人工智能，什么时候才能成为现实？"

  王仁华当时答："十五年。"

  2008 年的那个预言，今天已然实现。

  王仁华认为，随着大模型的出现，2008 年的那个预言，基本实现了。而他的第二个预言，还要静候时间的玫瑰绽放。

  学生们听到自己的老师再次做出"王仁华的预言"，纷纷在台下鼓掌，掌声经久不息，台上则循环播放他们曾经在中科大语音实验室相聚的影像。大家举杯、拥抱，在时间的长河中逆流而上。

  "资源是会枯竭的，唯有文化生生不息。"是为薪火相传。

附录

人物索引

根据中国科学技术大学各系的编号原则，本书在对中国科学技术大学学子做介绍时，不同学位编号如下：普通本科为PB，硕士研究生为SA，博士研究生为BA。书中提到的不同院系编号如下：少年班为000，物理学系为002，近代物理系为004，力学和机械工程系为005，电子工程与信息科学系为006，地球与空间科学系为007，分子生物学与细胞生物学系为008，精密机械与精密仪器系为009，自动化系为010，计算机科学技术系为011。

傅前杰（PB8506），指85级电子工程与信息科学系本科生傅前杰；

刘庆升（SA9909），指99级精密机械与精密仪器系硕士研究生刘庆升。

以下为本书受访人员索引（中科大学子以入学中科大的年份为序，其他以姓氏首字母为序）。

邓 力

PB7708 加拿大工程院院士、美国华盛顿州科学院院士，曾任微软总部首席人工智能科学家、美国城堡基金首席人工智能官

杨 鉴

PB8106 云南大学教授

霍 强

PB8206 微软亚洲研究院全球合伙人研究员

刘一飞
PB8206 深圳市蜀星光实业有限公司总经理

林平澜
PB8406 深圳昆仑芯星半导体有限公司总经理

何林顺
PB8504 注册国际投资分析师

罗小强
PB8507 领英纽约办公室高级工程经理

傅前杰
PB8506 加利福尼亚大学洛杉矶分校教授

江　辉
PB8706 加拿大约克大学终身教授

唐涤飞
PB8806 北京海天瑞声科技股份有限公司原总经理

应　陵
PB8806 华为上海研究所原副所长

赵隽隽
PB8906 知学云（北京）科技股份有限公司总裁

刘庆峰
PB9006 科大讯飞董事长、语音及语言信息处理国家工程研究中心主任

郭　武
PB9006 中国科学技术大学电子工程与信息科学系副教授

李锦宇
PB9206 美国微软 Partner Applied Scientist

江　涛
PB9310 科大讯飞高级副总裁

王智国
PB9309 安徽聆思智能科技有限公司总裁，曾任讯飞研究院执行院长

葛　勇

PB9306 科大讯飞消费者事业群原副总裁

严　峻

PB9302 安徽百得思维信息科技有限公司总经理

胡　郁

PB9506 安徽聆思智能科技有限公司董事长，曾任科大讯飞轮值总裁、消费者事业群总裁，科大讯飞研究院院长

胡国平

PB9511 科大讯飞高级副总裁、认知智能全国重点实验室主任

于振华

PB9505 科大讯飞研究院杰出科学家

陈　涛

SA9511 安徽言知科技有限公司副董事长，曾任科大讯飞轮值总裁

凌震华

PB9606 中国科学技术大学电子工程与信息科学系教授、语音与语言信息处理国家工程研究中心副主任

吴晓如

SA9609 科大讯飞总裁

吴义坚

PB9600 上海元趣信息技术有限公司创始人

王士进

PB9800 科大讯飞研究院常务副院长

魏　思

PB9906 科大讯飞研究院首席科学家

鄢志杰

PB9906 阿里巴巴达摩院语音实验室负责人

刘庆升

SA9909 安徽淘云科技股份有限公司董事长

刘　聪

PB0106 科大讯飞副总裁、科大讯飞研究院院长、语音与语言信息处理国家工程研究中心副主任

潘青华

PB0206 科大讯飞 AI 工程院院长

刘　权

SA1206 科大讯飞 AI 研究院副院长

程　艺

中国科技大学数学科学学院教授，安徽省委教育工委原书记、省教育厅原厅长

戴礼荣

中国科学技术大学电子工程与信息科学系教授、语音及语言信息处理国家工程实验室原副主任

广濑启吉

东京大学教授

高建清

科大讯飞 AI 研究院副院长

贺志阳

科大讯飞智慧医疗研究院院长

刘俊华

科大讯飞 AI 研究院副院长

倪晋富

科大讯飞高级 AI 研究员

李爱军

中国社会科学院语言研究所纪委书记、副所长

钱跃良

原国家 863 计划智能计算机主题办公室主任

盛志超

科大讯飞 AI 研究院副院长

汤洪高

中国科学技术大学原党委书记

藤崎博也

日本著名言语工程学家、东京大学教授

王　兵

科大资产经营有限责任公司（科大控股）总裁

王东进

中国科学技术大学原副校长、原国家 863 计划主题专家组成员

吴　及

清华大学教授、清华大学—科大讯飞联合研究中心主任

徐　波

中国科学院自动化所所长

殷　兵

科大讯飞 AI 研究院副院长

（备注：部分书中出现的人物，此次因各种原因未能当面采访，因此没有写明职务，敬请谅解。）

未经许可，不得以任何方式复制或抄袭本书之部分或全部内容。
版权所有，侵权必究。

图书在版编目（CIP）数据

星火相传 / 刘庆峰主编 . —北京：电子工业出版社，2024.1

ISBN 978-7-121-47009-7

Ⅰ.①星… Ⅱ.①刘… Ⅲ.①高技术产业—产业发展—研究—中国 Ⅳ.① F279.244.4

中国国家版本馆 CIP 数据核字（2024）第 004423 号

责任编辑：黄　菲　　　文字编辑：刘　甜　　　特约编辑：马　婧
印　　刷：三河市鑫金马印装有限公司
装　　订：三河市鑫金马印装有限公司
出版发行：电子工业出版社
　　　　　北京市海淀区万寿路 173 信箱　邮编：100036
开　　本：720×1000　1/16　印张：24.5　字数：470 千字
版　　次：2024 年 1 月第 1 版
印　　次：2024 年 1 月第 1 次印刷
定　　价：108.00 元

凡所购买电子工业出版社图书有缺损问题，请向购买书店调换。若书店售缺，请与本社发行部联系，联系及邮购电话：（010）88254888，88258888。
质量投诉请发邮件至 zlts@phei.com.cn，盗版侵权举报请发邮件至 dbqq@phei.com.cn。
本书咨询联系方式：1024004410（QQ）。